Johannes Rothkranz

Die kommende «Diktatur der Humanität» oder Die Herrschaft des Antichristen

1. Band

Ein herzliches Vergelt's Gott allen,
die durch ihre Hinweise, Informationen,
Anregungen und Ratschläge
zum Gelingen dieses Buches beigetragen haben.

Johannes Rothkranz

Die kommende «Diktatur der Humanität» oder Die Herrschaft des Antichristen

1. Band:
Die geplante Weltdemokratie in der «City of Man»

Pro Fide Catholica

© Verlag Anton A. Schmid
Verlags-Programm: Pro Fide Catholica
Postfach 22; D-87467 Durach
Printed in Germany 1993

Alle Rechte bei Autor und Verlag
Auszugsweise Veröffentlichung in Presse, Funk
und Fernsehen nur nach Genehmigung.

Titelgraphik: Das Zeichen des Antichristen.
Näheres siehe Band 3.

ISBN 3-929170-08-6 (Gesamtausgabe)
ISBN 3-929170-09-4 (Band 1)

Inhalt

Seite

Vorwort	7
Falsch kalkuliert!	9
Demokratie als Weltreligion	10
Ein satanischer Plan	13
Statt Weltfriede Menschheitsreligion	14
Freimaurerischer Humanismus	16
Lessing läßt grüßen	21
Freiheit - Gleichheit - Brüderlichkeit	30
Juden und Moslems	33
Der «Affe Gottes»	34
Die satanische Gegenkirche	36
Das Glaubensbekenntnis der Gegenkirche	39
Die Dollarpyramide	43
Freimaurer-Vereine	48
Die blaue Freimaurerei	51
Freimaurerischer Satanismus	54
Die rote Freimaurerei	56
Die «Wissenden»	59
Die «Söhne des Bundes»	63
Die Lenker der Weltmaurerei	71
Der «Junior-Partner»	79
Der «Rat der 500»	80
Der «Council on Foreign Relations»	83
Die «Bilderberger-Gruppe»	86
Die «Trilateral Commission»	89
Die Schatten-Weltregierung	93
Die Illuminaten	96
Der Kommunismus	100
Die Weltrevolution	108
Wer schrieb «The City of Man»?	117
Literatur-Verzeichnis	128
Personen-Verzeichnis	130

Vorwort

Dieses Buch ist nicht für die Dummen geschrieben.

Aha, dann ist der, der es geschrieben hat, wohl wieder so ein Siebengescheiter, der sich wer weiß wie schlau und gelehrt vorkommt! Mit so einem kann unsereins allerdings nicht mithalten. Na, soll er sehen, wer seinen Schwarten liest. Ich jedenfalls nicht. Nichts für mich!

Moment mal! Genau so war es gerade *nicht* gemeint! Schließlich gibt es ja zwei ganz verschiedene Sorten von Dummen. Die einen haben vom lieben Gott wenig Verstand bekommen, wofür sie nichts können. Aber zu ihnen gehören auch nur sehr wenige Menschen. Die anderen haben vom lieben Gott viel, manchmal sogar sehr viel Verstand bekommen, wofür sie ebenfalls nichts können. Aber sie benutzen ihren Verstand nicht oder jedenfalls nicht richtig. und dafür können sie durchaus etwas. Nur für solche Dumme ist mein Buch nicht geschrieben.

Nun wirst Du, lieber Leser dieser Zeilen, sicher wissen wollen, ob Du selber zu diesen Dummen gehörst oder nicht. Die Dummheit besitzt außerordentlich viele Gesichter, so daß man sie nicht leicht umfassend beschreiben kann. Aber wenigstens die wichtigsten Arten, seinen Verstand entweder gar nicht oder aber falsch zu gebrauchen, will ich Dir verraten.

Da gibt es Menschen, die werden so alt wie eine Kuh und lernen - doch nichts dazu. Sie wissen nämlich schon über alles und jedes in der Welt genau Bescheid, sie verfügen über eine unübertreffliche Lebenserfahrung, sie haben schon alles selbst miterlebt, ihnen braucht niemand etwas zu erzählen. Für solche Leute ist mein Buch nicht geschrieben.

Da gibt es andere Menschen, die alles für wahr, gut und richtig halten, was alle übrigen Zeitgenossen gleichfalls dafür halten. Wer etwas anderes zu behaupten wagt, als sie in ihrer Zeitung gelesen oder im Fernsehen mit eigenen Augen und Ohren gesehen und gehört haben, der ist ein Spinner, den darf man nicht ernst nehmen. Auch für solche Leute ist mein Buch nicht geschrieben.

Da gibt es noch andere Menschen, die schon einmal erlebt haben, daß mehrere unterschiedliche Meinungen über ein und dieselbe Sache vertreten wurden, ohne daß sie selber entscheiden konnten, welche Meinung richtig war. Das hat sie zutiefst frustriert. Ihnen braucht jetzt überhaupt keiner mehr zu kommen, sie glauben keinem mehr etwas! Sie glauben nur noch das, was sie mit eigenen Augen sehen, und das ist nicht allzuviel. Für diese Leute ist mein Buch gleichfalls nicht geschrieben.

Da gibt es schließlich Menschen, die sich den Vogel Strauß zum Vorbild genommen haben. Der will nämlich den Löwen nicht sehen, der beutegierig auf ihn losstürmt, und steckt darum einfach seinen Kopf in den Wüstensand, so daß die Welt für ihn wieder heil ist. Aber wie lange wird sie es noch bleiben? Der Unterschied zwischen dem Strauß und seinen menschlichen Nachahmern ist der, daß der Vogel keinen, der Mensch aber sehr wohl einen Verstand besitzt. Trotzdem gibt es sie wirklich, die Menschen, die lieber den Kopf in den Sand stecken als der bitteren Wirklichkeit ins Auge sehen. Für solche Leute ist mein Buch schon gar nicht geschrieben.

Wenn Du, lieber Leser dieser Zeilen, Dich in keiner dieser Gruppen von Menschen wiedererkennst, könnte dieses Buch für Dich geschrieben sein. Falls Du Dich aber in einer von ihnen wiederfindest, so liegt es einzig und allein an Dir, noch in dieser Stunde jemand zu werden, für den dieses Buch geschrieben ist.

Falsch kalkuliert!

Gegen Ende des Jahres 1940 erschien zeitgleich in den Vereinigten Staaten von Amerika und in Kanada ein kleines unauffälliges Buch. Das Bändchen mit einem Umfang von 113 Seiten trug freilich einen sehr anspruchsvollen Titel: «The City of Man. A Declaration on World Democracy - Die Stadt des Menschen. Eine Erklärung für die Weltdemokratie.» Für Nichteingeweihte mochte dieser Buchtitel wohl kaum von besonderem Interesse sein. Wenn irgendetwas an dem Büchlein auch ihnen auffiel, dann höchstens der Umstand, daß das Werk keinen Verfasser hatte, statt dessen aber nicht weniger als *siebzehn* «Herausgeber», die in strikt alphabetischer Reihenfolge aufgelistet waren: Herbert Agar, Frank Aydelotte, G.A. Borgese, Hermann Broch, Van Wyck Brooks, Ada L. Comstock, William Yandell Elliot, Dorothy Canfield-Fisher, Christian Gauss, Oscar Jaszi, Alvin Johnson, Hans Kohn, Thomas Mann, Lewis Mumford, William Allan Neilson, Reinhold Niebuhr, Gaetano Salvemini. Bemerkenswerter Weise tauchte in dieser Herausgeberliste auch ein in Deutschland bekannter Name auf, nämlich der des Emigranten Thomas Mann, der gelegentlich als der «bedeutendste deutsche Schriftsteller des 20. Jahrhunderts» eingestuft wurde.

Das Buch «The City of Man» erlebte in drei Monaten drei Auflagen (deren Höhe nicht angegeben war); die erste datierte vom November 1940, die dritte vom Januar 1941. Verlegt wurde das Werk von The Viking Press in New York. Dem Verlag und den Herausgebern war offenbar sehr viel an einer möglichst raschen und weitreichenden Verbreitung ihrer «Erklärung für die Weltdemokratie» gelegen, denn nicht nur in den USA und Kanada sondern auch in ganz Europa wurde es an alle größeren Bibliotheken gegeben. Womöglich waren sogar Übersetzungen geplant. Aber urplötzlich war das Buch dann nirgendwo mehr erhältlich. Nicht nur, daß es kein Exemplar mehr zu kaufen gab, nein, es gab auch keine einzige Bibliothek, die es noch verliehen hätte. Wer sich danach erkundigte, erhielt den Bescheid, das Buch sei nicht da, der Titel nicht auffindbar usw. Das mir vorliegende Exemplar konnte noch vor einigen Jahren nur unter größten Schwierigkeiten und dank einer glücklichen Fügung beschafft werden.

Was nun genau den Ausschlag für das unverhoffte Verschwinden dieses zunächst so massiv auf den Markt geworfenen Buchs gegeben hatte, wird vielleicht nie ans Licht kommen. Aber soviel ist klar: die Herausgeber hatten sich verkalkuliert. Im Ausbruch des zweiten Weltkriegs hatten sie ihre lange erwartete Chance erblickt. Dieser Krieg lieferte ihnen das beste und einleuchtendste Argument für die von ihnen offen propagierte Schaffung eines einzigen Weltstaats: gäbe es nur noch einen einzigen Staat auf der Erde, könnte es niemals mehr zu einem Krieg zwischen verschiedenen Staaten kommen. Das würde selbst den Dümmsten aufgehen, so hofften sie, und darum mußte man die Gunst der Stunde nutzen. Irgendetwas muß indessen schon bald nach dem Erscheinen des Buchs eingetreten sein, irgendetwas, was die Herausgeber davon überzeugte, daß sie die Lage falsch eingeschätzt hatten. Höchstwahrscheinlich war es einfach die müde, lustlose, gleichgültige Reaktion der Öffentlichkeit auf den Vorschlag zur Errichtung der «Stadt des Menschen», die die Herausgeber und ihre Hintermänner desillusionierte. Die Zeit war noch nicht reif für ihre Pläne, jedenfalls nicht für deren *Offenlegung*. Sie hatten einen großen Fehler gemacht und nun galt es, den Schaden zu begrenzen, indem man das Buch wieder einkassierte, bevor die verdutzte Öffentlichkeit noch recht begriffen hatte, was ihr da überhaupt unterbreitet worden war.

Nun ist natürlich nicht jedes beliebige Häuflein von lächerlichen 17 Personen in der Lage, ein in mehreren Auflagen verbreitetes Buch wieder einzusammeln bzw. in sämtlichen amerikanischen und europäischen Bibliotheken unter ein geheimes und dennoch wirksames Ausleihverbot zu stellen. Daß es sich nicht um ein Grüppchen harmloser Spinner handelte, die von der Errichtung eines Weltstaats bloß träumten, zeigt auch die klare und entschlossene, ja sogar ungeheuer selbstsichere und selbstbewußte Sprache der «Herausgeber». Kein Zweifel, daß sie nicht allein standen sondern als Mitglieder einer mächtigen Geheimorganisation operierten. Und zwar nicht irgendeiner dubiosen Geheimorganisation sondern genau jener geheimen Gesellschaften, die von jeher die Vernichtung aller Nationalstaaten und die Schaffung einer «Weltdemokratie» auf ihre Fahne geschrieben haben - obwohl man von dieser Fahne nur hier und da einen Zipfel zu sehen bekommt -: der internationalen Freimaurer-Logen.

Daß «Die Stadt des Menschen» tatsächlich nichts anderes darstellt als die Enthüllung des uralten freimaurerischen Plans einer gewaltsamen Vereinigung aller Länder der Erde zu einem antichristlichen Weltstaat, werden wir noch sehen. Doch zuvor wollen wir uns einen gerafften Überblick über den Aufbau und Inhalt dieses Plans verschaffen.

Demokratie als Weltreligion

Das Büchlein «The City of Man» setzt sich aus einer «Erklärung» (S. 11-73), einem dazugehörigen «Vorschlag» (S. 75-96) und einem Anhang (S. 97-113) zusammen, in dem die Hintergründe der Entstehung der Erklärung und des Vorschlags erläutert und dokumentiert werden, soweit die Öffentlichkeit sie erfahren darf. Der Hauptteil des Werks ist jedenfalls in der von allen 17 Mitgliedern der Herausgebergruppe unterzeichneten und in größerer Schrift gedruckten «Erklärung» zu sehen, die gleichsam das *Grundsatzprogramm* für die «Stadt des Menschen», d.h. für den Welteinheitsstaat oder die Weltdemokratie darstellt.

Die «Erklärung» beginnt mit dem Versuch einer Analyse der weltpolitischen Lage kurz nach Beginn des zweiten Weltkriegs und den überraschenden, ja bestürzenden militärischen Anfangserfolgen der Nazi-Armeen in Europa. Die Verfasser erblicken den tiefsten Grund für die militärische Überlegenheit des faschistischen Deutschlands in seiner die Massen mitreißenden und begeisternden nationalsozialistischen Ideologie. Dieser Ideologie und ihrer Überzeugungskraft stand in den demokratischen Staaten Europas nichts Vergleichbares gegenüber: die Demokratie besaß keine überzeugende Gegen-Ideologie und konnte darum dem Ansturm nicht standhalten; wer nicht weiß, wofür er kämpfen soll, wem die Motivation fehlt, der muß notwendigerweise unterliegen.

Soll die Demokratie nicht untergehen, so folgern die Verfasser nun unter Berufung auf entsprechende Andeutungen des englischen Premierministers, dann muß die «Neue Welt» - das sind die USA - der «Alten Welt» schleunigst zu Hilfe eilen. Andernfalls würde auch sie selber, die letzte Bastion der Demokratie, über kurz oder lang eine Beute des Nazi-Faschismus, der nicht ruhen würde, bevor er nicht die ganze Welt erobert hätte.

Um die Demokratie auf Dauer zu erhalten und vor künftigen Katastrophen zu bewahren, ist es unerläßlich, die ganze Welt politisch neu zu ordnen: es muß ein föderaler Weltstaat geschaffen werden, neben bzw. außer dem es keinen anderen Staat mehr gibt. Vorbilder für diesen Welt-Bundesstaat sind im kleinen die kantonal organisierte Schweiz, im großen die Vereinigten Staaten von Amerika selbst. Der zu schaffende Weltstaat muß auf drei Prinzipien gegründet werden: «Gesetz, Gleichheit und Gerechtigkeit».

Herbe Kritik üben die Autoren sodann am Liberalismus, der bisher faktisch die Ideologie der Demokratie bildete; statt auf den «Sand der bloßen Meinung» muß die Demokratie auf den «Fels der Überzeugung» gebaut werden. Da dem Liberalismus die Überzeugungskraft fehlt, muß an seine Stelle eine andere weltanschauliche Grundlage treten.

Diese Grundlage ist die Demokratie selber - aber als *Religion* verstanden. Die Religion der Demokratie ist jene eine und einzige Religion, die zu allen Zeiten und bei allen Völkern in Ansätzen schon immer vorhanden war. Sie ist die «Religion des Geistes», in der alle anderen Religionen enthalten sind. Sie bildet eine Abstraktion dessen, was allen Religionen gemeinsam ist; sie enthält in höherer Weise, gereinigt und geläutert, alles in sich, was die verschiedenen Religionen an Positivem beinhalten.

Nun werden die wichtigsten Weltreligionen: Buddhismus und Hinduismus zusammengenommen, Judentum (unter Auslassung des Islams) und Christentum (bei getrennter Behandlung von Protestantismus und römisch-katholischer Kirche), einer systematischen Betrachtung rücksichtlich ihrer positiven Beiträge und negativen Hemmnisse für die Welteinheitsreligion unterzogen. Alle Dogmen dieser Religionen sind im Licht der höheren, allumfassenden «Religion des Geistes», der «Religion des Humanismus», der «Religion der Demokratie» symbolisch zu verstehen; dann wird auch ihre Vereinbarkeit untereinander zum Vorschein kommen. Diese universale Religion muß dem innerweltlichen Fortschritt der Menschheit dienen, denn das Himmelreich gibt es nur auf Erden, nirgends sonst.

An diese Feststellung schließt sich eine ausführliche Kritik der bisher bestehenden sozialen Ungerechtigkeiten auf der Welt an. Kapitalismus und Marxismus werden als einseitige Extreme gewertet und abgelehnt; beide sind gleichermaßen unfähig zur Lösung der wirtschaftlichen und sozialen Probleme und versklaven den Menschen. Die Weltdemokratie wird einen Mittelweg einschlagen und die Prinzipien von Kapitalismus und Kommunismus miteinander verbinden müssen: wirtschaftliche Gleichheit ohne Zentralismus, das ist das Rezept für die Schaffung des irdischen Paradieses.

Gegen Ende der «Erklärung» bemühen sich die Verfasser, den von ihnen angezielten Welt-Humanismus mit dem Amerikanismus gleichzusetzen und daraus die Führungsrolle der Vereinigten Staaten bei der Errichtung des Welteinheitsstaats abzuleiten. Amerika muß diese ihm vom Schicksal auferlegte Pflicht demütig und stolz zugleich zu erfüllen trachten. Das Dokument endet mit einem Appell an Europäer und Amerikaner, besonders aber an die amerikanische Jugend, die Erneuerung der Welt entschlossen in Angriff zu nehmen.

Der sich anschließende, kleiner gedruckte «Vorschlag» bildet eine Einheit mit der «Erklärung». Vorgeschlagen werden ins Einzelne gehende wissenschaftliche Forschungen, die möglichst rasch praktisch verwertbare Ergebnisse für die Schaffung des Weltstaats zeitigen sollen. In vier Punkten wird näher ausgeführt, in welche Richtung die soziologischen, politologischen, religionswissenschaftlichen und ökonomischen Forschungen gehen sollen. Dabei werden die Ergebnisse teilweise schon - wenngleich nur skizzenhaft - vorweggenommen.

Untersucht werden sollen 1. die Beziehungen zwischen der künftigen Weltdemokratie bzw. ihrer Regierung einerseits und den individuellen Freiheiten andererseits, 2. die Beziehungen zwischen der Gesellschaft als ganzer und den verschiedenen Kirchen bzw. Religionsgemeinschaften, 3. die Erfordernisse einer Wirtschaftsreform auf Weltebene, die einen wirtschaftlichen und sozialen Ausgleich unter den Menschen herbeiführt, ohne in eine Diktatur oder Tyrannei nach dem Muster der kommunistischen Länder zu verfallen, und 4. das Gesetzeswerk, auf dem die Weltdemokratie fußen soll.

Der dem «Vorschlag» noch beigefügte «Anhang» besteht aus erläuternden Zwischentexten der Herausgeber, die darüber Auskunft geben, wie die Gruppe sich zusammenfand, aus einem «Ersten Memorandum», das inhaltlich weitgehend in die «Erklärung» eingegangen ist, sowie aus einem «Einladungsschreiben», das an eine Reihe nicht genannter Persönlichkeiten gerichtet war, von denen dann auch einige (welche, wieviele?) dem ursprünglichen «Freundeskreis» beitraten. Die 17 (offiziellen) Mitglieder werden immer nur in alphabetischer Reihenfolge aufgeführt, wohl damit nicht ersichtlich wird, von wem die Initiative ausging und wie die Gruppe strukturiert ist. Man erfährt am Schluß lediglich, wer der Vorsitzende des neugebildeten «Komitees» ist und welche vier Mitglieder dem neugewählten «Exekutiv-Ausschuß» angehören. Denkbar ist, daß die ursprünglichen Drahtzieher ihre Unterschrift gar nicht unter die «Erklärung» gesetzt haben, oder daß das Komitee noch andere geheime Mitglieder besaß, die so hochrangige Posten in Politik und Wirtschaft innehatten, daß sie es nicht wagen durften, ihre Identität preiszugeben.

Der *Plan* selber umfaßt fünf Punkte, auf deren Verwirklichung möglichst gleichzeitig hingearbeitet werden muß. 1. Es soll ein einziger Staat entstehen, der die ganze Erde umfaßt. 2. Dadurch sollen künftige Kriege endgültig ausgeschaltet werden. Alle wirtschaftlichen und sozialen Probleme sollen einer möglichst gerechten Lösung zugeführt werden. Vor allem soll die Demokratie als die einzige gerechte Herrschaftsform für immer etabliert werden. 3. Die Demokratie muß zugleich die alleinige und allgemeine Weltreligion werden; sie ist ja nichts anderes als die Religion des Humanismus. Die Menschheit soll sich in einer nie endenden Evolution immer höher entwickeln; der Mensch als Idealtypus ist der letzte Sinn und Zweck des Daseins, das Absolute, Gott! 4. Alle derzeit noch bestehenden verschiedenen Religionen müssen in diese humanistische «Religion» integriert werden; solche Religionen, die sich nicht integrieren lassen, weil sie allzu starr auf einem wortwörtlichen Verständnis ihrer Dogmen beharren, werden ausgemerzt, weil sie die Demokratie und damit den Menschen selber bedrohen. 5. Der Welt-Humanismus kann nur mittels einer Ausdehnung des Amerikanismus auf alle übrigen Länder der Erde durchgesetzt werden. Die Errichtung des Weltstaats muß daher von den Vereinigten Staaten ihren Ausgang nehmen.

Ein satanischer Plan

Ohne Zweifel handelt es sich bei «The City of Man» um das mehr oder weniger vollständige Programm zur baldigen konkreten Verwirklichung des seit mehr als zweieinhalb Jahrhunderten (d.h. von Anfang an!) nie aus den Augen verlorenen *Endziels* aller noch so unterschiedlichen Bestrebungen der *Weltfreimaurerei* (die von den «Wissenden» selbst als *Synagoge Satans* bezeichnet wird), nämlich der restlosen und endgültigen Vernichtung aller Nationalstaaten, der wahren Kirche Christi und jeder natürlichen Gottesverehrung, der totalen Selbstvergötzung des Menschen und - für die obersten Wissenden der Loge - des Triumphs der Synagoge Satans, der Schaffung des endzeitlichen Weltreichs des *Antichristen*.

Daß hier das Programm der Wegbereiter des Antichristen vorliegt, läßt sich folgendermaßen aufzeigen: 1. Die Verfasser von «The City of Man» streben letztlich weder den Weltfrieden noch einen Weltstaat sondern vielmehr die weltweite Einheits-Religion des Humanismus an, die allerdings nur mit der brutalen Gewalt des Weltstaats weltweit durchgesetzt werden kann. 2. Der Humanismus ist aber die «Religion» der *Freimaurerei* und seine Durchsetzung auf Weltebene ihr erklärtes Ziel. 3. Folglich ist «Die Stadt des Menschen» das Programm zur endgültigen Errichtung des *freimaurerischen «Tempels der Humanität»*. Natürlich müssen, damit dieser Beweis auch wirklich gesichert ist, seine beiden Obersätze erst noch selbst bewiesen werden. Wenden wir uns also zunächst eingehender der ersten These zu.

Statt Weltfriede Menschheitsreligion

Die «Erklärung» versucht ihr eigentliches Anliegen raffiniert zu verbergen. Zunächst wird der Eindruck erweckt, es gehe den Autoren in erster Linie um die Wiederherstellung und dauernde Sicherung des Weltfriedens; er kann angeblich nur durch die restlose Beseitigung aller Nationalstaaten und Großreiche garantiert werden. Darum ist ein Weltstaat unerläßlich. Dieser Weltstaat wiederum kann aber nur dann Bestand haben, wenn er auf einer allen Menschen gemeinsamen Überzeugung ruht - und das ist die «Religion der Demokratie». Die universale Religion ist also *scheinbar* nur notwendige *Bedingung* oder notwendiges *Mittel* zum Aufbau und zur Stabilisierung des Weltstaats, dieser wiederum nur notwendige Bedingung zum Erreichen eines dauerhaften und gerechten Weltfriedens.

Liest man aber etwas genauer, dann entdeckt man, daß es sich in Wirklichkeit genau umgekehrt verhält. Es ist keineswegs das letzte und eigentliche Anliegen der selbsternannten Erbauer der «Stadt des Menschen», den Weltfrieden zu sichern. Denn, wie die Verfasser selbst berichten (S. 97), «der Gedankenaustausch einer kleinen Gruppe von Freunden begann im Oktober 1938, bald nach der Kapitulation von München und der Zerstückelung der Tschechoslowakei», wurde 1939 fortgesetzt und schlug sich bereits im Mai 1939, also noch ein Vierteljahr *vor Ausbruch des Kriegs*, in einem «Memorandum» nieder. Und obwohl die «Erklärung» ebenso wie das «Erste Memorandum» und das «Einladungsschreiben» sich langatmig und umständlich in Lamentationen über das Unheil des (noch gar nicht ausgebrochenen!) zweiten Weltkriegs ergehen, war der an erster (!) Stelle genannte Gesichtspunkt für die Ausarbeitung der «Erklärung» und des «Vorschlags» bzw. für die gesamte Arbeit des «Komitees» der folgende: «1. Der Krieg und seine Wechselfälle - die mehr der krampfartige Ausdruck denn die Ursache des gegenwärtigen Welt-Chaos sind - sollten nicht als die Grundlage und Perspektive für einen Plan des Wiederaufbaus behandelt werden. Ein Wiederaufbauplan sollte so aussehen, daß er als gültig und angemessen betrachtet würde, selbst wenn dieser Krieg abgewendet worden wäre.» (The City of Man, im folgenden stets abgekürzt als *CoM*, S. 105f) Außerdem darf man nicht übersehen, daß die Nazis nicht einfachhin wegen der Zerstörung des Friedens sondern vielmehr deswegen verurteilt werden, weil sie - was offenbar ein viel schlimmeres Verbrechen darstellt - beabsichtigen, «die Zivilisation zu zerstören ...» (CoM, S. 18; vgl. ebd. S. 14, wo Amerika als «der Erbe aller Zivilisation» (!) hingestellt wird, «falls England fällt»).

Was aber steckt dann hinter der so auffällig zur Schau getragenen Friedensliebe? Die Verfasser sagen es an einer Stelle ganz offen: «Der alte Traum vom Menschen», den sie «für unvergänglich halten»! Ihnen ist von daher auch ganz klar, «daß Sinn und Ziel des menschlichen Lebens, des individuellen wie des kollektiven, Fortschritt und Wachstum in Verstand und Tat sind, und daß *Friede*, allgemeiner Friede, die *Vorbedingung* für Fortschritt und Wachstum ist» (CoM, S. 20)! Hier wird also plötzlich ausdrücklich der reine Humanismus, der nichts anderes ist als die «Religion der Demokratie» (vgl. CoM, S. 33: Demokratie «ist die Fülle der Herzenshingabe an eine höchste Religion, die das Wesen aller höheren Religionen verkörpert. Demokratie ist nichts mehr und nichts weniger als Humanismus in Theokratie und rationale Theokratie in universalem Humanismus.»), zum letzten «Sinn und Ziel», der Friede hingegen zur bloßen, wenngleich notwendigen, «Vorbedingung» erklärt. Schließlich wird auch noch unverblümt festgestellt, es müsse sich «das Neue Testament des Amerikanismus mit dem Welt-Humanismus identifizieren» (CoM, S. 60)!

Und wie steht es mit dem Weltstaat? Ist er lediglich Vorbedingung des *Friedens*? Selbst wenn er es wäre, wäre er damit mittelbar auch eine Vorbedingung der Humanitätsreligion und nicht bloß eine solche des Weltfriedens - ist doch letzterer, wie soeben gezeigt, selbst nur Mittel zum Zweck! Aber die Verfasser der «Erklärung» haben diesem Weltstaat ohnehin eine viel direktere Aufgabe zugedacht. Zwar behaupten sie, «allgemeiner Friede» könne «nur auf die Einheit des Menschen unter *einem* Gesetz und *einer* Regierung gegründet werden». Und weiter: «Sogar das vereinigte Europa ... ist ein trügerischer Plan. Denn Europa ohne Britannien ist nicht Europa, es ist Deutschland mit Anhängseln; und Europa mit Britannien - und mit den Nationen des britischen Commonwealth - ist schon die Welt. Deshalb muß die Stadt des Menschen ... die Nation des Menschen sein, verkörpert in dem Universalen Staat, dem Staat der Staaten.» (CoM, S. 23f) Aber stimmt das?

Natürlich nicht - es ist ein simpler rhetorischer Kunstgriff, zu behaupten, Europa mit England sei schon die Welt. Gewiß wäre ein vereinigtes Europa auch schon - wie wir heute sehen - ein gewaltiger Schritt auf dem Weg zum Weltfrieden. Aber das dürfen die Autoren selbstredend nicht zugeben. Während sie also nach außen hin mit Vehemenz den Welteinheitsstaat als einziges Mittel zum Erreichen des Weltfriedens proklamieren, deuten sie andernorts versteckt an, was die eigentliche Funktion dieses «Staates der Staaten» sein wird: Da in der Demokratie «alles in der Humanität, nichts gegen die Humanität und nichts außerhalb (!) der Humanität» sein darf, wird der künftige Weltstaat ganz folgerichtig als die *«Diktatur* der Humanität» (!) angekündigt (CoM, S. 34). Und gleich anschließend folgt noch eine - für den, der richtig zu lesen versteht, unverhüllte - Drohung: «Aber das fundamentalste Prinzip ist, daß der demokratische Begriff der Freiheit niemals die Freiheit einschließen kann, Demokratie und Freiheit zu zerstören. Wenn dem Mörder und Brandstifter keine Freiheit gewährt wird, kann auch demjenigen keine Freiheit gewährt werden, der oder das auch immer den göttlichen Geist im Menschen und über dem Menschen bedroht.» (CoM, S. 34f)

Der Weltstaat soll also garantieren, daß niemand mehr auf der ganzen Erde einer anderen Religion als derjenigen der Demokratie, also dem Humanismus, anhängen kann! Oder, um mit der Apokalypse zu sprechen, dem Tier «wurde *Macht gegeben* über *jeden* Stamm, *jedes* Volk, *jede* Sprache und Nation. Und *alle*, die auf der Erde wohnen, *werden es anbeten...*» (Offb 13,7f)!

Damit ist bewiesen, daß die Erbauer der «Stadt des Menschen» nicht dem Weltfrieden sondern dem Kult der Religion der reinen Humanität auf der ganzen Erde zum Sieg verhelfen wollen. «Das Joch dieses Glaubensbekenntnisses ist ebenso leicht wie *unvermeidlich*; seine Lehren sind ebenso klar wie *indiskutabel*. Es lehrt, daß ein göttlicher Wille die Welt regiert - sei er nun Gott oder Gottheit oder der Heilige Geist oder das Absolute oder Logos oder sogar Evolution genannt. ... Es lehrt, daß im uns bekannten Universum die menschliche Art die Spitze des göttlichen Willens» ist (CoM, S. 47).

Der Mensch als Inhaber des göttlichen Willens, das ist der Mensch als sein eigener Götze. Jede Selbstvergötzung des Menschen richtet sich aber im letzten auf die *Freiheit* des Menschen. Im Namen der menschlichen Freiheit (die auch die menschliche Würde ausmacht) wird der Mensch absolutgesetzt; gäbe es noch einen anderen, absoluten Gott über ihm, dann wäre der Mensch nicht mehr frei und verlöre damit auch zugleich seine Würde. So hat bekanntlich der französische Existentialist Albert Camus seinen militanten Atheismus begründet! Von daher ist es nicht verwunderlich, daß auch der Humanismus der «Stadt des Menschen», daß die Demokratie selber ausdrücklich die «Religion der Freiheit» (CoM, S. 81) genannt wird, oder daß, was dasselbe bedeutet, für die Autoren «Freiheit der Zweck der Demokratie ist» (CoM, S. 49)!

Freimaurerischer Humanismus

Unser erster Obersatz ist bewiesen: in «The City of Man» geht es hauptsächlich um die Weltreligion der Humanität, die zugleich die (staatliche) «Diktatur der Humanität» sein soll. Wenden wir uns also jetzt dem zweiten Obersatz zu. Der Welt-Humanismus ist seit eh und je unverhohlenes Ziel der Freimaurerei. Nur lehnt sie es in für die Öffentlichkeit bestimmten Verlautbarungen aus durchsichtigen taktischen und strategischen Erwägungen heraus gewöhnlich ab, ihr Humanitätsideal als «Religion» zu bezeichnen: das Maurertum soll nicht als eine Religion *neben* anderen erscheinen, sondern als eine Weltanschauung, die *über* allen Religionen steht. Dem widerspricht in keiner Weise, daß die Autoren von CoM ihren «Glauben» an *den* Menschen als «Religion» deklarieren: steht doch auch für sie diese «Religion» über allen übrigen Bekenntnissen und umfaßt sie vollständig. Ein Vergleich zwischen (für die Öffentlichkeit bestimmten) Selbstdarstellungen der freimaurerischen Weltanschauung und der in CoM skizzierten «Religion» läßt sofort die perfekte Deckungsgleichheit beider hervortreten. Dadurch wird also gleichzeitig auch *direkt und unmittelbar* bewiesen, daß hinter CoM die Freimaurerei steht.

Schon im berühmten Andersonschen Konstitutionenbuch von 1723, mit dem sich die Freimaurerei im siebten Jahr nach der Gründung ihrer ersten Großloge eine Verfassung geben wollte, heißt es im I. Kapitel der sogenannten «Alten Pflichten», des Hauptteils der Konstitutionen: «In alten Zeiten waren die Maurer in jedem Lande zwar verpflichtet, der Religion anzugehören, die in ihrem Lande oder Volke galt, heute jedoch hält man es für ratsamer, sie nur zu der Religion zu verpflichten, in der alle Menschen übereinstimmen ...» Kapitel VI,2 bekräftigt: «Als Maurer gehören wir nur der allgemeinen Religion an, von der schon die Rede war.» (Zit. n. R. Prantner, Freimaurertum. Eine Punktuation als Orientierungshilfe, Wien 1989, S. 37 und 41) Die Verfasser von CoM preisen - ganz im selben Sinn - «die Universalität der Religion des Geistes, von der alle Menschen Zeugen sind» (S. 39), als die ideale Religion des Weltstaats an. Ist nicht schon diese verblüffende Übereinstimmung ein schlagender Beweis für die Logen-Beheimatung der 17 «Herausgeber»?

Der 1899 erstmals erschienene und 1981 neuaufgelegte Sammelband «Stern von Bethlehem» bringt zahlreiche Beiträge deutscher Freimaurer über «Ursprung, Wesen und Ziel der Freimaurerei» (Untertitel), die möglicherweise sogar aufrichtig gemeint sind. Nichtsdestoweniger sollen sie aber offenbar zugleich dazu dienen, den angeblich «christlichen» Charakter der Freimaurerei besonders herauszustreichen und dem Publikum hinsichtlich der eigentlichen Machenschaften der Logen Sand in die Augen zu streuen. Und dennoch kann man dem Werk ganz eindeutig als Endziel der «Königlichen Kunst» die Schaffung des Welt-Humanismus, der allgemeinen Menschheitsverbrüderung, eines «Gottesreiches auf Erden», entnehmen.

Durch gottgläubig klingende Phrasen, von denen manche Beiträge des Bands nur so strotzen, darf man sich angesichts der offenkundig apologetischen, verharmlosenden, abwiegelnden Tendenz des ganzen Werks nicht beirren lassen. Friedrich Holtschmidt, von dem als Herausgeber des Buchs auch die meisten Artikel stammen, bekennt sich zwar (vgl. S. 195 u. öfter) zur Unsterblichkeit der Einzelseele und zu einer jenseitigen Endvollendung der Seele bei einem scheinbar transzendenten und persönlichen Gott. Aber diese Aussagen verschwimmen bereits, wenn es heißt: «Ein einziges Bruder- und Schwesterthum aller Menschen als Kinder Gottes, von der Gerechtigkeit des Reiches Gottes regiert und durch Liebe innig verbunden - das ist das leuchtende Ideal des von Jesu gegründeten Gottesreiches. Selig in der Gemeinschaft Gottes und freudig hinüberblickend über das Grab in die neue geistige Heimath - das ist der Zustand der Gottseligkeit, zu welcher Jesus die Menschheit führen wollte.» (S. 132) Hier wird die «Gottseligkeit» bereits innerweltlich aufgefaßt, und das «einzige Bruder- und Schwesterthum aller Menschen» erscheint als identisch mit der «Gemeinschaft Gottes». Der erste Satz dieses Beitrags lautet: «Der Grundgedanke des Freimaurerbundes ist identisch mit der Lehre Jesu von einem Reiche Gottes auf Erden.» (S. 131) Man vergleiche damit den Satz: «Jawohl, jenseits des schwarzen Zeitalters hissen wir die Flagge des Gottesreiches auf Erden (God's kingdom on earth)» (CoM, S. 58)!

Von diesem Gottesreich *auf Erden* ist im Evangelium zwar nicht, dafür bei Holtschmidt aber umso öfter die Rede: «Der Freimaurerbund hat den Zweck, das Reich Gottes auf Erden, welches Jesus verkündet und begründet hat, auszubauen und immer mehr zu vollenden. *In dieser Arbeit am Reiche Gottes sind alle anderen idealen Bestrebungen und alle Werke der Menschenliebe mitenthalten.*» (S. 124; vgl. S. 81; Hervorhebung original) Wird die «Menschenliebe» (man beachte die Akzentverschiebung gegenüber dem christlichen Begriff der «Nächstenliebe»!) hier noch als *Bestandteil* der Gottesverehrung hingestellt, so erklärt Holtschmidt andernorts: «Diese Lehre Jesu vom Reiche Gottes (sc. auf Erden) steht über allen Bekenntnissen und allem Gottesdienst der Menschheit, auch über allen christlichen Confessionen.» (S. 81) Was aber damit «über allen Gottesdienst» gestellt wird, kann nur die als «Gottesdienst» verstandene allgemeine Menschenliebe sein.

In der Tat umschreibt A. Portig die Lehre des Christentums mit den folgenden Worten: «... Ihr Juden und Heiden habt einen Vater im Himmel, erkennt es und kommt, reicht euch die Bruderhand, ihr seid gleichberechtigte Kinder eures Vaters, und er verlangt keine andere Verehrung von euch als euer kindliches Vertrauen, und die Bethätigung desselben in der Menschenliebe; eure ganze Religion, Opfer, Buße, ist Geist, Besinnung, Leben. Ihr Männer und Frauen, ihr Herren und Sclaven, ihr Jungen und Alten, habt gleiche Menschenwürde und Menschenrecht, erkennt es und führt es durch. Die Bruderliebe werde in euch zur allgemeinen Menschenliebe ...» (Holtschmidt u.a. 1981, S. 110) Die einzige Gottesverehrung, die «Gott» angeblich verlangt, ist Betätigung des Gottvertrauens «*in der Menschenliebe*». Was für ein Gott soll das sein? Der christliche Gott ganz sicher nicht.

So läßt denn auch G. Drenckhahn deutlich durchblicken, daß der freimaurerische «Gott» ein *pantheistischer* Gott ist: «Der menschliche Geist ist ein Theil eines unendlichen Verstandes der Weltseele, derselbe ist während des Lebens an den Körper gebunden und kehrt nach Zerfallen des letzteren in das All zurück. ... Abgesehen davon, daß jeder nach dem Maaße seiner geistigen Entwickelung auch nach dem leiblichen Tode in der Menschheit geistig fortlebt und wirkt, ist es nicht unmöglich, ja sogar wahrscheinlich, daß die Substanz der Seele durch ihren Wellenschlag im Weltalle dazu beiträgt, immer höhere Grade der Entwickelung hervorzurufen ... Durch Erkenntniß der die Natur durchdringenden Wahrheit ... erkennen wir den Zweck unseres Daseins als Theiles eines großen Organismus, der nur durch die Harmonie seiner Theile bestehen kann.» (Holtschmidt u.a. 1981, S. 274f)

Man vergleiche wiederum damit die folgenden Passagen aus CoM: «Denn das individuelle Leben ist bescheiden im Wissen um seine Grenzen ... Es hat Bedeutung nur durch die Teilnahme an der unbegrenzten Vergangenheit - in die unbegrenzbare Zukunft hinein ...» (CoM, S. 48) - «Es ist wahr, daß der Wert der individuellen Person der höchste ist ... Aber es ist ebenso wahr ..., daß der einzelne Bürger ein Allgemeinwohl erstreben muß, das über ihm steht, *wie es auch über jeder einzelnen Gemeinschaft und jeder vergehenden Generation steht.*» (CoM, S. 33) In beiden Texten wird «die» Menschheit als «Organismus» bzw. das

«Allgemeinwohl» der Menschheit absolutgesetzt und so zum pantheistischen «Gott» stilisiert, wenn auch auf etwas unterschiedliche Weise.

Der letzte Schritt, die Erklärung des Menschen selbst (des einzelnen wie des Ideals) zum «Gott», wird von J. Bertrand vollzogen: «Machtvoll durchzieht eine doppelte Bewegung die heutige Welt; einerseits strebt sie dahin, die Gottheit als die Vereinigung ewiger Weisheit, Stärke und Schönheit erscheinen zu lassen, und andererseits darzulegen, daß sie jedes Einzelnen volles beseligendes Eigenthum zu werden vermag und doch auch gleichzeitig der Mittelpunkt ist, um den die Menschheit zu sicherer Culturarbeit sich stellen kann und von dem aus Kraft, Glück und Frieden strömt. Dieses Sichausleben in der Gottheit findet einen versöhnenden und verbindenden Ausdruck in der Ethik, welche uns in vollster Reinheit, Erhabenheit, Fülle und Kraft Jesus von Nazareth allein gegeben hat. Auf dieser Grundlage erhebt sich der *Tempelbau der Humanität*, in welcher das *Schönmenschliche, von der Gottesidee durchgeistigt*, thronen soll.» (Holtschmidt u.a. 1981, S. 139; Hervorh. von mir!) Wird hier bereits das «Schönmenschliche» von der Gottes*idee* (!) «durchgeistigt», d.h. «der» Mensch vergöttert, so bekräftigt mit letzter Deutlichkeit M. Heyne:

«Ich sehe keinen großen Unterschied darin, ob die Einen ihre Lehrart auf Grund des "dogmenfreien" Christenthums aufbauen, die Anderen auf Grund der Humanität. Humanität, das soll heißen: Aufgabe der Loge ist, in ihren Mitgliedern und durch sie in der Welt das rein Menschliche im Menschen herauszubilden und zu pflegen, ohne Rücksicht auf Glaubenssatzungen. *Sagen wir statt des rein Menschlichen das Göttliche, so drücken wir uns vielleicht besser aus*. Denn das rein Menschliche im Menschen ist eben das Göttliche, im Gegensatz zur thierischen Natur. Es ist das Bewußtsein, göttliches Wesen in sich zu tragen.» (Holtschmidt u.a. 1981, S. 101; Hervorh. von mir!) Vergleichen wir nochmals mit einem Text aus CoM: Demjenigen kann «keine Freiheit gewährt werden, der oder das auch immer *den göttlichen Geist im Menschen und über dem Menschen* bedroht. Das ist - in einer dem modernen Denken angepaßten Interpretation - *der Geist*, den Christus *den Heiligen Geist* nannte.» (CoM, S. 35)

Übrigens hat der ehemalige Großmeister des französischen Grand Orient, Jacques Mitterand, in seinem in den siebziger Jahren erschienenen Buch «La politique des francs-maçons» («Die Politik der Freimaurer») seinen deutschen Logenbrüdern vom Ende des vergangenen Jahrhunderts ebenso wie denen von CoM beigepflichtet: «Den Menschen auf den Thron zu erheben anstelle Gottes, wenn das die Sünde Luzifers ist, dann begehen alle Humanisten seit der Renaissance diese Sünde. Es war einer der Anklagepunkte bei der ersten Exkommunikation durch Papst Klemens XII. im Jahre 1738. Diese Exkommunikation, die weiter auf den Freimaurern liegt, stört sie kaum ...» (Zit. n. J. Ploncard d'Assac, Das Geheimnis der Freimaurer, Stuttgart 1989, S. 203)

Doch nochmals zurück zum «Stern von Bethlehem», wo auch Br. C. Wolff pathetisch erklärt: «Das wahre Menschenthum ist es, was wir erstreben; das Menschenthum, mühsam errungen in langen Culturperioden und doch gottgegeben in jeder Kinderseele; das Menschenthum, an dessen socialer Schwelle wir erst ahnend stehen und das wir doch voll und schön in eigener Brust tragen, im eigenen Leben verwirklichen können; das Menschenthum, dem der bessere Zug der allgemeinen Entwickelung längst folgt, indem er es mit dem fremden Namen "Humanität" bezeichnet; ja, das Menschenthum nicht in Formeln und Lippengeplärre, sondern in reinem Gewissen und strebendem Geist; nicht in stolzer Selbstsucht, sondern in selbstverleugnender Hingabe, kurzum: das Menschenthum, das reine, volle, ganze, das ist unsere Stärke; auf diesem Wege, unverrückt dieses Ziel im Auge behaltend, werden wir siegen, denn wir gehen dann auf Gottes Wegen und Gottes Weg das ist der richtige Weg.» (Holtschmidt u.a. 1981, S. 327f)

In diesen Sätzen klingt schon vorsichtig die «eine Welt», die «All-Welt», der «Staat der Staaten» an, wenn von dem *Menschenthum* die Rede ist, «an dessen *socialer* Schwelle wir erst ahnend stehen»! G. Drenckhahn geht sogar noch weiter: «Der praktische Idealismus muß die Menschheit mehr und mehr durchdringen, wenn ein Culturfortschritt eintreten soll. Hierbei darf aber nicht der einzelne Mensch, auch nicht ein einzelner Staat (!) sich Selbstzweck sein, *sondern es muß Jedem die einheitliche Menschheit als Ziel vorschweben.*» (Holtschmidt u.a. 1981, S. 305)

Dazu paßt wieder eine Aussage eines hochgestellten Freimaurers unserer Tage. In einem Interview, das der Großmeister der Grande Loge Nationale Française, Richard Dupuy, im Jahr 1974 dem «Europa-Parlament», einer «Zeitung von sehr speziellem und vertraulichem Charakter, die sich an die "politische Klasse" richtet» (Ploncard d'Assac 1989, S. 144), gab, scheute er sich nicht, offen zu bekennen: «Wir arbeiten für die Errichtung einer Universalrepublik, und diese Republik geht über ein vereinigtes Europa.» (Zit. n. ebd. S. 147)

Vergleichen wir schließlich folgende Vorstellungen über die freimaurerische Einheitsreligion aus «Stern von Bethlehem» mit denen über die Welteinheitsreligion der «City of Man»:

Fr. Holtschmidt behauptet: «Diese Lehre Jesu vom Reiche Gottes steht über allen Bekenntnissen und allem Gottesdienst der Menschheit, auch über allen christlichen Confessionen. Sie schließt kein Bekenntnis aus, aber versöhnt alle Verschiedenheiten der Bekenntnisse in einem einheitlichen Grundgedanken.» (S. 81) In CoM (S. 45) steht entsprechend zu lesen: «In der Katholizität ihrer Sprache interpretiert und rechtfertigt die Demokratie die einzelnen Glaubensbekenntnisse als ihre eigenen Dialekte.»

Holtschmidt sagt: «Das wahre Christenthum ist die über allen Confessionen der Erde stehende und sie alle vereinigende Anbetung Gottes im Geiste.» (S. 125) CoM (S. 45) bezeichnet den Humanismus als «die universale Religion des Geistes»!

Holtschmidt bestimmt: «Es darf sich Niemand auf Jesum berufen, der nicht auch die Höhe sich denken kann, wo aller Gottesdienst gleichwerthig ist. VON DIESER HÖHE HAT JESUS UNS GOTT VERKÜNDET.» (S. 125; Hervorh. original!) Die Autoren von CoM (S. 46) erklären im Ton der Entschlossenheit: «Wir werden uns nicht, dem Ratschlag der Verzweiflung folgend, von einer höheren und umfassenderen Religion ab- und einer niedrigeren zuwenden.»

Holtschmidt stellt kategorisch fest: «Die Dogmatik christlicher Kirchen kann niemals die Grundlage des Maurerthums sein. Der Maurerbund umfaßt die ganze Erde und den Religionscultus aller Völker.» (S. 125) «Die Trennung von Staat und Kirche ...», bekräftigen die Verfasser von CoM (S. 46), «ist und bleibt die Grundlage, auf der sich die Oberhoheit des Welt-Humanismus und der Weltdemokratie erhebt - die Katholizität des allgemeinen Glaubensbekenntnisses, das jeden tieferstehenden Glauben umfaßt und interpretiert.»

«Bekenntnisse (Confessionen)», sagt J. Bertrand (Holtschmidt u.a. 1981, S. 138), «sind doch nur Formen, in welche der Glaubensinhalt von Menschen gegossen wurde. Es giebt kein Bekenntnis, welches sich als Religion an sich ausgeben darf.» Genauso weisen die Verfasser von CoM darauf hin, «daß keiner dieser Dialekte (sc. der einzelnen Religionen), obwohl verehrungs- und liebenswürdig und unbeschadet seines Bürgerrechts, die Stellung der universalen Sprache einnehmen kann, die den gemeinsamen Glauben des Menschen ausdrückt. Der letztere erklärt alle Dogmen zu Symbolen und macht sie sich als solche zu eigen; die Kirchen hingegen sind an den Buchstaben gefesselt ...» (CoM, S. 45)

Frappierender könnten die Übereinstimmungen zwischen diesem - im allgemeinen noch sehr zurückhaltenden - freimaurerischen Sammelwerk (laut Klappentext vermittelt es «ein breitgefächertes Bild der Situation innerhalb der deutschen Maurerei zu jener Zeit», d.h. um die Jahrhundertwende), Äußerungen führender französischer Freimaurer aus den siebziger Jahren und den zeitlich mittendrin angesiedelten Ideen und Plänen des ominösen «Komitees» gar nicht mehr sein. Wollte aber jemand immer noch am ganz und gar freimaurerischen Charakter von «The City of Man» zweifeln, so müßten die im folgenden aufgezeigten weiteren Parallelen schließlich jeden solchen Zweifel beseitigen.

Lessing läßt grüßen

Schon der berühmte Literat Gotthold Ephraim Lessing läßt in seinen «Freimäurergesprächen» (Zit. n. Lessing, Freimäurergespräche und anderes. Ausgewählte Schriften, München 1981) deutlich durchblicken, daß es der Freimaurerei letztendlich darum geht, alle politischen, nationalen, religiösen und sozialen Schranken zwischen den Menschen auf der ganzen Erde zu beseitigen. In ihrer Anmerkung zu den Freimäurergesprächen (a.a.O. S. 377) schreibt Brigitte Peters:

«Lessing war 1771 Mitglied der Hamburger Freimaurerloge "Zu den drei Sonnen" geworden, jedoch - desillusioniert angesichts des wirklichen Freimaurerbunds, der sich vor allem aus den Mitgliedern des Adels rekrutierte und vorwiegend auf die Reproduktion der bereits bestehenden Hierarchien in Staat und Religion gerichtet war - bald darauf wieder ausgetreten. Nach Aussagen seines Hamburger Freundes Bode (1730-1793) soll Lessing von Rosenberg, dem Leiter des Stuhls, danach befragt worden sein, ob er auch wirklich nichts wider Religion und Kirche gefunden hätte. Lessings Antwort: "Ha! ich wollte, ich hätte dergleichen gefunden; das sollte mir lieber sein!" In den Freimaurergesprächen wendet sich Lessing nicht an die wirklichen, sondern an die *möglichen* und *wahren* Anhänger des Freimaurertums. Deren Zugehörigkeit zeige sich an erkennbaren *Taten*, welche darauf zielen, die durch Staat, Eigentum und Religion verursachte Ungleichheit unter den Menschen aufzuheben.»

Nichts anderes als Lessing plant aber - nur sehr viel konkreter - das Autorenkollektiv von CoM. Lessing läßt im *Zweiten Gespräch* den *Falk* als Logenbruder seinem noch nicht eingeweihten Freund *Ernst* die Zielsetzung der Freimaurerei umständlich und vosichtig erklären (a.a.O. S. 51-56):

«*Falk*: ... Setze die beste Staatsverfassung, die sich nur denken läßt, schon erfunden; setze, daß alle Menschen in der ganzen Welt diese beste Staatsverfassung angenommen haben: meinst du nicht, daß auch dann noch, selbst aus dieser besten Staatsverfassung, Dinge entspringen müssen, welche der menschlichen Glückseligkeit höchst nachteilig sind, und wovon der Mensch in dem Stande der Natur schlechterdings nichts gewußt hätte?
Ernst: Ich meine: wenn dergleichen Dinge aus der besten Staatsverfassung entsprängen, daß es sodann die beste Staatsverfassung nicht wäre.
Falk: Und eine bessere möglich wäre? - Nun, so nehme ich diese Bessere als die *Beste* an: und frage das Nämliche.
Ernst: Du scheinest mir hier bloß von vorne herein aus dem angenommenen Begriffe zu vernünfteln, daß jedes Mittel menschlicher Erfindung, wofür du die Staatsverfassungen samt und sonders erklärest, nicht anders als mangelhaft sein könne.
Falk: Nicht bloß.
Ernst: Und es würde dir schwer werden, eins von jenen nachteiligen Dingen zu nennen -
Falk: Die auch aus der besten Staatsverfassung notwendig entspringen müssen? - O zehne für eines.
Ernst: Nur eines erst.
Falk: Wir nehmen also die beste Staatsverfassung für erfunden an; wir nehmen an, daß alle Menschen in der Welt in dieser besten Staatsverfassung leben: würden deswegen alle Menschen in der Welt, *nur einen Staat ausmachen*?
Ernst: Wohl schwerlich. Ein so ungeheurer Staat würde keiner Verwaltung fähig sein. Er müßte sich also in mehrere kleine Staaten verteilen, die alle nach den nämlichen Gesetzen verwaltet würden.

Falk: Das ist: die Menschen würden auch dann noch Deutsche und Franzosen, Holländer und Spanier, Russen und Schweden sein; oder wie sie sonst heißen würden.
Ernst: Ganz gewiß!
Falk: Nun da haben wir ja schon Eines. Denn nicht wahr, jeder dieser kleinen Staaten hätte sein eignes Interesse? und jedes Glied derselben hätte das Interesse seines Staats?
Ernst: Wie anders?
Falk: Diese verschiedene Interesse würden öfters in Kollision kommen, so wie itzt: und zwei Glieder aus zwei verschiednen Staaten würden einander eben so wenig mit unbefangenem Gemüt begegnen können, als itzt ein Deutscher einem Franzosen, ein Franzose einem Engländer begegnet.
Ernst: Sehr wahrscheinlich!
Falk: Das ist: wenn itzt ein Deutscher einem Franzosen, ein Franzose einem Engländer, oder umgekehrt, begegnet, so begegnet nicht mehr ein *bloßer* Mensch einem *bloßen* Menschen, die vermöge ihrer gleichen Natur gegen einander angezogen werden, sondern ein *solcher* Mensch begegnet einem *solchen* Menschen, die ihrer verschiednen Tendenz sich bewußt sind, welches sie gegeneinander kalt, zurückhaltend, mißtrauisch macht, noch ehe sie für ihre einzelne Person das geringste mit einander zu schaffen und zu teilen haben.
Ernst: Das ist leider wahr.
Falk: Nun so ist es denn auch wahr, daß das Mittel, welches die Menschen vereiniget, um sie durch diese Vereinigung ihres Glücks zu versichern, die Menschen zugleich trennet.
Ernst: Wenn du es so verstehest.
Falk: Tritt einen Schritt weiter. Viele von den kleinern Staaten würden ein ganz verschiednes Klima, folglich ganz verschiedene Bedürfnisse und Befriedigungen, folglich ganz verschiedene Gewohnheiten und Sitten, folglich ganz verschiedene Sittenlehren, folglich ganz verschiedene Religionen haben. Meinst du nicht?
Ernst: Das ist ein gewaltiger Schritt.
Falk: Die Menschen würden auch dann noch Juden und Christen und Türken und dergleichen sein.
Ernst: Ich getraue mir nicht, Nein zu sagen.
Falk: Würden sie das; so würden sie auch, sie möchten heißen, wie sie wollten, sich unter einander nicht anders verhalten, als sich unsere Christen und Juden und Türken von je her unter einander verhalten haben. Nicht als *bloße* Menschen gegen *bloße* Menschen; sondern als *solche* Menschen gegen *solche* Menschen, die sich einen gewissen geistigen Vorzug streitig machen, und darauf Rechte gründen, die dem natürlichen Menschen nimmermehr einfallen könnten.
Ernst: Das ist sehr traurig; aber leider doch sehr vermutlich.
Falk: Nur vermutlich?
Ernst: Denn allenfalls dächte ich doch, so wie du angenommen hast, daß alle Staaten einerlei Verfassung hätten. daß sie auch wohl alle einerlei Religion haben könnten. Ja ich begreife nicht, *wie einerlei Staatsverfassung ohne einerlei Religion auch nur möglich ist.*

Falk: Ich eben so wenig. - Auch nahm ich jenes nur an, um deine Ausflucht abzuschneiden. Eines ist zuverlässig eben so unmöglich, als das andere. Ein Staat: mehrere Staaten. Mehrere Staaten: mehrere Staatsverfassungen. Mehrere Staatsverfassungen: mehrere Religionen.

Ernst: Ja, ja; so scheint es.

Falk: So ist es. - Nun sieh da das zweite Unheil, welches die bürgerliche Gesellschaft, ganz ihrer Absicht entgegen, verursacht. Sie kann die Menschen nicht vereinigen, ohne sie zu trennen; nicht trennen, ohne Klüfte zwischen ihnen zu befestigen, ohne Scheidemauern durch sie hin zu ziehen.

Ernst: Und wie schrecklich diese Klüfte sind! wie unübersteilich oft diese Scheidemauern!

Falk: Laß mich noch das dritte hinzufügen. - Nicht genug, daß die bürgerliche Gesellschaft die Menschen in verschiedene Völker und Religionen teilet und trennet. - Diese Trennung in wenige große Teile, deren jeder für sich ein Ganzes wäre, wäre doch immer noch besser, als gar kein Ganzes. - Nein; die bürgerliche Gesellschaft setzt ihre Trennung auch in jedem dieser Teile gleichsam bis ins Unendliche fort.

Ernst: Wie so?

Falk: Oder meinest du, daß ein Staat sich ohne Verschiedenheit von Ständen denken läßt? Er sei gut oder schlecht, der Vollkommenheit mehr oder weniger nahe: unmöglich können alle Glieder desselben unter sich das nämliche Verhältnis haben. - Wenn sie auch alle an der Gesetzgebung Anteil haben: so können sie doch nicht gleichen Anteil haben, wenigstens nicht gleich unmittelbaren Anteil. Es wird also vornehmere und geringere Glieder geben. - Wenn Anfangs auch alle Besitzungen des Staats unter sie gleich verteilet worden: so kann diese gleiche Verteilung doch keine zwei Menschenalter bestehen. Einer wird sein Eigentum besser zu nutzen wissen, als der andere. Einer wird sein schlechter genutztes Eigentum gleichwohl unter mehrere Nachkommen zu verteilen haben, als der andere. Es wird also reichere und ärmere Glieder geben.

Ernst: Das versteht sich.

Falk: Nun überlege, wie viel Übel es in der Welt wohl gibt, das in dieser Verschiedenheit der Stände seinen Grund nicht hat.

Ernst: Wenn ich dir doch widersprechen könnte! - Aber was hatte ich für Ursache, dir überhaupt zu widersprechen? - Nun ja, die Menschen sind nur durch Trennung zu vereinigen! nur durch unaufhörliche Trennung in Vereinigung zu erhalten! Das ist nun einmal so. Das kann nun nicht anders sein.

Falk: Das sage ich eben!

Ernst: Also, was willst du damit? Mir das bürgerliche Leben dadurch verleiden? Mich wünschen machen, daß den Menschen der Gedanke, sich in Staaten zu vereinigen, nie möge gekommen sein?

Falk: Verkennst du mich so weit? - Wenn die bürgerliche Gesellschaft auch nur das Gute hätte, daß allein in ihr die menschliche Vernunft ausgebauet werden kann: ich würde sie auch bei weit größeren Übeln noch segnen.

Ernst: Wer des Feuers genießen will, sagt das Sprichwort, muß sich den Rauch gefallen lassen.

Falk: Allerdings! - Aber weil der Rauch bei dem Feuer unvermeidlich ist: durfte man darum keinen Rauchfang erfinden? Und der den Rauchfang erfand, war der darum ein Feind des Feuers? - Sieh, dahin wollte ich.
Ernst: Wohin? - Ich verstehe dich nicht.
Falk: Das Gleichnis war doch sehr passend. - - Wenn die Menschen nicht anders in Staaten vereiniget werden konnten, als durch jene Trennungen: werden sie darum gut, jene Trennungen?
Ernst: Das wohl nicht.
Falk: Werden sie darum heilig, jene Trennungen?
Ernst: Wie heilig?
Falk: Daß es verboten sein sollte, Hand an sie zu legen?
Ernst: In Absicht? ...
Falk: In Absicht, sie nicht größer einreißen zu lassen, als die Notwendigkeit erfordert. In Absicht, ihre Folgen so unschädlich zu machen, als möglich.
Ernst: Wie könnte das verboten sein?
Falk: Aber geboten kann es doch auch nicht sein; durch bürgerliche Gesetze nicht geboten! - Denn bürgerliche Gesetze erstrecken sich nie über die Grenzen ihres Staats. Und dieses würde nun gerade außer den Grenzen aller und jeder Staaten liegen. - Folglich kann es nur ein *Opus supererogatum* sein: und es wäre bloß zu wünschen, daß sich die Weisesten und Besten eines jeden Staats diesem *Operi supererogato* freiwillig unterzögen.
Ernst: Bloß zu wünschen; aber recht sehr zu wünschen.
Falk: Ich dächte! Recht sehr zu wünschen, daß es in jedem Staate Männer geben möchte, die über die Vorurteile der Völkerschaft hinweg wären, und genau wüßten, wo Patriotismus, Tugend zu sein aufhöret.
Ernst: Recht sehr zu wünschen!
Falk: Recht sehr zu wünschen, daß es in jedem Staate Männer geben möchte, die dem Vorurteile ihrer angebornen Religion nicht unterlägen; nicht glaubten, daß alles notwendig gut und wahr sein müsse, was sie für gut und wahr erkennen.
Ernst: Recht sehr zu wünschen.
Falk: Recht sehr zu wünschen, daß es in jedem Staate Männer geben möchte, welche bürgerliche Hoheit nicht blendet, und bürgerliche Geringfügigkeit nicht ekelt; in deren Gesellschaft der Hohe sich gern herabläßt, und der Geringe sich dreist erhebet.
Ernst: Recht sehr zu wünschen!
Falk: Und wenn er erfüllt wäre, dieser Wunsch?
Ernst: Erfüllt? - Es wird freilich hier und da, dann und wann, einen solchen Mann geben.
Falk: Nicht bloß hier und da; nicht bloß dann und wann.
Ernst: Zu gewissen Zeiten, in gewissen Ländern auch mehrere.
Falk: Wie, wenn es dergleichen Männer itzt überall gäbe? zu allen Zeiten nun ferner geben müßte?
Ernst: Wollte Gott!
Falk: Und diese Männer nicht in einer unwirksamen Zerstreuung lebten? nicht immer in einer unsichtbaren Kirche?
Ernst: Schöner Traum!

Falk: Daß ich es kurz mache. - Und diese Männer die Freimäurer wären?
Ernst: Was sagst du?
Falk: Wie, wenn es die Freimäurer wären, die sich *mit* zu ihrem Geschäfte gemacht hätten, jene Trennungen, wodurch die Menschen einander so fremd werden, so eng als möglich wieder zusammen zu ziehen?
Ernst: Die Freimäurer?
...»

Schon bei Lessing findet sich auch - nicht nur in der berühmten Ringparabel - die Behauptung, es gebe nur eine einzige Religion. Daß er sie als die «Religion Christi» bezeichnet, ist als eine typisch freimaurerische Verschleierung des puren Humanismus anzusehen. Man lese das Werkchen «Die Religion Christi» sorgfältig. Christus erscheint darin als bloßer Mensch, und «seine» Religion ist nicht etwa der Glaube an seine (göttliche) Person, den er verlangt, sondern nur jene Religion, «die er *als Mensch* selbst erkannte und übte»:

«§ 1
Ob Christus mehr als Mensch gewesen, das ist ein Problem. Daß er wahrer Mensch gewesen, wenn er es überhaupt gewesen; daß er nie aufgehört hat, Mensch zu sein: das ist ausgemacht.
§ 2
Folglich sind die Religion Christi und die christliche Religion zwei ganz verschiedene Dinge.
§ 3
Jene, die Religion Christi, ist diejenige Religion, die er als Mensch selbst erkannte und übte; die jeder Mensch mit ihm gemein haben kann; die jeder Mensch um so viel mehr mit ihm gemein zu haben wünschen muß, je erhabener und liebenswürdiger der Charakter ist, den er sich von Christo als bloßen Menschen macht.
§ 4
Diese, die christliche Religion, ist diejenige Religion, die es für wahr annimmt, daß er mehr als Mensch gewesen, und ihn selbst als solchen, zu einem Gegenstande ihrer Verehrung macht.
§ 5
Wie beide diese Religionen, die Religion Christi sowohl als die Christliche, in Christo als in einer und eben derselben Person bestehen können, ist unbegreiflich.
§ 6
Kaum lassen sich die Lehren und Grundsätze beider in einem und ebendemselben Buche finden. Wenigstens ist augenscheinlich, daß jene, nämlich die Religion Christi, ganz anders in den Evangelisten enthalten ist als die Christliche.
§ 7
Die Religion Christi ist mit den klarsten und deutlichsten Worten darin enthalten;
§ 8
Die Christliche hingegen so ungewiß und vieldeutig, daß es schwerlich eine einzige Stelle gibt, mit welcher zwei Menschen, so lange als die Welt steht, den nämlichen Gedanken verbunden haben.» (Zit. n. a.a.O. 79f)

Halten wir daneben den Text in CoM (S. 48f): «"Politische Ökonomie und Sozialwissenschaft kann", wie Henry George gesagt hat, "nichts lehren, was nicht in den einfachen Wahrheiten enthalten ist, in denen arme Fischer und jüdische Bauern von einem unterrichtet wurden, der vor 1800 Jahren gekreuzigt wurde."»

Offenbar meint diese «Religion Christi», die nach Lessing «*jeder Mensch mit ihm gemein haben kann*; die *jeder Mensch* um so viel mehr mit ihm gemeinsam zu haben *wünschen muß*, je erhabener und liebenswürdiger der Charakter ist, den er sich von Christo *als bloßen Menschen* macht», ganz dasselbe, was in CoM als «Religion des Heiligen Geistes» (S. 36) präsentiert wird. Denn laut CoM ist «in einer dem modernen Denken angepaßten Interpretation» nichts anderes als der «göttliche Geist im Menschen und über dem Menschen ... der Geist, den Christus den Heiligen Geist nannte» (S. 35), und «diese universale Religion (des Heiligen Geistes), die in den besten Köpfen unseres Zeitalters verankert ist, wurde von Weisen und Heiligen aller Zeiten vorausgesagt. Ihre Substanz reifte aus dem, was immer in den Ideen und Hoffnungen des Menschen die höchsten Höhen erklomm.» (S. 36) Auch hier wird also, nicht anders als bei Lessing, eine *Universalreligion* proklamiert; wie Lessing beruft sich auch CoM dafür auf *Christus* selbst; hier wie dort ist der Inhalt dieser Religion *bloßer Humanismus*. Denn der «göttliche Geist *im* Menschen» ist, wie man anderswo erfährt, der *menschliche Verstand* (intelligence) selber (vgl. CoM, S. 75: «Der Verstand, das Göttliche im Menschen, ...»), und mit dem göttlichen Geist «über dem Menschen» kann in diesem Zusammenhang nur der praktisch nie erreichbare *Idealtypus des Menschen,* das *«reine Menschentum»*, gemeint sein.

Nach einem kurzen Überblick über die «Beiträge» der wichtigsten Weltreligionen zur «Religion des Geistes» heißt es in CoM: «In jedem dieser einzelnen Systeme gibt es Humanität und Erlösung. Jedes von ihnen und sie alle sind in der allumfassenden und alles interpretierenden Religion des Geistes enthalten.» (CoM, S. 47f) Bei der daran anschließenden eingehenderen Kritik der Religionen wagen es die Autoren - obgleich sie der «Römischen Kirche» die weitaus größte Aufmerksamkeit bzw. den weitaus größten Raum widmen - nicht, den katholischen Glauben direkt des *Dogmatismus* zu beschuldigen. Die Protestanten freilich müssen sich den Vorwurf «haarspalterischen Sektierertums und theologischer Nebensächlichkeiten» (CoM, S. 43) gefallen lassen, und obwohl die katholische Kirche unmittelbar nur wegen angeblichen politischen Fehlverhaltens und der von ihr beanspruchten «Absolutheit der Verehrung» (CoM, S. 40) angegriffen wird, lautet das *Fazit* doch allgemein:

«Dennoch erkennt die universale Religion des Geistes ehrfürchtig die unzerstörbare Substanz an Wahrheit an, die unter den Oberflächen und den Irrtümern der einzelnen Konfessionen liegt ... In der Katholizität ihrer Sprache interpretiert und rechtfertigt die Demokratie die einzelnen Glaubensbekenntnisse als ihre eigenen Dialekte.» Sie «erklärt alle Dogmen zu Symbolen und macht sie sich als solche zu eigen; die Kirchen hingegen sind an den Buchstaben gefesselt und belegen darum den symbolischen Sinn als Häresie und Irrtum mit dem Bann, obwohl dieser die innerste Wahrheit des Dogmas ist.» (CoM, S. 45) Faktisch wird damit auch die katholische Kirche des unnötigen *Dogmatismus* angeklagt, und auch hierin trifft sich das Dokument mit dem Freimaurer *Lessing*, der gesagt hat:

«So lange die Kirche Krieg hatte, so lange war sie bedacht, durch ein unsträfliches und wunderbares Leben, ihrer Religion diejenige Schärfe zu geben, der wenig Feinde zu widerstehen fähig sind. So bald sie Friede bekam, so bald fiel sie darauf, ihre Religion auszuschmücken, ihre Lehrsätze in eine gewisse Ordnung zu bringen, und die göttliche Wahrheit mit menschlichen Beweisen zu unterstützen. ... Ich wollte nur wünschen, daß ich meinen Leser Schritt vor Schritt durch alle Jahrhunderte führen und ihm zeigen könnte, wie das ausübende Christentum von Tag zu Tag abgenommen hat, da unterdessen das beschauende durch phantastische Grillen und menschliche Erweiterungen zu einer Höhe stieg, zu welcher der Aberglaube noch nie eine Religion gebracht hat. Alles hing von einem Einzigen ab, der desto öfter irrte, je sicherer er irren konnte.» (Gedanken über die Herrenhuter, zit. n. a.a.O. S. 11f)

Es nimmt nicht wunder, daß sich die Autoren von CoM den für Freimaurer als glühende Anwälte der sogenannten «Gewissensfreiheit» zur Pflichtübung gewordenen Seitenhieb auf den «Syllabus» Papst Pius IX. von 1864 nicht verkneifen können. Diese Aufzählung und Verurteilung der Irrtümer des Liberalismus, der ja weithin mit der Freimaurerideologie identisch ist, rief schon seinerzeit ein wütendes Geheul der Logen hervor. CoM behauptet ganz frech, der Syllabus habe «der politischen und sozialen Verdummung in die Hände» gespielt (S. 41), und charakterisiert das lehramtliche Dokument kurzerhand als Zeugnis des «geistigen Totalitarismus» (ebd.).

Inhaltlich genau dasselbe wird der katholischen Kirche als ganzer (und das, wohlgemerkt, für mehr als drei Jahrhunderte früher!) unterschoben, wenn lobend bemerkt wird, der «Gründer» der «protestantischen Kirchen» habe «dem Menschen das Reich geistiger Freiheit geöffnet» (S. 43); vorher, in der katholischen Kirche, wurde der Mensch demnach geistig versklavt (vgl. auch CoM, S. 37: «Die protestantische Erhebung ... bekräftigte so grundsätzlich die Freiheit des Geistes des Menschen ...»)! Bemerkenswert wiederum die Übereinstimmung dieses Urteils von CoM mit dem des Protestanten und überzeugten Freimaurers Lessing: «Rom ward auf einmal zu einem verabscheuungswürdigen Tyrannen der Gewissen.» (Gedanken über die Herrenhuter, zit. n. a.a.O. S. 12)

Verweilen wir noch ein wenig bei der trotz aller Kritik im einzelnen augenfälligen *grundsätzlichen* Sympathie der 17 Stadtplanungsexperten für die protestantische Geisteshaltung. Diese Sympathie liefert einen weiteren Anhaltspunkt für ihre Logenzugehörigkeit. Die Freimaurer haben nämlich niemals in Abrede gestellt, dem Protestantismus geistesverwandt zu sein. Beispielsweise heißt es im 1900-1901 in Leipzig erschienenen «Allgemeinen Handbuch der Freimaurerei» (zit. n. F.A. Six, Studien zur Geistesgeschichte der Freimaurerei, 2. Aufl. Hamburg 1942, S. 19): «Die nie endenden Angriffe der ultramontanen Partei der katholischen Kirche gegen die Freimaurerei richten sich im Grunde genommen nur gegen den Protestantismus, als dessen Frucht, namentlich der Reformation, man den Freimaurerbund ansieht. Diesen schlägt man, und den Protestantismus meint man. Diesen Zusammenhang weist allerdings auch die Geschichte der Freimaurerei nach. In einem protestantischen Lande wurde sie geboren, und die meisten Logen finden sich in protestantischen Ländern. Protestantischer Geist zeigt sich in der Freimaurerei nicht nur bei protestantischen, sondern auch bei andern Völkern ... Die Bibel ist die einzige Erkenntnisquelle der Protestanten in religiösen Dingen, sie liegt auch auf in den freimaurerischen Tempeln. Daß auch von protestantischen Geistlichen der Freimaurerbund angefeindet wird, liegt nur in deren teilweise orthodoxer Richtung, die sich der des katholischen Klerus nähert, während der von echt christlichem Liebesgeist beseelte und allem (unchristlichen) Fanatismus sich fernhaltende Teil der protestantischen Kirche sich durchaus freundlich zur Freimaurerei stellt.»

Six (a.a.O. S. 24) zitiert auch den protestantischen Geistlichen und Freimaurer Gottfried Schenkel, der 1926 in einem Buch schrieb: «Man wird sagen können, daß die Freimaurerei bei aller Selbständigkeit, zumal nach der kultischen Seite, doch nach ihrer geistigen Seite in den großen Strom eines aufgeklärten protestantischen Christentums gehört, zumal in Deutschland, wo die Mitglieder der Logen fast durchweg und zu allen Zeiten gebildete Protestanten waren.» Eine Freimaurerzeitschrift behauptete in einer ihrer Ausgaben von 1925 sogar: «Die Freimaurerei ist ganz, was der Protestantismus halb war.» (Zit. n. ebd. S. 64)

Bischof Stimpfle von Augsburg schließlich stellt zum gleichen Thema fest: «Die Frage, ob die guten Beziehungen der Freimaurerei zu den Protestanten - im Gegensatz zu denen mit der katholischen Kirche - auch mit dem Wesen des Protestantismus selbst zusammenhängen, beantworten die Freimaurer E. Lennhoff und Oskar Posner (sc. in ihrem bis heute immer wieder neu aufgelegten Standardwerk von 1932 «Internationales Freimaurerlexikon») so: "Die Freimaurerei ist eine der Bewegungen, die vom Ausgang des Mittelalters an als Reaktion gegen die Unbedingtheit der Kirchenlehre ... entstanden sind ... Auf religiösem Gebiet führten diese Strömungen zum Protestantismus." Und wenn es im "Alten und angenommenen Schottischen Ritus" eine total verschiedene Behandlung etwa Luthers und des Papsttums gibt, so soll das gewiß nicht überbewertet werden. Aber es zeigt immerhin eine bis weit in die Geschichte zurückgehende Verschiedenheit der freimaurerischen Sicht von Papsttum und Luthertum. In einem Grad des "Schottischen Ritus", dem Grad des Ritters Kadosch, wird Rache gefordert für die Tötung des Templergroßmeisters Jacques de Molay, der als eine der großen freimaurerischen Gestalten gilt. Im Ritual dieses Grades ist einerseits davon die Rede, daß der Adept die Tiara des Papstes in den Staub getreten hat. Andererseits wird Martin Luther als einer der Vollstrecker der in diesem Rachegrad geforderten Vergeltung für den Tod J. de Molays bezeichnet: "Diese Vergeltung ist es, welche über das Haupt von Clemens'V. kam, nicht an dem Tag, da sein Leichnam von den Calvinisten der Provence verbrannt wurde, sondern an dem Tag, da Luther im Namen der Gewissensfreiheit die Hälfte Europas gegen das Papsttum aufwiegelte."» (Josef Stimpfle, Die Katholische Kirche und die Freimaurerei, in: Ders., Im Dienst am Evangelium.

Donauwörth 1988, S. 328-350, hier: S. 346) Indem also die Verfasser von CoM einerseits den Papst beschimpfen, andererseits jedoch gleich zweimal lobend herausstellen, Luther habe für die «Freiheit des menschlichen Geistes» gestritten, geben sie klar zu erkennen, wes Geistes Kind sie sind.

Freiheit - Gleichheit - Brüderlichkeit

Die *demokratische* Parole der französischen Revolution von 1789 «Freiheit, Gleichheit, Brüderlichkeit!» ist bekanntlich ebenso wie diese Revolution selber eindeutig freimaurerischer Herkunft (meist wird sie von Freimaurern in «Freiheit, Toleranz, Brüderlichkeit!» abgewandelt). Die Verfasser von CoM waren zu klug, diese Parole offen zu übernehmen, und ziehen es vor, die «Stadt des Menschen», also die Welt-*Demokratie*, auf «die fundamentalen Eigentümlichkeiten von *Gesetz, Gleichheit und Gerechtigkeit*» gegründet sein zu lassen (CoM, S. 28). Die nachfolgende Erklärung bzw. Definition dieser drei Prinzipien offenbart jedoch ihre Identität mit der ursprünglichen Dreiheit. Denn das Prinzip des *«Rechts»* («Gesetzes») beruht auf der «Regierung des Volkes durch das Volk» (S. 29) - also auf der *Freiheit!* Die *«Gleichheit»* steht ohnedies in beiden Formeln in der Mitte und wird als «Regierung des Volkes für das Volk» (ebd.) definiert. *«Gerechtigkeit»* beruht darauf, «daß eine demokratische Gemeinschaft eine Gemeinschaft von Personen ist» (ebd.) - mit anderen Worten, auf der *Brüderlichkeit!*

Im übrigen sind die beiden Begriffe «Freiheit» und «Brüderlichkeit», die in der Dreierformel nicht wörtlich aufscheinen, an anderen Stellen umso auffälliger postiert. Die «universale und totale Demokratie» wird als «das Prinzip der *Freiheit* und des Lebens» gepriesen (CoM, S. 27), *Freiheit* ist «der Zweck der Demokratie» (CoM, S. 49); vergleicht man die Gesellschaft mit einer Dreieckspyramide - übrigens einem grundlegenden Freimaurersymbol! -, so bildet deren Spitze «die *Freiheit und Würde* der menschlichen Persönlichkeit» (CoM, S. 76); die Demokratie wird gar mit der «Religion der *Freiheit*» (CoM, S. 81) identifiziert, und schließlich heißt es - obwohl vorher nur von den drei oben genannten «Grundsätzen» die Rede war - ganz unbefangen: «Von ihrem *Grundsatz* (!) der *Freiheit* aus blickt die Demokratie in Richtung des Kapitalismus ...» (CoM, S. 90)

Das Programm von CoM will «Dienst in *Brüderlichkeit* (brotherhood)» gegen «Reglementierung in Leibeigenschaft» (S. 25) setzen. Es ist von einer *«Bruderschaft* (brotherhood) des Opferns» im «Überlebenskampf» gegen den Nationalsozialismus die Rede: «Aber diese Bruderschaft (brotherhood) muß auch den Sieg überleben.» (S. 80)

Genau *dreimal* findet sich im gesamten Text von CoM der Schlüsselbegriff «City of Man» (S. 24, 72, 94) - Zufall? Genau beim zweiten Mal, also gewissermaßen an zentraler Stelle, erscheint die *Brüderlichkeit* in ganz feierlicher Form: «Von diesem Land (sc. Amerika) wissen sie, daß sein vertraulicher Name Philadelphia (sc. = griech. «Bruderliebe»!), die "*Stadt der brüderlichen Liebe*" (the City of Brotherly Love"), ist. Sie wissen, daß aus ihm und aus allen vergehenden Vaterländern (!) *ein* "Bruderland" (one Brotherland; man beachte in beiden Fällen die im Englischen höchst ungewöhnliche Großschreibung!) gemacht werden wird, die "Stadt des Menschen" ...» (CoM, S. 71f) Dieser pathetischen Hervorhebung der «Brüderlichkeit» entspricht es, wenn zuvor gesagt wurde, das Prinzip der Gerechtigkeit (das ist, wie gesagt, die Brüderlichkeit!) liege «den beiden anderen *zugrunde*» (CoM, S. 29)! Zweifelsohne enthält also der Text von CoM die freimaurerischen Prinzipien der Französischen Revolution als tragendes Gerüst.

Als höchst aufschlußreich erweist sich aber auch der Gottesbegriff, der in der «Stadt des Menschen» Grundlage der «Religion des Geistes» sein soll. Nach Bischof Stimpfle (a.a.O. S. 336f) kam eine offizielle katholische Kommission, die in den siebziger Jahren in Zusammenarbeit mit der deutschen Freimaurerei selber deren Ideologie auf ihre Vereinbarkeit mit dem katholischen Glauben hin untersuchen sollte, zu dem Ergebnis, «Gott» sei in den Logen «ein undefinierter Begriff, der für jedes Verständnis ... offen ist. Jedermann, der Christ, der Jude, der Moslim (sic!), kann nach freimaurerischem Verständnis seinen Glauben an Gott ebenso einbringen, wie der Animist, Hinduist, Buddhist, oder auch der Atheist. Der "Große Baumeister aller Welten" ist ein neutrales "Es", mit dem sich jedes religiöse Empfinden in Einklang bringen läßt, nicht aber das Bekenntnis zum persönlichen dreifaltigen Gott der Christen.»

Dasselbe läßt sich der offiziellen Zeitschrift des Grand Orient de France vom Juni 1976 entnehmen (zit. n. Ploncard d'Assac 1989, S. 213), wo es heißt: «Das Dogma von der Gottheit verpflichtet, an einen persönlichen Gott zu glauben, der durch Moses oder den heiligen Paulus, durch Mohammed oder Luther mit Autorität gelehrt wurde, während das Symbol des Großen Architekten, das für uns das Zeichen des Schöpfergottes der Bibel ist, für andere die pantheistische Gesellschaft Indiens, der Stoiker oder Spinozas, die endliche Gottheit von William James, das große Wesen August Comtes oder die ideale Weisheit darstellen kann. Etwas bescheidener könnte es sogar die Energie bedeuten, die die Wissenschaft erforscht.» Noch ernüchternder hat es ein gewisser Br. Maréchal gesagt (zit. n. ebd. S. 213f): «Der Große Architekt des Universums, den die Freimaurer bekennen, ist vor allem ein Symbol, und wie alle freimaurerischen Symbole kann es mehrere Erklärungsmöglichkeiten in sich vereinigen. Der Große Architekt des Universums ist auch der Mensch, der nach und nach die Gesetze des Kosmos entdeckt, die Naturkräfte bändigt und sie seinen Zwecken dienstbar macht.»

Welchen Gott gedenken demgegenüber die Verfasser von CoM zu «verehren»? Ihr «allgemeines Glaubensbekenntnis ... lehrt, daß ein göttlicher Wille regiert - sei er nun Gott oder Gottheit oder der Heilige Geist oder das Absolute oder Logos oder sogar Evolution genannt» (CoM, S. 47). Dieser inhaltlich völlig beliebige Gottesbegriff ist augenscheinlich dem freimaurerischen A.B.a.W. («Allgemeiner Baumeister aller Welten») geradezu aus dem Gesicht geschnitten und löst sich - wie dieser - zum Schluß in bloße Selbstvergötzung des Menschen, bei den «Wissenden» jedoch in die Anbetung Satans, auf.

Wie wenig den Verfassern an der Verehrung des persönlichen Schöpfergotts oder gar des dreifaltigen Gottes der christlichen Offenbarung gelegen ist, zeigt sich vor allem dort, wo sie sich zu der Behauptung versteigen, das «gotteslästerlichste aller Glaubensbekenntnisse» sei «die faschistisch-nazistische Philosophie», und zwar präzise deshalb, weil sie der Überzeugung sei, «daß die Menschen ungleich geboren werden, daß sie kein Recht auf Leben oder Freiheit haben, und daß das einzige Glück für die Herden im Weg in die Sklaverei unter der Peitsche selbsternannter Hirten besteht» (CoM, S. 38) Offenbar wird hier nicht Gott sondern allenfalls der Mensch «gelästert», was umgekehrt bedeutet, daß auch für die CoM-Autoren nur der Mensch selbst der A.B.a.W. ist.

Noch einen sehr bemerkenswerten Hinweis liefern - und das wohl kaum zufällig sondern als Signal für ihre Logenbrüder - die Verfasser, indem sie schon auf der dritten Textseite (im Buch Seite 13) ganz oben feststellen: «England, wo der moderne Mensch zuerst zu seiner Würde emporwuchs, hält immer noch in tragischer Tapferkeit stand ...» Wenn man den Einschub nicht einfach überliest, fragt man sich doch unwillkürlich, wieso denn ausgerechnet in *England* der «moderne Mensch» *zuerst* «zu seiner Würde emporwuchs». Nach einigem Überlegen dämmert es: in der englischen Hauptstadt London wurde im Jahr 1717 die erste Freimaurer-Großloge der Welt gegründet ...!

Aufschlußreich schließlich ist die zutiefst widersprüchliche *Intoleranz* der Autoren, wenn sie statt eines uneingeschränkt *freiheitlichen* Weltstaats eine «Diktatur der Humanität» verwirklichen wollen und als deren «fundamentalstes Prinzip» die Maxime aufstellen, «daß der demokratische Begriff der Freiheit niemals die Freiheit einschließen kann, Demokratie und Freiheit zu zerstören» (CoM, S. 34f). Die hier sichtbar werdende verwandlung der *theoretisch* geforderten weltanschaulichen Liberalität in krassesten Despotismus, sobald es um die *praktische* Verwirklichung geht, stellt nämlich nicht bloß das grundlegende ideologische Dilemma der Erbauer der «Stadt des Menschen» sondern ebenso das der Freimaurerei dar. Wie F.A. Six klarsichtig bemerkt, zeigt die Geschichte der Freimaurerei «und aller verwandten Ideologien den eigentümlichen Umschlag des Toleranzprinzips in die Unduldsamkeit: jede Toleranz wird in dem gleichen Augenblick intolerant, wo sie sich als Toleranz angegriffen sieht. Sie bedarf zu ihrer Verteidigung der Intoleranz, weil auf tolerante Weise keine Verteidigung zu leisten ist. Sie gibt sich daher in jedem Fall selbst auf, indem sie entweder tolerant auf Verteidigung verzichtet und daher überwunden wird, oder auf sich selbst verzichtet und intolerant wird. Auf Grund dieses ursächlich gegebenen Zwiespaltes waren Deismus und Freimaurerei wie alle freiheitlichen Anschauungen stets in der Lage, die theoretische Toleranz mit praktischer Intoleranz zu verbinden.» (Six 1942, S. 17) Auch hier liegt also eine auffällige Parallele zwischen CoM und der freimaurerischen Ideologie vor.

Angesichts der Fülle der hier zusammengetragenen Fakten, die sich noch uferlos vermehren ließen, ist am bewußt und formell freimaurerischen Charakter des Plans für die «Stadt des Menschen» kein Zweifel möglich. Mit anderen Worten: die «Herausgeber» von «The City of Man» waren Freimaurer.

Juden und Moslems

Wie nicht anders zu erwarten, lassen die CoM-Freimaurer ihre besondere Sympathie für das *liberale Judentum* deutlich durchscheinen; offenbar sind einige der (unterzeichneten oder auch nicht unterzeichneten) Redaktoren des Dokuments selber Juden. Während den «asiatischen Lehren» «fromme Trägheit», der «Römischen Kirche» ihr Anspruch auf «eine Absolutheit der Verehrung, die mit ihrer Relativität in der Geschichte unvereinbar ist», Paktieren mit der Tyrannei sowie «politische und soziale Verdummung» der Menschen, dem Protestantismus Defaitismus und liberale Dekadenz zum Vorwurf gemacht werden (CoM, S. 39-44), bleibt einzig und allein das *(liberale, nicht das orthodoxe!)* Judentum auffallenderweise von jeder Kritik verschont, erntet statt dessen hohes Lob, das keiner der anderen Religionen zuteil wird: «Der prophetische Geist und der heroische Universalismus der hebräischen Tradition fanden und finden fortgesetztermaßen ihren Ausdruck in unorthodoxen und sogar rein weltlichen Formen jüdischen Lebens. Sie leisteten und leisten für den Geist der Demokratie einen Beitrag von unschätzbarem Wert.» (CoM, S. 39) Wir werden noch Gelegenheit haben, diese Worte in ihrer Bedeutung gebührend würdigen zu lernen!

In wiederum auffälligem Gegensatz zu dieser Hervorhebung der Verdienste des zahlenmäßig doch völlig unbedeutenden Judentums steht die völlige Nichtbeachtung des Islams in diesem Dokument. An einer einzigen Stelle wird er beiläufig und andeutungsweise genannt, wo von «jenen ungewöhnlichen Kulten exotischen Ursprungs» die Rede ist, «deren Wesen dem der jüdischen und christlichen Glaubensbekenntnisse verwandt» ist (S. 39). Mit diesem faktischen Übergehen des Islams dürften sich die Verfasser von CoM allerdings verrechnet haben (falls ihr Schweigen nicht eine pure Verlegenheitslösung darstellt!). Der Islam hat in den letzten fünfzig Jahren weder an Intoleranz und Fanatismus noch an Anziehungskraft eingebüßt, ganz im Gegenteil! Er schickt sich mittlerweile an, das gesamte Christentum zahlenmäßig zu überrunden und so zur Weltreligion Nummer eins zu werden.

Im «Regensburger Bistumsblatt» von Ostern 1985 konnte man auf Seite 4 folgende Meldung lesen, die in ähnlicher Form auch in zahlreichen anderen Blättern erschien: «Von allen Weltreligionen hat sich der Islam in den letzten 50 Jahren am schnellsten ausgebreitet. Die Zahl seiner Anhänger stieg um 500 Prozent auf rund eine Milliarde. Das Christentum konnte laut einer Untersuchung des Mittelost-Forschungsinstitutes in London ein Wachstum von 47 Prozent verzeichnen, wobei die

Zahl der Katholiken wesentlich mehr anstieg als die der Protestanten. Derzeit gibt es rund 700 Millionen katholische uned etwa 207 Millionen evangelische Christen. - An dritter Stelle steht der Hinduismus mit knapp 500 Millionen Anhängern und einer Steigerungsrate von 117 Prozent.» Der bekanntermaßen sehr fanatische Islam ist also noch ein harter Brocken für jene, die ihn zur «Religion der Humanität» oder zu derjenigen der «Demokratie» bekehren wollen. Doch wir werden noch sehen, wie die heutigen Nachfahren der CoM-Freimaurer selbst dieses Hindernis allmählich mit List und Tücke aus dem Weg räumen.

Der «Affe Gottes»

Die entscheidende Frage, die uns nun zu allererst beschäftigen muß, lautet natürlich: Inwieweit wurde seit dem Erscheinen und raschen Verschwinden des verräterischen Freimaurer-Plans «The City of Man» und inwieweit wird noch heute dieser Plan in die Tat umgesetzt? Welche Kräfte sind es im einzelnen, die sich der geheimen Maurerarbeit am künftigen universalen Menschheitstempel und an der künftigen universalen Stadt des Menschen widmen? Mit welchen geheimen Gegnern haben wir es als Christen und als Katholiken zu tun? Wenn wir auf diese Fragen einigermaßen befriedigende Antworten erhalten wollen, müssen wir uns zunächst einen Überblick über den theologischen Stellenwert und dann über den organisatorischen Aufbau der Weltfreimaurerei verschaffen, soweit das eben möglich ist. Ein solcher Überblick läßt sich - wenn er vollständig sein soll - freilich nicht unter Ausklammerung des katholischen Glaubens gewinnen. Nur unter Zuhilfenahme theologischer Maßstäbe ist eine befriedigende Erklärung der Strukturen wie auch der Aktionen der «Gegenkirche» möglich. Warum?

Dank ihres Glaubens sind die Katholiken gegenüber den übrigen Zeitgenossen bezüglich der realistischen Beurteilung des Weltgeschehens und der Weltgeschichte einschließlich der Zukunft entschieden im Vorteil. Denn ihr Glaube ist absolut wahr, während alle übrigen, von ihm abweichenden religiösen oder nichtreligiösen Weltbilder mehr oder weniger zahlreiche und schwerwiegende Irrtümer über Gott und die Welt enthalten. Wer sich aber ständig im Irrtum über bestimmte reale Sachverhalte befindet, kann sich in der Realität nur sehr schwer, ja eigentlich überhaupt nicht richtig zurechtfinden.

Was haben nun die Katholiken konkret den anderen Menschen voraus? Nun, sie wissen, daß die gesamte Menschheit sich im erbsündigen, gefallenen Zustand befindet, daß also der Verstand und die Willenskraft aller Menschen gegenüber dem Verstand und der Willenskraft der Stammeltern vor ihrem verhängnisvollen Sündenfall geschwächt sind. Sie wissen außerdem, daß es eine große Zahl gefallener Engel, böser Geister gibt, deren Oberhaupt ihr damaliger Anstifter, Luzifer oder Satan oder der Teufel, ist. Sie wissen, daß der Teufel und seine Daemonen als Folge des menschlichen Sündenfalls von Gott Gewalt über die ganze Welt und alle erbsündigen Menschen erhalten haben, um sie irrezuführen, sie zu möglichst vielen und schweren Sünden zu verleiten und dadurch nach ihrem Tod sofort in die ewige Pein zu stürzen, in der sich die Daemonen schon selbst befinden. Sie wissen auch, daß Gott alle Menschen durch seine hl. Kirche, die Christi Erlösungswerk fortsetzt, indem sie allen ihren Mitgliedern durch die Taufe, die übrigen Sakramente und das hl. Meßopfer die Erlösungsgnade zuwendet, aus der Knechtschaft des Teufels befreien und vor der Hölle bewahren will. Sie wissen, daß die ganze Weltgeschichte von Anfang bis Ende zuerst und zuletzt, also *in Wirklichkeit*, *realistisch* gesehen, ein gigantischer Kampf zwischen Gott und dem Satan, zwischen den Gotteskindern und den Anhängern Satans ist, ein Kampf, in dem es nicht für Gott und auch nicht für den Teufel, wohl aber für jeden einzelnen Menschen um ewiges Leben oder ewigen Tod, ewiges Glück oder ewige Qual geht.

Es ist also *Realismus* im höchsten Grad, mit dem Wirken Satans in der Welt und ihrer Geschichte zu rechnen und wachsam zu sein, denn, so sagt die Hl. Schrift, «der Teufel geht umher wie ein brüllender Löwe und sucht, wen er verschlingen könne» (1 Petr 5,8). Und in der Geheimen Offenbarung heißt es: «Wehe der Erde und dem Meer; denn der Teufel ist zu euch hinabgestiegen in großer Wut, weil er weiß, wie kurz seine Zeit ist» (Offb 12,12).

Der Satan kann allerdings seine verderbliche Herrschaft über die gefallene Schöpfung nicht in eigener Person *sichtbar* ausüben; er muß sich zu diesem Zweck immer sichtbarer menschlicher Personen bedienen, die ihm zu Willen sind und denen er dafür zur Belohnung alle Reichtümer dieser Erde verspricht. Als der Götze Mammon will er von ihnen angebetet werden. Denn da er deshalb zu Fall kam, weil er trotz seiner geschöpflichen Natur sein wollte wie der unerschaffene Gott, und da er in diesem gotteslästerlichen Stolz ganz verhärtet ist, führt er sich seitdem als der «Affe Gottes» auf. Alles, was in Wahrheit nur Gott gebührt, beansprucht er auf seine verkehrte Weise für sich selber. Seine Nachäffung der göttlichen Erlösungsordnung geht so weit, daß auch er einen «Erlöser» in der Welt erscheinen lassen wird: den Anti-Christen. Christus selbst hat dieses von Gott zugelassene Auftreten seines Widersachers für die letzte Zeit vorhergesagt, und die Geheime Offenbarung bestätigt, daß dieser Anti-Christ der Stellvertreter des «Drachens», also des Teufels selbst sein wird. «Und der Drache verlieh ihm seine Macht und einen Thron und große Gewalt» (Offb 13,2). Der Anti-Christ wird es als Satans sichtbarer Stellvertreter fertigbringen, nahezu die gesamte Menschheit dazu zu verführen, ja zu zwingen, ihn anzubeten. Allen, die den Anti-Christen und mit ihm den Satan selber dann verehren und sein Zeichen, die Zahl 666, auf Stirn oder rechter Hand tragen werden, droht Gott jedoch den ewigen Tod, die ewige Verdammnis an. Sie werden das grausige Schicksal dessen teilen müssen, den sie anstelle des allein anbetungswürdigen wahren Gottes um nichtiger irdischer Güter und Vorteile willen angebetet haben.

Obwohl dem Satan die Zeit davon läuft, denn er weiß genau, daß entgegen den von ihm eifrig geförderten menschlichen Wunschträumen die irdische Geschichte nach dem Erscheinen des Welterlösers Jesus Christus keine Jahrmillionen mehr dauern sondern irgendwann abrupt mit dem Jüngsten Tag enden wird, muß er doch das Auftreten des Antichristen von langer Hand vorbereiten. Damit die Menschen schließlich den Teufel statt Gott anbeten, also eine Kehrtwendung um 180 Grad vollziehen, muß erst ganz allmählich ihr geistiger Kompaß um 180 Grad verstellt werden. Sie müssen ganz langsam und unmerklich der Wahrheit des katholischen Glaubens entfremdet und - je nach ihrer Veranlagung und ihren besonderen Neigungen - in die verschiedensten Irrtümer geführt werden. Welche Irrtümer das sind, ist Luzifer und seinen Daemonen relativ gleichgültig, weil jeder Irrtum prinzipiell der einen, alleinigen Wahrheit entgegengesetzt ist und den Irrenden vom Weg des Lebens wegführt. Um den Abfall der Katholiken vom Glauben und damit die Zerstörung der wahren Kirche Christi, deren erbittertster Todfeind er von jeher gewesen ist, voranzutreiben und die gesamte Menschheit reif für die Herrschaft des Antichristen zu machen, hat der Teufel, dem ja ebenso wie den Engeln im Himmel und uns Menschen der Zeitpunkt des Jüngsten Tags verborgen ist (vgl. Mk 13,32), dauernde Anstrengungen im Lauf der fast zweitausend Jahre nach Christus unternommen. Aber seine Zeit war noch nicht gekommen. Vor ungefähr dreihundert Jahren jedoch hat er - allem Anschein nach - mit Gottes Zulassung den entscheidenden Anlauf genommen. Er rief, da er sich ja der sichtbaren, lebenden Menschen für die Durchführung seiner Pläne bedienen muß, mit Hilfe geeigneter Personen eine *Geheime Gesellschaft* ins Leben. Zwar waren geheime Gesellschaften schon seit dem Mittelalter wiederholt entstanden, hatten aber bis dahin nie beherrschenden Einfluß auf das Weltgeschehen gewinnen können.

Die satanische Gegenkirche

Im Jahr 1717 nun konstituierte sich in London die erste Freimaurer-Großloge der Welt. Rund 150 Jahre später hatten sich die Logen über fast alle Länder der Erde ausgebreitet, heute fehlen sie wohl in keinem Staat mehr. Seit dem damaligen Beginn ihrer dunklen Machenschaften hat die internationale Freimaurerei nicht mehr aufgehört, ihre Wühlarbeit gegen die katholische Kirche und die katholischen wie überhaupt alle Nationalstaaten fortzusetzen und zu verstärken. Zu diesem Zweck hat sie sich schon bald mit zahlreichen älteren und jüngeren Geheimgesellschaften zusammengetan. Außerdem hat sie, um eine breitenwirksamere Öffentlichkeitsarbeit leisten zu können, eine Reihe von Tarnorganisationen und Zubringervereinen gegründet. Da der Satan der Affe Gottes ist, hat er die Freimaurerei als seine «Gegen-Kirche» gegründet.

Schon der Freimaurer Lessing persönlich nannte in seinem zweiten «Freimäurergespräch» die Maurerei eine «geheime Kirche» (s.o.!). Sogar Außenstehenden wie etwa F.A. Six, der keineswegs mit der katholischen Kirche sympathisiert, springt denn auch die Parallelität und gleichzeitige Gegensätzlichkeit zwischen katholischer Kirche und Weltfreimaurerei in die Augen. Nach Six «hatte die Freimaurerei von den ersten Tagen ihres Bestehens an die gesamte Wucht ihrer

Propaganda und ihrer Thesen gegen die katholischen Dogmen geworfen und versucht, als eine Art Gegenkirche die Macht des päpstlichen Stuhls zu erschüttern. Keine Schrift der Freimaurer und keine Manifestation des 18. und 19. Jahrhunderts wurde veröffentlicht, die nicht von dieser Tendenz beseelt gewesen wäre.» (Six 1942, S. 125) Der ehemalige Großmeister des französischen Grand Orient, Jacques Mitterand, hat vor einigen Jahren diesen Befund rückhaltlos bestätigt. Unter Bezugnahme auf einen seiner Logenbrüder des vergangenen Jahrhunderts, der 1848 das Prinzip formuliert hatte: «Die Republik wurzelt in der Freimaurerei und die Freimaurerei ist die gedeckte Republik», erläutert der Hochgradfreimaurer Mitterand dieses Axiom so: «Es bedeutet nicht nur, dem Selbstbestimmungsrecht zu dienen, wie es der von uns geschaffene Grundsatz ist. Es bedeutet ebenso, der Republik zu dienen, und das verlangt in unserer abendländischen Welt auch die Auflehnung gegen die Kräfte der Reaktion, wie sie durch die römisch-katholische Kirche verkörpert werden. Wir begnügen uns nicht damit, in unseren Tempel die gedeckte Republik zu sein, wir sind gleichzeitig die Gegenkirche ...» (Zit. n. Stimpfle 1988, S. 332)

Als *Gegen-Kirche* trägt die Loge viele Merkmale, die denen der wahren Kirche Jesu Christi genau entgegengesetzt sind. Die katholische Kirche ist «eine Stadt, die auf dem Berg liegt» (Mt 5,14); sie zeigt sich stets öffentlich, legt ihre Zielsetzung offen auf den Tisch, praktiziert ihren Kult in jedermann zugänglichen öffentlichen Gebäuden und sucht auch in aller Öffentlichkeit die Menschen für sich bzw. für Christus und sein Reich zu gewinnen. Damit folgt sie dem Beispiel ihres Gründers, des Gottmenschen Jesus Christus, der vor dem Gericht des jüdischen Hohenpriesters Annas bekannte: «Ich habe offen vor aller Welt geredet, ich habe stets in den Synagogen und im Tempel gelehrt, wo alle Juden zusammenkommen; im Verborgenen habe ich nichts geredet» (Joh 18,20).

Die Freimaurerei - sie heißt auch die «Synagoge Satans» - operiert hingegen grundsätzlich im Verborgenen. «Denn jeder», sagt Jesus selbst im Johannesevangelium, «der Böses tut, haßt das Licht und kommt nicht ans Licht, damit er nicht seiner Taten überführt werde» (Joh 3,20). Sie läßt nur eben so viel von ihrer Organisation und ihrem Wirken nach außen dringen, als nun einmal unvermeidlich ist. Nie erfährt die Öffentlichkeit (von wenigen sorgfältig berechneten Ausnahmen abgesehen!), wer ihre Mitglieder und was ihre wahren Ziele sind; die Symbolik und die Rituale - sie sind teilweise okkulter und satanistischer Natur - werden größtenteils geheimgehalten; neue Mitglieder werden immer nur insgeheim angeworben und in die Loge eingeführt. Alles, was man in der profanen Öffentlichkeit mittlerweile doch über die Freimaurerei weiß, hat sie entweder aus kluger Berechnung oder unter dem Zwang widriger, unvorhergesehener Umstände preisgegeben, haben abtrünnige Eingeweihte später verraten oder eitle und geschwätzige «Brüder» portionsweise ausgeplaudert, mußte von Außenstehenden anhand von Indizien erschlossen oder in mühseliger Kleinarbeit aus lauter einzelnen Mosaiksteinchen zusammengesetzt werden.

Die Kirche Christi ist prinzipiell und von ihrem göttlichen Auftrag her für alle Menschen offen. Sie wünscht nichts sehnlicher, als daß alle Menschen ohne Ausnahme den wahren Glauben annehmen und in sie eintreten, damit sie gerettet werden können. Satan dagegen will alle Menschen ohne Ausnahme in das ewige Verderben stürzen. Aber weil etwas, was alle wissen, kein Geheimnis mehr ist, kann seine Geheimgesellschaft grundsätzlich nur einen sehr kleinen Teil der Menschen umfassen, allerdings eine Elite, die die Aufgabe hat, die gesamte übrige Menschheit unmerklich in den Bannkreis des Teufels hineinzuziehen. Weil also auch der Satan einen universalen Anspruch erhebt, ist seine geheime Gegenkirche genauso international und universal wie es die wahre Kirche Christi ist.

Christus machte arme verachtete Fischer zu seinen Aposteln. Auch alle übrigen Kinder der Kirche sollen sich nach Christi wiederholten Mahnungen um die «Armut im Geiste», um Demut und Selbstverleugnung bemühen. Wer sich nicht wenigstens lebenslang darum bemüht, kann niemals heilig werden. Er folgt statt Christus doch schon wieder dem «Fürsten dieser Welt», also dem Teufel nach. Armut, Demut und Selbstverleugnung sind das *Prinzip*; daß diese Tugenden zu keiner Zeit der Kirchengeschichte für *alle* Katholiken in der Praxis wirklich maßgebend waren, steht auf einem anderen Blatt. Den Glauben haben heißt ja noch nicht, auch schon vollkommen nach dem Glauben leben! Nichtsdestoweniger schreibt der hl. Paulus im ersten Korintherbrief ganz zu Recht: «Seht nur auf eure Berufung, meine Brüder! Da sind nicht viele Weltweise, nicht viele Mächtige, nicht viele Vornehme; nein, was der Welt als töricht gilt, hat Gott auserwählt, um die Weisen zu beschämen; was der Welt als schwach gilt, hat Gott auserwählt, um das Starke zu beschämen; was der Welt niedrig und verächtlich, ja was ihr nichts gilt, hat Gott auserwählt, um das, was etwas gilt, zunichte zu machen.» (1 Kor 2,26ff)

Genau umgekehrt ist es in der satanischen Gegenkirche. Satan ist nicht so dumm, seinen Werkzeugen jemals zu offenbaren, daß er beabsichtigt, sie für ihre ihm geleisteten Dienste mit ewigen unausdenklich furchtbaren Qualen zu «belohnen»; statt dessen verspricht er als der «Vater der Lüge» allen, die den Einflüsterungen seiner Bosheit Gehör schenken, Reichtum, Macht, Ansehen und ein langes Leben hier auf Erden. Und tatsächlich ist es ja so, daß Geld und Macht am ehesten den Gewissenlosesten unter den Menschen zufallen. Da nun auf der Erde meist nur der Reichtum irdische Macht und irdisches Ansehen verleiht, darf uns nicht wundern, daß in der Freimaurerei und ihren Zweigorganisationen stets fast alles versammelt ist, was in Wirtschaft, Hochfinanz, Politik, Kultur und Medien Rang und Namen hat. Das ist auch der Grund, warum gewöhnliche Sterbliche kaum jemals für eine Nitgliedschaft auch nur in einem *Rotary-* oder *Lions-Club* in Frage kommen: weil sie keinen besonderen *Einfluß* auf andere Menschen haben, wären sie als Mitglieder bestenfalls wertlos.

Wie in der katholischen Kirche, so gibt es auch in der satanischen Gegenkirche eine strenge Hierarchie. Die *Johannes-Maurerei* hat drei Einweihungsgrade, die *schottische* oder *Hochgrad-Freimaurerei*, die über ihr steht, kennt 33 Einweihungsgrade. Mit jedem höheren Grad, in den er aufgenommen wird, wird der Logenbruder auch tiefer und umfassender in die wahren Ziele und Aktivitäten der Synagoge Satans eingeweiht. Über dem 33. Grad des schottischen Ritus sind noch höhere Grade angesiedelt, die aber so geheimgehalten werden, daß man darüber nichts Näheres weiß. Wer also das sichtbare Oberhaupt der satanischen Gegenkirche ist, wissen selbst die allermeisten Freimaurer nicht. Noch weniger wissen sie, daß sie Werkzeuge des unsichtbaren Oberhaupts Luzifer sind. Diese Kenntnisse sind den wenigen «Wissenden» vorbehalten.

Ganz anders die wahre Kirche Christi. Hier wissen alle Mitglieder, daß Christus das unsichtbare und der jeweilige, der ganzen Welt bekannte Papst das sichtbare Oberhaupt ist. Alle kennen auch die übrigen Glieder der Hierarchie mit ihren jeweiligen Vollmachten: Kardinäle, Erzbischöfe, Bischöfe, Generalvikare, Dechanten, Pfarrer, Kapläne, Diakone und Laien.

Während es in der katholischen Kirche prinzipiell keinerlei Geheimlehren oder Geheimrituale gibt, sondern alle Glieder der Hierarchie bis hinauf zum Papst mit den übrigen Gläubigen den einen und selben Glauben an die eine und selbe göttliche Offenbarung teilen, alle auch das wahre Endziel der Kirche und ihrer Tätigkeiten wie auch die Mittel zur Erreichung dieses Endziels kennen, kennen in der Loge nur die wenigen Inhaber der höchsten Geheimgrade den *ganzen* satanischen Plan. Aber selbst sie noch führt der Teufel, der «Lügner von Anbeginn», an der Nase herum, indem er ihnen weismacht, durch den Gehorsam, den sie ihm leisten, würden sie die Weltherrschaft erringen und darin ihr vollkommenes Glück finden. Die Maurer der untersten Grade erfahren fast nichts über die eigentlichen Ziele der Logen, die Aufsteiger werden immer nur schrittweise darin eingeführt. Dennoch befinden sie sich meist in dem guten Glauben, alles Wesentliche über das Wirken der Freimaurerei zu wisssen.

Weil Satan weiß, daß er seine boshaften Pläne nur durch Lug und Trug verwirklichen kann, arbeitet seine «Kirche» im Untergrund. Gleichwohl soll natürlich am Ende, beim Erscheinen des Antichristen, Satans Weltherrschaft offen zutage treten. Dieses Offenbarwerden muß aber möglichst in kleinen Schritten und kaum merklich für die große Masse der Menschen vor sich gehen, um sie nicht zu erschrecken und vor der Zeit aus dem schönen Traum erwachen zu lassen, in dem sie so geschickt eingelullt wurde. Worin besteht nun konkret die allmähliche und geheime Vorbereitung der satanischen bzw. antichristlichen Weltherrschaft durch die Logen?

Das Glaubensbekenntnis der Gegenkirche

Sie besteht, kurz gefaßt , darin, daß die Weltfreimaurerei ihre antichristliche und widergöttliche Ideologie («The City of Man» ist das beste Beispiel dafür!) unter das Volk bringt und, jedesmal wenn die Zeit dafür reif ist, den praktischen Folgerungen dieser Ideologie in Staat und Gesellschaft unauffällig zum Durchbruch verhilft. Die Freimaurerei *hat* eine Ideologie, aber sie hat diese Ideologie nicht erfunden. Sie brauchte sie gar nicht zu erfinden. Sie hat sich nur jeweils die meist ohne ihr Zutun aufgekommenen philosophischen und theologischen Hauptirrtümer der verschiedenen Epochen, die am brauchbarsten für die Pläne Satans waren und sind, zu eigen gemacht und mittels sämtlicher ihr zu Verfügung stehender Einflußmöglichkeiten aus dem Hintergrund heraus populär gemacht. Gleichzeitig hat sie genauso die diesen Irrtümern entgegengesetzten Wahrheiten der echten Philosophie und des Christentums bekämpft.

Die Ideologie der Freimaurerei läßt sich mit einem einzigen Wort bezeichnen: mit dem Wort «Liberalismus». Dieses Wort leitet sich aus dem lateinischen Wort für «Freiheit» her; der Liberalismus ist die Ideologie der totalen Freiheit. Daß der Liberalismus das freimaurerische «Glaubensbekenntnis» von jeher gewesen ist, offenbart schon der Name *Frei*maurerei (auf englisch/amerikanisch «*free*masonry», auf französisch «*franc*-maçonnerie» - man denke an die deutsche Wendung «*frank und frei*»!) zur Genüge. - Nun ist ja «Freiheit» an sich nichts Schlechtes, im Gegenteil. Auch Christus hat uns im Evangelium versprochen, die Wahrheit werde uns frei machen (Joh 8,32), und der hl. Paulus bekräftigt im Römerbrief (8,21) die Hoffnung, «daß auch die Schöpfung von der Knechtschaft der Sünde befreit werden und zur herrlichen Freiheit der Kinder Gottes gelangen wird». Aber die wahre Freiheit ist, wie diese Worte der Hl. Schrift beweisen, Freiheit von der Sklaverei der Sünde und des Irrtums und Freiheit für die bzw. in der *Wahrheit*, also für und in *Gott*.

Welche Freiheit hingegen hat der Liberalismus auf seine Fahne geschrieben? Die Freiheit zur Sünde, und damit die Freiheit von Gott und von Gottes Geboten, die vermeintlich absolute und unbeschränkte Freiheit des Menschen, zu tun und zu lassen, was immer *er will*! Dabei verkennt der Liberalismus völlig, daß Freiheit von Gott und seiner Heilsordnung gleichbedeutend ist mit der Sklaverei der Leidenschaften und mit der Knechtschaft Satans nicht nur im irdischen sondern erst recht im jenseitigen Leben. Die Verwechslung von wahrer und falscher Freiheit ist ein zwar naheliegender aber dennoch unentschuldbarer und zudem außerordentlich folgenschwerer Irrtum. Satan selbst ist diesem Irrtum als erster erlegen - nicht ohne eigene schwere Schuld. Er kennt den legitimen Freiheitsdrang der Menschen, lenkt ihn aber bei allen, die seinen Eingebungen folgen, in die falsche Richtung der libidinösen Pseudo-Freiheit. Er weiß ja, daß alle Anhänger der pervertierten Freiheitsidee, der Freiheit von Gott und seiner Schöpfungs- und Erlösungsordnung, umso mehr seine Sklaven und damit seine Beute werden, je freier sie sich in ihrer radikalen Auflehnung gegen Gott fühlen und glauben. Kein Wunder, daß seine Gegen-Kirche von der ersten Stunde ihres Bestehens an die «absolute Freiheit des Menschen» proklamierte!

Nun funktioniert die geistige wie handgreifliche Wühlarbeit der Logen so, daß immer die niederen Grade die «nützlichen Idioten» der jeweils höheren Grade sind, selbstverständlich ohne das auch nur zu ahnen. Jeder belügt und betrügt die anderen und ist doch selbst auch der Belogene und Betrogene. Satan belügt sich selbst, wenn er sich einbildet, wirklich jemals die ganze Menschheit auf seine Seite ziehen und Gottes ewigen Heilsplan vereiteln zu können. Satan belügt aber sodann seine engsten «Vertrauten» in der Spitze der Weltmaurerei, indem er ihnen größtmögliche persönliche Freiheit durch die Beherrschung der ganzen Menschheit in Aussicht stellt; denn er weiß, daß der Antichrist selber seiner, des Satans, ewiger Tyrannei in der Hölle sicherer verfallen ist als alle übrigen Menschen. Der Antichrist bzw. die obersten Geheimgrade der Satanskirche belügen die nächsttieferen Grade, indem sie ihnen größtmögliche Freiheit durch die Beteiligung an der Weltherrschaft versprechen, obwohl jeder von ihnen schon jetzt nur darauf bedacht ist, wie er sämtliche potentiellen Mitbewerber im Streben nach der Weltherrschaft ausschalten kann.

Den nächstunteren Rängen wird in unterschiedlichem Maß politische und wirtschaftliche, nationale und individuelle Freiheit versprochen, während diese wiederum den Maurer-Brüdern der untersten Grade geistige Freiheit in Aussicht stellen. Aufgabe der niedersten Logenbrüder ist es dann, sozusagen an der Basis eine doppelte Arbeit zu verrichten: Zum einen sollen sie möglichst die gesamte Intelligenzschicht gleichfalls für die Freiheit von angeblicher geistig-geistlicher Bevormundung und Versklavung begeistern, zum anderen den dafür wenig empfänglichen breiten Volksmassen das predigen, was ihnen am meisten am Herzen liegt: die sittlich-moralische «Freiheit» und Freizügigkeit, die Freiheit von allen religiösen und ethischen, insbesondere sexuellen Tabus.

In der Praxis sieht diese hier schematisierte Stufenleiter noch wesentlich komplexer aus, aber grundsätzlich, im großen Ganzen ist das der Weg, auf dem innerhalb und außerhalb der satanischen Gegenkirche auf allen Ebenen der Gesellschaft die absolute Freiheit propagiert wird. Dabei ist es natürlich so, daß jede «Freiheit», die die jeweils höheren Grade für sich erstreben, auch jene «Freiheiten» beinhaltet, die den niederen Rängen als das Glück ihres Lebens angepriesen werden. So beanspruchen beispielsweise die geheimen Hochgrade der zionistischen Loge *B'nai B'rith* selbstverständlich für sich persönlich auch die Freiheit von allen moralischen Vorschriften irgendeiner - auch der jüdischen! - Religionsgemeinschaft und von allen Gesetzen egal welcher Staaten. Sie beanspruchen auch volle persönliche Denk- und Glaubensfreiheit, die an keinerlei Verpflichtung zur objektiven Wahrheit gebunden ist. Sie beanspruchen auch volle wirtschaftliche Freiheit. Aber all das erstreben und beanspruchen sie im Licht ihres höheren Wissens um das letzte Ziel ihrer Loge: die politische Freiheit auf Weltebene, nämlich die Weltherrschaft der jüdischen Führer, die, wie sie genau wissen, die Freiheiten ihrer eigenen Volksgenossen wie auch aller anderen Völker drastisch beschneiden werden.

Die Idee des Liberalismus, also der Gedanke einer von der göttlichen Ordnung gänzlich losgekoppelten «Freiheit», ist viel älter als die Freimaurerei; sie stammt aus der beginnenden Neuzeit, also aus dem 15. Jahrhundert. Die Epochen des Humanismus, der Renaissance und der Aufklärung haben schritt- bzw. stufenweise diese Idee konkretisiert. Als «Kind» der Aufklärung hat die Freimaurerei den Liberalismus zu einer vollständigen Ideologie («die Religion der Freiheit», sagen die CoM-Freimaurer!) mit Anwendungen auf alle Lebensbereiche ausgebaut und allmählich in die Praxis überführt.

Die geschichtliche Reihenfolge der einzelnen Schritte hin zum Aufbau des Liberalismus als einer weltweiten antikirchlichen, antichristlichen und antigöttlichen geistigen wie politischen Macht ist kaum exakt zu ermitteln, sieht aber in groben Zügen ungefähr so aus:

1. «Befreiung» der «Wissenschaft» aus der Vormundschaft der christlichen Philosophie und Theologie, zunächst noch ein allmählicher und nicht direkt gegen den Glauben oder die Kirche gerichteter Prozeß: der Beginn der Neuzeit.
2. «Befreiung» der Philosophie von der Theologie und dementsprechend die Entstehung zahlreicher einander widersprechender aber sämtlich mehr oder weniger antichristlicher bis atheistischer philosophischer Systeme: die Renaissance.
3. «Befreiung» der Staaten vom Königtum von Gottes Gnaden: die Gründung der USA 1776 und die französische Revolution von 1789 samt ihren Folgen.
4. «Befreiung» des Staats von jedem kirchlichen Einfluß durch strikte Trennung von Kirche und Staat in immer mehr Ländern: der Laizismus.
5. «Befreiung» der Menschheit vom christlichen Weltbild durch das evolutionistische und materialistische Weltbild der «modernen» Naturwissenschaften: Charles Darwin und seine Epigonen.
6. «Befreiung» der Theologen von der Bevormundung durch die Hl. Schrift und durch das kirchliche Lehramt: die protestantische Bibelkritik, die katholische Modernistenbewegung zu Beginn des 20. Jahrhunderts und die neomodernistische Gegenwartstheologie.
7. «Befreiung» des Proletariats von der Beherrschung durch das Kapital und das Bürgertum, aber auch vom «ideologischen Überbau» des Christentums: die kommunistische Revolution von 1917 und ihre Folgen.
8. «Befreiung» der Menschheit von christlichen und sonstigen restriktiven Moral«vorstellungen» hauptsächlich auf dem Feld der Sexualität: die mediengesteuerte Pansexualisierung mit ihren Folgen bis hin zur Massen-Abtreibung.
9. «Befreiung» der Frauen von der Männerherrschaft: die Frauen«emanzipation» und der Feminismus.
10. «Befreiung» der Menschheit vom Dogmatismus durch gegenseitige Toleranz aller großen Religionen und Ideologien: die angepeilte Welteinheitsreligion der «Humanität».
11. «Befreiung» der Menschen von sich selbst und von der entstandenen Sinnleere durch Propagierung gnostischer, magischer, okkulter und schließlich offen satanistischer Praktiken: die New-Age-Bewegung unserer Tage.
12. «Befreiung» der Menschheit von drohender Kriegsgefahr durch den Dialog und brüderlichen Zusammenschluß aller großen Religionen sowie durch die Vereinigung aller Nationalstaaten der Erde zu einem einzigen Weltstaat: die angekündigte «Diktatur der Humanität».

So wird eine ganze Serie von lauter «Befreiungen» in der fürchterlichsten Tyrannei enden, die die Erde jemals gesehen hat!

Jene totale Freiheit, die die Freimaurer nach außen hin propagieren und auch praktisch zu erreichen trachten, ist die völlige Freiheit *des Menschen*. Freiheit ist nach allgemein herrschender Auffassung das höchste Gut des Menschen; wer sich für die höchsten Güter des Menschen einsetzt, ist ein Humanist. Daher kommt es, daß die Ideologie der Logen von ihnen selber meist nicht als «Liberalismus» sondern als «Humanismus» bezeichnet wird. So tadeln auch die Autoren von CoM, wie wir oben sahen, zwar mehrfach den Liberalismus, bekennen sich aber mit glühenden Worten zum Humanismus als ihrer «Religion». Aus christlicher Sicht kommt die Konzentration auf das Rein-Menschliche natürlich einer Vergötzung des Menschen gleich. Um das Moment des Pseudo-Religiösen in diesem «Humanismus» hervorzuheben, nennt man ihn auch *Hominismus*.

Zusammenfassend läßt sich sagen: Der breiten Öffentlichkeit präsentiert sich der freimaurerische Liberalismus in Gestalt des menschheitsbeglückenden Humanismus/Hominismus, den Wissenden der Logen-Hierarchie jedoch als purer Egoismus und Satanismus. Wenn hier davon die Rede ist, daß die Logen sich und ihre Ideologie nach außen hin präsentieren, muß nochmals daran erinnert werden, daß die Maurerei *als solche* immer möglichst wenig in der Öffentlichkeit erscheinen will. Sie legt größten Wert darauf, sich lediglich als harmlosen wenn auch elitären geselligen Verein zu geben, der eine geistige «Veredelung» des «Menschentums» - hauptsächlich für seine Mitglieder selbst - erstrebt. Ihre liberalistische Ideologie in allen vorhin aufgezählten konkreten Ausprägungen bringen die Logenbrüder aber unters Volk, indem sie dafür niemals als der eingetragene Freimaurer der Loge soundso sondern immer nur als der Herr Ministerpräsident, Vorstandsvorsitzende, Rundfunkintendant, Hochschulprofessor, Generalmajor oder Gewerkschaftssprecher etc. eintreten, von dem niemand weiß und wissen soll, daß er in Wahrheit ebenso wie zahllose andere geheime «Brüder» *als Logenvertreter und im Auftrag wie im Interesse der Loge* schreibt, spricht und handelt.

Die Dollarpyramide

Gehen wir nun daran, tiefer in den hierarchischen, also stufenweise geordneten Aufbau der satanischen Gegenkirche einzudringen. Ein wichtiges Hilfsmittel dabei ist die zur Zeit offiziell milliardenfach im Umlauf befindliche Ein-Dollar-Note der USA. Wer sich persönlich überzeugen möchte, kann sich jederzeit bei seiner Bank einen Ein-Dollar-Schein besorgen und seine ausgefallene künstlerische Gestaltung bewundern. Was springt dem Betrachter zunächst in die Augen? In der Mitte der Rückseite des Geldscheins prangt riesengroß das Wort «ONE», also «EINS» oder «EIN(E)» (für «One Dollar» oder für «One World»??), rechts und links flankiert von je einem exakt gezirkelten Kreis. Der rechte Kreis zeigt in seiner Mitte einen

Adler mit *neun* Schwanzfedern; vor der Brust trägt der Adler einen 13-streifigen Schild, in der rechten Kralle hält er 13 Pfeile, in der linken einen 13-blättrigen Olivenzweig. Über seinem Kopf erglänzt in einem Kranz ein aus 13 winzigen aber deutlich erkennbaren Pentagrammen gebildetes Hexagramm, das gemeinhin als Judenstern bekannt ist und z.B. links oben auf der Titelseite jeder Ausgabe der Bonner «Allgemeinen Jüdischen Wochenzeitung» zu sehen ist. Zwei schmale Spruchbänder oberhalb der ausgebreiteten Schwingen des Adlers tragen die aus 13 Buchstaben bestehende Inschrift «E pluribus unum»; übersetzt bedeutet dieses lateinische Motto wörtlich: «Aus vielen eines»!

Noch weit auffälliger präsentiert sich der linke Kreis: Inmitten einer öden Ebene mit schwach angedeutetem Horizont erhebt sich in diesem Kreis eine gemauerte Pyramide, genauer gesagt ein Pyramidenstumpf. Die ein wenig über dem Stumpf schwebende Spitze der Pyramide wird nämlich aus einem Dreieck mit dem allsehenden Auge Satans darin gebildet. Rechts und links von diesem nach allen Seiten Strahlen werfenden Satansauge liest man die beiden lateini-schen Worte «Annuit coeptis», was streng wörtlich übersetzt heißt: «Er hat dem Begonnenen (wohlwollend) zugenickt (zugelächelt).» Unterhalb der Pyramide weist ein der unteren Kreisrundung folgendes Spruchband die wiederum lateinische Inschrift «Novus Ordo Seclorum» auf, was wörtlich soviel besagt wie «Neue Ordnung der Welt». Die Pyramide läßt deutlich erkennen, daß sie aus genau 13 Lagen aufgemauert ist. Der Pyramidenfuß als die unterste der 13 Lagen trägt eingraviert die zufälligerweise aus *neun* Buchstaben bestehende lateinische Jahreszahl MDCCLXXVI, also 1776. Nebenbei bemerkt gilt in der Symbolik der Logen die 9 als Zahl der Fülle und Vollkommenheit, die 13 (anders als im volkstümlichen Aberglauben) als Glücksbringer.

Die allermeisten Amerikaner werden die Zahl 1776 trotz der merkwürdigen Umgebung, in der sie sich da befindet, auf das Jahr der Gründung der Vereinigten Staaten von Amerika beziehen; allerdings wurde zufälligerweise am 1. Mai des Jahres 1776 auch der *Illuminaten-Orden* gegründet, der ausschließlich die geheime politische und religiöse Subversion im Hinblick auf die künftige Erringung der Weltherrschaft zum Ziel hatte und hat. Deshalb gilt unter Kennern der Symbole der Geheimen Gesellschaften das Pyramidensymbol auf der Ein-Dollar-Note als «Illuminaten-Siegel». Wie gelangte aber dieses freimaurerische Siegel auf die meistgebrauchte Banknote der offiziellen US-Währung? «Es war US-Präsident Roosevelt, der die okkulte Herrschaftssymbolik mit insgesamt 13 Symbolen auf die Rückseite der Ein-Dollar-Note 1933 setzen ließ.» (E. Mullins/R. Bohlinger, Die Bankierverschwörung. Die Machtergreifung der Hochfinanz und ihre Folgen, 3. erg. u. korr. Aufl. Struckum o.J. [1985?], S. 11) Roosevelt war nach Aussage eines bestens informierten 33-Grad-Logenbruders damals Hochgradmaurer des 32. Grads und hatte in seinem Kabinett fünf «Brüder» (K. Lerich, Der Tempel der Freimaurer. Der 1. bis 33. Grad. Vom Suchenden zum Wissenden, 2. Aufl. Bern 1937 [Reprint Bremen 1988], S. 30)

Was uns nun besonders interessiert, ist der dreizehnstufige Aufbau der sogenannten «*Dollarpyramide*» im Zentrum des Illuminatensiegels. Denn diese Pyramide symbolisiert die dreizehnstufige Hierarchie der Weltfreimaurerei, des satanischen Werkzeugs zur Herbeiführung der Weltherrschaft des Antichristen. Wir alle kennen die Redensart «Geld regiert die Welt». Aber über die letzten Konsequenzen, die sich aus dieser durch die alltägliche Erfahrung immer wieder bestätigten Wahrheit ergeben, haben wir wohl noch kaum gründlicher nachgedacht. Wer und was anders vermag die ungeheure Maschinerie des Weltlogentums und seiner ausführenden Organe aufzubauen, in Gang zu setzen und in Bewegung zu halten, als - *das Geld*? Als der Götze Mammon?

Natürlich ist das Geld als toter Gegenstand keine Macht; aber es verleiht Macht denjenigen, die es besitzen, und folglich die größte Macht denjenigen, die am meisten davon besitzen. Und wer besitzt auf der ganzen Welt das meiste Geld? Das ist ein offenes Geheimnis: im ausgehenden achtzehnten und ganzen neunzehnten Jahrhundert war es die Familie *Rothschild*, im zwanzigsten Jahrhundert sind es die Familien *Rothschild* und *Rockefeller*. Um es gleich vorweg zu sagen: hunderte und tausende von Hinweisen zeigen immer wieder nur in Richtung der unermeßlich reichen Clans der Rothschilds und Rockefellers; jeder, der sich mit dem Thema «Wer regiert die Welt?» zu beschäftigen beginnt, stößt früher oder später im Verlauf seiner Recherchen auf die mächtigsten Rohstoffmagnaten und Großbankiers der Erde, die Rothschilds und Rockefellers; jedem, der in mühseliger Kleinarbeit der Frage nach den «Geheimen Oberen» der Hochgradmaurerei nachgeht, dämmert es schließlich: da bleibt niemand anderes übrig als die Anführer der internationalen Hochfinanz, die Multimilliardäre Rothschild und Rockefeller.

Es ist denn auch.keineswegs zufälligerweise ein Mitglied der Rothschild-Dynastie, durch das wir etwas Näheres über die Bedeutung der Dollarpyramide wissen. Philipp Rothschild hatte seine Geliebte Ayn Rand (vgl. dazu N. Homuth, Vorsicht Ökumene! Christen im Strudel der Antichristlichen Endzeitkirche, 3. Aufl. Nürnberg [im Selbstverlag] 1986, S. 10) in die Geheimnisse der Freimaurerhierarchie eingeweiht, aber wohl nicht damit gerechnet, daß sie nach ihrer Verstoßung «plaudern» würde. Nach der 1982 verstorbenen Ayn Rand baut sich die Pyramide der Geheimen Gesellschaften von unten nach oben folgendermaßen auf (vgl. ebd. S. 12): über dem Fundament des 1. profanen Humanismus erheben sich 2. die Freimaurerei ohne Schurz, 3. die blaue oder Johannesmaurerei, 4. Rotary-Club, Lions-Club, CVJM (YMCA) etc., 5. die Freimaurerei des York-Ritus, 6. die Hochgradfreimaurerei des Schottischen Ritus (auch rote oder Andreasmaurerei genannt), 7. der Kommunismus, 8. der Grand Orient, 9. die jüdische Freimaurerei B'nai B'rith, 10. der «Klub der 500», 11. der «Rat der 33», 12. der «Rat der 13». Auf der 13. Stufe klafft in Ayn Rands Darstellung eine Lücke; darüber wacht als Pyramidenspitze Satans Auge.

Man hat bemängelt, daß diese Reihenfolge zwar *im Prinzip* richtig ist, jedoch stellenweise durcheinandergeraten zu sein scheint. Tatsächlich läßt sich ja nicht ausschließen, daß Ayn Rand sich nicht mehr exakt der richtigen Reihenfolge entsonnen hat. Nach allem, was man aus anderen Quellen über die hier aufgezählten Geheimen Gesellschaften weiß, müßte die korrekte Rangfolge der satanischen Hierarchie wohl eher wie folgt aussehen: 1. Profaner Humanismus. 2. Freimaurer ohne Schurz, 3. CVJM, CVJF, Pfadfinder etc., 4. Lions, Rotarier, Odd Fellows etc., 5. Johannesmaurerei, 6. York-Ritus, 7. Schottische Maurerei, 8. Kommunismus, 9. B'nai B'rith, 10. Rat der 500, 11. Rat der 33, 12. Rat der 13.

Diese modifizierte bzw. korrigierte Reihenfolge ist mein Vorschlag. Die beiden ersten Stufen sind keine Organisationen sondern weit verbreitete Geistesrichtungen oder -haltungen, die den Nährboden für das Aufkeimen der darüberstehenden Organisationen bilden, wobei der entchristlichte Humanismus weniger spezifiziert, das sogenannte Freimaurertum ohne Schurz hingegen schon viel deutlicher von der liberalistischen Logenideologie geprägt und ohne es überhaupt zu wissen oder auch bloß zu ahnen wichtigstes ausführendes Organ an der Basis ist. Die erste freimaurerische *Organisations*stufe bilden die von den Logen gegründeten und geistig massiv beeinflußten aber gleichwohl immer noch ahnungslosen Jugendverbände und Hilfsorganisationen, vor allem das internationale Pfadfinderwesen und der «Christliche Verein Junger Männer» (CVJM; neuerdings auch «Christlicher Verein Junger Frauen», CVJF), der sich international «Young Men's (Women's) Christian Association» (YMCA/YWCA) nennt. Darüber rangieren die direkt von der Loge gelenkten elitären Clubs, die gerade deshalb schon unmittelbar der Johannesmaurerei als der ersten Stufe der eigentlichen Freimaurerei unterzuordnen sind. Ob man den Kommunismus oberhalb sogar der Hochgradfreimaurerei des Schottischen Ritus ansiedelt oder als lediglich zweite, noch nicht organisierte Stufe sofort nach dem profanen Humanismus einordnet, hängt davon ab, wen man meint, wenn man «Kommunismus» sagt. Als nichtorganisierte Ideologie kann er selbstredend nur unterhalb sämtlicher Logenorganisationen rangieren, aber seine Begründer und geheimen Führer stehen, wie wir später sehen werden, fraglos noch über den gewöhnlichen Hochgraden der roten Maurerei. Von daher ziehe ich es vor, ihn dem Schottischen Ritus überzuordnen und in diesem Punkt Ayn Rands Rangfolge beizubehalten.

Der «Grand Orient» (Groß-Orient, Großer Aufgang) hingegen ist keine eigenständige Freimaurerrangstufe sondern bloß der Name einer französischen und mehrerer anderer Großlogen in romanischsprachigen Ländern, die dem Schottischen Ritus angehören (teils als «irreguläre» Logen, was aber keinen Unterschied in der Sache macht), so daß unmittelbar über den kommunistischen Eingeweihten der B'nai B'rith zu stehen kommt. Den darüber befindlichen «Rat der 500» nennen andere Quellen bisweilen auch den «Rat der 300», was offenbar besser mit den beiden zuoberst stehenden Räten der 33 und der 13 harmoniert. Anderseits kann Homuth für seine Version mehrere interessante Indizien anführen: «Auch Walter Rathenau (sc. übrigens selbst einer der «Wissenden» oberhalb der Hochgrade) glaubte, daß die Welt von einem "Rat der 500" beherrscht wird. Prof. Oberth, der "Vater der Weltraumfahrt", bezeugte in einem Interview, daß er glaube, daß die Welt von einem "Rat der 500" regiert werde. Und Dr. Peter Glotz. SPD-Bundesgeschäftsführer, äußerte sich folgendermaßen: "Wir stehen in Gefahr, daß ein Herrenclub von 500 Leuten den entscheidenden Einfluß auf die Wirtschaft nimmt." In jedem Wirtschaftsland gibt es tatsächlich solche "Klubs", auch hierzulande. In jeder größeren Bibliothek steht z.b. das Nachschlagewerk von Luchterhand "Die großen 500" (Deutschlands führende Unternehmen, Banken und Versicherungen).» (Homuth 1986, S. 11; Homuth belegt jede dieser Behauptungen mit einem Quellenverweis)

Nach R. Camman (Les véritables maîtres du monde, Villefranche-de-Lauragais [im Selbstverlag] 1985, S. 5) allerdings schrieb W. Rathenau in der «Wiener Freien Presse» vom 24.12.1912 (eigene Rückübersetzung aus dem Französischen): «*Dreihundert* Männer, von denen jeder alle anderen kennt, lenken die Geschicke des europäischen Kontinents und wählen ihre Nachfolger aus ihrer Umgebung aus.» Übrigens ist die Zahl in diesem Fall nicht so entscheidend, da sie offenbar nicht sklavisch genau zu nehmen ist, wie wir noch sehen werden. Anders dagegen dürfte es sich beim «Rat der 33» verhalten. Vom Rat der 13 weiß man, daß er tatsächlich aus nur 13 Personen besteht, den sogenannten «Großdruiden» (vgl. Homuth 1986, S. 12).

Wer aber füllt die dreizehnte und höchste Position der Pyramide, den Rang unmittelbar unterhalb von Satan aber noch oberhalb des Rats der 33, aus? Das hat Philipp Rothschild seiner Geliebten nicht verraten; wir können es jedoch aus der Hl. Schrift wissen: zweifellos derjenige, dem der Drache seine Macht und seinen Thron verleiht, der Antichrist. Wer ganz konkret das sein soll, darüber werden sich die beiden Familienclans erst noch intern und dann auch mit dem jeweiligen Konkurrenten der Gegenpartei «einigen» müssen. Daß dieser hinter den Kulissen schon längst entbrannte Machtkampf zwischen beiden Anwärtern auf die endzeitliche Weltherrschaft schließlich zugunsten der Rothschilds ausgehen wird, scheint allerdings vorprogrammiert. Wir müssen nämlich annehmen, daß der Antichrist aus demselben Volk hervorgehen wird, dem Jesus Christus seiner Menschheit nach entstammt, dem Volk Israel. Die Rothschilds sind Juden, die Rockefellers nicht.

Doch gehen wir nun die ersten zwölf Rangstufen der Synagoge Satans einzeln durch. Zu den beiden untersten Rängen ist kaum etwas zu bemerken, außer daß der Begriff des «Freimaurers ohne Schurz» von den Freimaurern selbst stammt; so ist nach J. Mitterand, dem ehemaligen Großmeister des französischen Grand Orient, «ein Mensch, der das Dogma diskutiert, bereits ein Freimaurer ohne Schurz» (zit. n. Ploncard d'Assac 1989, S. 221).

Von besonderer Bedeutung für alle nun folgenden Ebenen der Freimaurer-Hierarchie ist das auf jeder Ebene strikt befolgte Prinzip der *geheimen Lenkung* des jeweils niederen Rangs durch den bzw die jeweils höheren. «Die Freimaurer unterwandern die ganze Gesellschaft durch die Gründung von Organisationen und Vereinen. Zur Tarnung vermeiden sie grundsätzlich eine organisatorische Verbindung zur Loge. Keiner weiß so, daß es sich um einen Freimaurer-Verein handelt. Es besteht nur eine personelle Verbindung, d.h. es sitzen irgendwelche Hochgradfreimaurer in führender Position des Vereins. So wird der ganze Klub, ohne daß es je-

47

mand ahnt, von der Loge gesteuert. Denn durch das Prinzip der Verschwiegenheit kann man auch die personelle Verbindung sehr schwer nachweisen. Und darin liegt der hauptsächliche Sinn der Verschwiegenheitseide. Man merke sich also diese Regel: Es gibt nie eine organisatorische Verbindung der Loge zum Freimaurer-Verein, so daß man auch in Ämtern und Vereinsregistern nichts erfahren kann. Es gibt nur eine personelle Verbindung, und die ist durch die Verschwiegenheitseide fast undurchschaubar. Das ist der alte und immer wieder neue Trick der Freimaurer.» (N. Homuth, Dokumente der Unterwanderung. Christen unter falscher Flagge, Nürnberg [im Selbstverlag] o.J. [1985 oder später], S. 37)

Freimaurer-Vereine

Auf Rang drei der Dollarpyramide tummeln sich die freimaurerisch inspirierten internationalen Jugendorganisationen und Hilfswerke. «Will man herausbekommen», erläutert N. Homuth (o.J., S. 38f), «ob ein Verein zur Freimaurerei gehört ..., ist das sehr mühevoll. Man muß herausfinden, ob der Gründer ein Freimaurer war. War der Gründer ein Freimaurer, so handelt es sich um einen Freimaurer-Verein. In solchen Vereinen sind die Präsidenten meist aktive "Drei-Punkte-Brüder" (Freimaurer). ... Sogar das Freimaurer-Lexikon (sc. Lennhoff/Posner, Internationales Freimaurer-Lexikon, München - Zürich - Wien - Graz 1932), das ja sonst gern die Zusammenhänge vertuscht, schreibt: "Die Freimaurer gründen Vereine und unterstützen solche, die sich kulturelle Aufgaben stellen."»

Der ehemalige Hochgradfreimaurer K. Lerich berichtete 1937 über die freimaurerische Öffentlichkeitsarbeit: In der Loge werden «im Verlaufe der Arbeit diese oder jene Abwehrartikel in der liberalen Presse beschlossen, wer sie zu veranlassen oder selbst zu veröffentlichen habe, es werden Beiträge bewilligt zur Unterstützung kulturpolitischer Vereine, die freimaurerische Gründungen sind, ohne daß die Öffentlichkeit etwas davon weiß, oder für Organisationen, die durch personelle Zusammenhänge unter der Führung der Loge stehen, ohne daß die Mehrzahl der Mitglieder es weiß. In Österreich sind z.B. die "Bereitschaft", die ehemalige "Sozialpädagogische Gesellschaft", der Verein "Allgemeine Nährpflicht" ... Logengründungen. Die "Kulturwissenschaftliche Gesellschaft" an der Wiener Universität, um die es in den letzten Jahren etwas still geworden ist, die aber früher erste gelehrte Größen und Politiker des Auslandes als Vortragende berief, um die Wiener Universitätshörerschaft imponierend in die liberale und marxistische Geistesrichtung zu bringen, war eine Gründung der Wiener Bauhütte "Zukunft". Auch der "Wiener Volksbildungsverein" geht auf die Initiative von Freimaurern zurück. Diese Beispiele von freimaurerischen Vereinsgründungen in Österreich stellen natürlich ... nur eine *Auslese* dar» (Lerich 1937, S. 33f), so daß man sich nur durch entsprechende Hochrechnungen ein Bild vom wahrlich bestürzenden Umfang der geheimen freimaurerischen Wühlarbeit in allen Ländern der Erde mittels unzähliger getarnter Vereinsgründungen machen kann.

Es liegt auf der Hand, daß die Freimaurerei nicht sie selber wäre, wenn sie etwas, was sie sich als Werkzeug zur gesellschaftlichen Subversion geschaffen hat, nachher irgendwelchen «Profanen», also Nicht-Freimaurern, überließe und damit wieder aus der Hand gäbe. Auch wäre es naiv, anzunehmen, ein Freimaurer werde vielleicht auch einmal eine Organisation ins Leben rufen, die mit den Logenzielen nichts zu tun habe. Wer das glaubt, unterschätzt die strenge Logendisziplin. Homuth hat sich der Mühe unterzogen, die Ursprünge gewisser Vereine unter die Lupe zu nehmen. Daß das Internationale Rote Kreuz (IRK) vom Freimaurer Henri Dunant geschaffen wurde, posaunen die Logen sogar selbst in die Welt hinaus, weil sie sich dadurch als um das Wohl der Menschheit besorgte und verdiente Bruderschaft darstellen können. Daß derselbe Henri Dunant auch für die Gründung des «Christlichen Vereins Junger Männer» verantwortlich zeichnet (vgl. Homuth o.J., S. 40), ist der breiten Öffentlichkeit hingegen kaum bekannt. Verdacht auf einen freimaurerischen Hintergrund dieses Vereins hätte man allenfalls von daher schöpfen können, daß er bereits unterschiedslos Kinder und Jugendliche aller Konfessionen aufnahm, als die offizielle Ökumene noch ein Schattendasein führte. Nun, er hat sein gerütteltes Maß dazu beigetragen, die Ökumene populär zu machen.

Kaum herumgesprochen hat sich leider bislang auch die Tatsache, daß die internationale Pfadfinderkonföderation nachweislich ein Logeninstrument ist. «Der Gründer der Pfadfinder war der Freimaurer Sir Baden Powell. Auf die Basisstufen der Pfadfinder bauen dann die Pfadfinder-Logen auf.» (Homuth o.J., S. 35) «Für jede Pyramidenbasis gibt es eine Pyramidenspitze. Auch der CVJM hat weiter oben logenartige Clubs, wie z.B. die Y's men's Clubs, die der Öffentlichkeit fast völlig verborgen sind. ... Gründer des Y's men's Club ist P. Alexander, laut Who was Who in America selbst Freimaurer! ... Freimaurer-Großmeister Theodor Vogel schreibt über die Jugendbewegung der Pfadfinder, CVJM usw.: "... Hier findet die erste bewußte Begegnung der bündischen Jugend mit dem Bund der Freimaurerei statt."» (Homuth 1986, S. 26) Andere Jugendorganisationen und gesellschaftliche Clubs oder Hilfswerke, die sich nach Homuth anhand der Logenzugehörigkeit ihrer Gründer als freimaurerische Hilfs- und Zubringervereine identifizieren lassen (vgl. ebd. S. 34f und 40f), sollen uns hier nicht weiter beschäftigen, werden uns aber teilweise später noch begegnen.

Als ganz unmittelbare Zubringerorganisationen der Logen fungieren unbestrittenermaßen der Rotary- und der Lions-Club. Nach einem lexikonartigen Artikel, der 1988 in der Zeitschrift CODE zu lesen war, wurden beide Clubs im Auftrag der B'nai B'rith-Logen, also einer der höchsten Freimaurerobödienzen, gegründet. 1905 rief der Hochgradfreimaurer Paul Harris in Chicago «Rotary International» ins Leben, 1917 folgte in derselben Stadt Melvin Jones mit den «Lions International». Homuth beruft sich wiederum auf Who was Who in America dafür, daß M. Jones Methodist und Freimaurer war. Weiter berichtet Homuth: «Der Name *Lions* als Abkürzung für *Liberty Intelligence Our Nations Safety* ist eine Deutung, die die wahren Hintergründe verschleiern soll. In Wirklichkeit hängt der Name *Lions* damit zusammen, daß im Jahre 1917 die Freimaurer und besonders die große Mutterloge in England ihr 200jähriges Jubiläum feierte. Zu diesem Anlaß erlaubte der König von England den Freimaurern, den Löwen des Staatswappens auch im Wappen der Mutterloge zu führen. Eine Sternstunde für die Freimaurerei, weil sie damit praktisch zum offiziellen Staatsverein erhoben wurde. Einen Monat später, im gleichen Jahr 1917, gründeten die Freimaurer anläßlich des Jubiläums den Service Klub der Löwen (Englisch: Lions). Daß *Lions* nicht von *Liberty Intelligence Our Nations Safety* kommt, zeigt ja schon, daß ihr Blatt *Lion* heißt, also ohne S, d.h. ohne *Safety* am Schluß. Auch ihr Wappen zeigt, daß *Lions* von *Löwen* abzuleiten ist (zwei Löwenköpfe).» (Homuth o.J., S. 38f)

CODE definiert die «Aufgabe» der Mitglieder von Rotary International» folgendermaßen: «Passive Überwachung des politischen und wirtschaftlichen Lebens sowie Nachrichtenbeschaffung im Dienste der Weltfreimaurerei. Deshalb hat jeder örtliche Club sich zu bemühen, aus jedem Berufszweig und aus jeder politischen Vereinigung nicht mehr und nicht weniger als zwei sachkundige Mitglieder zu gewinnen und zu verpflichten.»

Noch unmittelbarere Maurer«arbeit» als die Rotarier leisten die Lions-Clubs, nämlich «aktive "Gesellschafts"politik, das heißt, Durchdringung von Vereinigungen und politischen Parteien und deren Beeinflussung im Sinn eines "Fortschrittes" freimaurerischer Prägung.» Weiter berichtet CODE über das «Club-Leben»: «Sämtliche Mitglieder werden in die wirtschaftliche beziehungsweise existentielle Abhängigkeit von Lions gebracht. Zugehörigkeit und Erfüllung der "Pflichten" bedeuten Positionen in Politik und Wirtschaft, zinslose und zinsgünstige Kredite, wirtschaftliche Abnahmegarantien und Zusicherung bevorzugter Förderung, gute Anstellung in Betrieben, passiven und aktiven Schutz in Rechtsangelegenheiten ...»

Nach CODE verfügte Rotary International 1988 über weltweit rund 15500 örtliche Clubs. Die gegenwärtige personelle Gesamtstärke wird nicht mitgeteilt, läßt sich aber aus den Angaben von «Herders Volks-Lexikon" von 1954 ermitteln, denen zufolge damals in 80 Ländern 7200 Clubs mit ca. 344000 Mitgliedern existierten. Rechnet man das auf die Zahl heute bestehender Clubs um, so dürfte die aktuelle Mitgliederzahl von Rotary International etwa bei einer Dreiviertel-Million liegen. Lions-Clubs gab es 1988 rund 26280 in aller Welt, die rund eine Million Mitglieder zählten.

Homuth zufolge haben die beiden Clubs außer den schon genannten «Aufgaben» auch die wichtige Funktion, ständig neue geeignete Kandidaten für den Eintritt in die Logen bereitzustellen. Interessanterweise kann er das durch einen selbsterlebten Fall unterstreichen: «Ein Glaubensbruder berichtete mir, daß sein leiblicher Bruder dem Lions-Club beigetreten war. Und kaum war er Mitglied, wurde er schon von der Freimaurer-Loge des Nachbarortes eingeladen.» (Homuth o.J., S. 36)

Darüber hinaus hat der Präsident von Lions International (!) gegenüber N. Homuth - auf dessen schriftliche Anfrage hin - in einem Brief vom 22.10.1984 eingeräumt, viele Lions seien zugleich Freimaurer (ebd. S. 44). Und die «Politischen Hintergrundinformationen» schrieben vor ein paar Jahren: «Ehrenamtliche Helfer der PHI-Redaktion haben in 3 westdeutschen Kleinstädten, in denen die gesellschaftlichen Strukturen übersichtlich sind, durch systematische Beobachtung festgestellt, daß dort mindestens 50% der Lions-Mitglieder gleichzeitig einer Freimaurer-Loge angehören.» (Zit. n. ebd. S. 42) Homuth nennt als ihm bekanntes Beispiel den «Rechtsanwalt und Notar Dr. Otto Trawny in Dortmund, Hochgradbruder im 33. Grad, Großmeister der Großloge und zugleich Mitglied im Lions-Club» (ebd.).

Ähnliche Verhältnisse herrschen nach Informationen von CODE (a.a.O.) auch in den Rotary-Clubs. «Sämtliche "Inspektoren" der jeweiligen Freimaurerlogen sind gleichzeitig und stets auch Mitglieder der für sie örtlich zuständigen Rotary-Clubs.» Auch hierzu kann Homuth ein konkretes Beispiel nennen, nämlich «Dr. Otto Blumenthal, Rotary-Präsident von Hamburg und zugleich Freimaurer einer Hamburger Loge.» (a.a.O.)

Von Interesse könnten auch noch einige Namen deutscher Lions und Rotarier sein, die wiederum N. Homuth auflistet: Zu den Lions zählten bzw. zählen noch der ehemalige Bundespräsident Theodor Heuss, der ehemalige bayerische Ministerpräsident und CSU-Parteivorsitzende Franz-Josef Strauß, der ehemalige Bundesverkehrsminister Werner Dollinger, der ehemalige Bundespräsident Richard Stücklen, der amtierende Ministerpräsident von Baden-Württemberg Lothar Späth. Dem Rotary International gehörten bzw. gehören noch an der amtierende FDP-Parteivorsitzende Otto Graf Lambsdorff, der FDP-Ehrenvorsitzende Walter Scheel, der Staatssekretär Horst Waffenschmidt, der ehemalige Bundeslandwirtschaftsminister Josef Ertl, der amtierende Bundesaußenminister Hans-Dietrich Genscher, der amtierende Bundespostminister Christian Schwarz-Schilling, der ehemalige Bundeskanzler Konrad Adenauer, der ehemalige Bundesverkehrsminister Jürgen Warnke, der amtierende Ministerpräsident von Hessen Walter Wallmann. (Ebd. S. 44) Daß mindestens einige dieser Herren nicht «*nur*» Lions bzw. Rotarier waren oder sind, darf durchaus vermutet werden.

Die blaue Freimaurerei

Oberhalb der bislang vorgestellten von Freimaurern geschaffenen und heimlich kontrollierten Vereine, Clubs und Bewegungen firmiert auf der fünften Stufe der Dollarpyramide nun endlich die Freimaurerei selbst, nämlich die blaue oder Johannesmaurerei. In ihren Logen gibt es nur drei Grade, wie sie auch ursprünglich im Jahr 1717 existierten: Maurerlehrling, Maurergeselle, Maurermeister. Allerdings hat der Meistergrad den beiden unteren Graden kaum etwas voraus. «Wird der Bruder *Geselle*, der in *den Meistergrad erhoben* wird, durch diese Erhebung und Beförderung wirklich ein Wissender der "Königlichen Kunst"? Nein! Er lernt nur ein weiteres Stück des freimaurerischen Ritus kennen, das ihm über jenen politischen Innenraum der Loge gar nichts sagt, den erst die Brüder des 30. Grades und darüber hinaus betreten dürfen.» (Lerich 1937, S. 20) Nichtsdestoweniger wird bereits in den Johannislogen konsequent der Kult des Hominismus gepflegt und von den Logenbrüdern auch nach außen hin eifrig, teilweise sogar militant verbreitet. Ebenso wird im Namen der «Freiheit» nahezu allen Formen der öffentlichen Unmoral fleißig das Wort geredet. Hauptaufgabe der blauen Maurerei ist die getarnte systematische Infiltration und Zersetzung des Staats, der Gesellschaft, der Kultur und der Kirche (wie auch anderer Konfessionen und Religionen), des Nationalbewußtseins, der öffentlichen und der privaten Moral. Diese Zersetzung treibt sie, wie wir sahen, vor allem auch durch die vielen von ihr ins Leben gerufenen und unsichtbar gelenkten Clubs voran. Außerdem rekrutiert sich aus ihr natürlich ständig die Hochgradfreimaurerei; sie hat also vorbereitende Funktion für die immer wieder nachrückenden neuen Hochgradfreimaurer, die zuerst durch ihre Schule gehen müssen.

Zum dritten gilt für die Johannesmaurerei selbstverständlich das gleiche wie für die Lions-Clubs. «Die Verpflichtung», sagt der ehemalige Hochgradfreimaurer Lerich, «jeden Bruder zu fördern und zu stützen, ist so lange verständlich und unanfechtbar, als sie sich in gewissen Grenzen hält. Vielfach wächst sich aber der Protektionismus innerhalb der Freimaurerei zur sogenannten "*Geschäftsmaurerei*" aus, zur gegenseitigen Förderung im politischen, wirtschaftlichen und literarischen Leben, bei der nicht die persönlichen *Werte* der Brüder ausschlaggebend sind, sondern bloß die *Tatsache*, daß sie *Freimaurer* sind! Für den Großteil der Mitglieder der Freimaurerei der Anreiz zum Beitritt! Viele wurden aber auch darum "Brüder", weil sie aus Sucht nach Geheimniskrämerei ihr Selbstbewußtsein gesteigert fühlen, ein Glied einer derart geheimen und exklusiven Gesellschaft, eingebildeter oder wirklicher Mitwisser der geheimen Ziele und Machinationen des Ordens zu sein!» (Lerich 1937, S. 19f) Was Lerich zu übersehen scheint, ist der Umstand, daß die «Geschäftsmaurerei» immerhin auch dem Zweck dient, die Logenbrüder auf Gedeih und Verderb aneinander bzw. an die Loge zu fesseln; wer aus der Reihe tanzen oder die Gefolgschaft aufkündigen wollte, müßte mit schwerwiegenden materiellen Nachteilen rechnen, die ihm die Ex-«Brüder» zur Strafe oder aus Rache bereiten könnten. Sobald also jemand die Segnungen der Mitgliedschaft in der Freimaurerei genießt, besitzt die Loge auch ein starkes Druckmittel gegen ihn.

Inwiefern hängt die blaue Maurerei weltweit zusammen? Nach Dr. Lerich (S. 28f) bestanden 1937 (und daran wird sich höchstwahrscheinlich nichts Wesentliches geändert haben) nur zwei lockere Dachverbände. Die «Association Maçonnique Internationale» (AMI, «Internationale Freimaurerische Vereinigung») mit Sitz in Genf umfaßt seit ihrer Gründung 1921 die Großlogen der meisten Länder der Erde, allerdings ohne die quantitativ erdrückend übermächtigen Großlogen der angelsächsischen Länder (Großbritannien, USA, Kanada, Australien). Die «Allgemeine Freimaurerliga» (offiziell, in Esperanto: «Universala Framasona Ligo») dagegen residiert in Basel und faßt keine Großlogen sondern nur die einzelnen Maurer zusammen, die ihr aber längst nicht alle beigetreten sind.

Wer jedoch *regiert* die weltweit zerstreuten und nur lose untereinander verbundenen Großlogen der blauen Maurerei? Der ehemalige 33-Grad-Freimaurer Lerich antwortet auf diese Frage (S. 24f): «Die Großloge regiert und verwaltet einzig und allein die Logen der *Johannis*freimaurerei, die maurerischen Werkstätten, in denen die *Hochgradfreimaurer, in ihren Würden und in ihren Einweihungsstufen den anderen Brüdern gänzlich unbekannt, als einfache Meistermaurer sitzen*. Die Mitglieder des Schottischen Ritus sind aufs strengste verpflichtet, in der Johannisloge niemals anders als im Zeichen des Meistergrades einzutreten, nur die "Bekleidung" des Meisters zu tragen, niemals die farbenprächtigen Bänder und Schürzen der hohen und höchsten Grade, *sie dürfen keinem Bruder*, Lehrling, Gesellen oder Meister davon *Mitteilung machen, daß sie den Hochgraden angehören. Nicht nur die Lehren und Riten der Schottischen Maurerei, sondern sogar die Namen der Hochgradbrüder bleiben demnach dem Durchschnittsfreimaurer unbekannt.* ... Da sie die eigentlichen Träger des freimaurerischen *Aktivismus*, soweit sie den höchsten Graden angehören, die wirklich Eingeweihten, die "Wissenden" sind, *besitzen sie die wahre Macht im Orden*. In den Leitungen der Logen und der Großlogen schalten sie als Brüder 3. Grades, *scheinbar als Gleiche unter Gleichen*, sind aber ausschlaggebend durch ihre Kenntnisse, Fähigkeiten und Beziehungen. *Die anderen Brüder wissen natürlich noch weniger*, nach welchen Weisungen des "Obersten Rates" die unerkannten Hochgradbrüder die Logen und Großlogen beeinflussen und lenken. Mehr als *einmal* hat es sich ereignet, daß sich Logen ziemlich einmütig gegen die unkontrollierbare Vorherrschaft der Hochgradmaurer in ihren Reihen aufgebäumt haben. Immer aber war dieses vergeblich! Die Autonomie der *Großloge* und ihre Regierung der Logen besteht nur auf dem *Papier*. In *Wahrheit* hat der "Oberste Rat" die gesamte Führung des Ordens, mitsamt der Großloge und den Logen, inne. Ein Beispiel! Der Großbeamtenrat der bis 1933 bestandenen "Symbolischen Großloge von Deutschland" bestand aus 16 Mitgliedern. Von diesen 16 Brüdern gehörten 11 den Hochgraden an, unterstanden den Weisungen ihres "Obersten Rates", die übrigen 5 waren Meistermaurer ohne Wissen von der Hochgradeinweihung und -verpflichtung der anderen. Auch der *Großmeister* kann, wie dies zum Beispiel bei der Wiener Großloge der Fall ist, *bloß Meistermaurer* sein, während neben ihm im Großbeamtenrat, *ohne seine Kenntnis*, Brüder sitzen, die nicht seiner Leitung, sondern der des "Suprême Conseil" unterstellt sind. Bei den Beratungen, Beschlüssen und Erlässen der Großloge gehen natürlich die Hochgradbrüder unter sich einig, im Sinne des "Obersten Rates" vor, so daß die *Johannesfreimaurerei nach den Grundsätzen, Aktionen und Zielsetzungen des Schottischen Ritus gelenkt wird, ohne daß sie davon mehr als eine Ahnung hat.*»

Eine Bestätigung dieser höchst wertvollen *Aussage eines Kronzeugen* liefert die Auswertung der Archive der französischen Freimaurerei, die 1940 unter der von den deutschen Eroberern eingesetzten französischen Vasallenregierung beschlagnahmt und im Justizministerium analysiert wurde. Einer der Mitarbeiter des Ministeriums, J. de Boistel, schrieb damals in der zur kommentierten Veröffentlichung der wichtigsten Freimaurerdokumente bestimmten Zeitschrift «Les Documents Maçonniques» (zit. n. Ploncard d'Assac 1989, S. 130f): «Während es einem Maurer niedrigeren Grades verboten war, in den Werkstätten der Maurer höherer Grade zu verkehren, so sind Hochgrade durch die Statuten verpflichtet, fleißig die Werkstätten niedrigeren Ranges zu besuchen. Wenn z.B. ein Meister Rosenkreuzer wurde, trat er in ein Kapitel ein. Er war jedoch von keiner der Verpflichtungen, die seine bisherige Eigenschaft ihm auferlegte, befreit. Er blieb in seiner Loge eingetragen, als wenn sich in seinem maurerischen Leben nichts Neues ereignet hätte, und war für die Mitglieder dieser Loge ein Meister wie jeder andere. Dieses System erlaubte es den Hochgradfreimaurern jeglichen Ranges, sich inkognito in den Werkstätten der niedrigeren Grade zu ergehen und dort die Eingebungen, die sie ihrerseits erhalten hatten, zu verbreiten. Copin-Albancelli weist darauf hin, daß die Freimaurerei nicht nur eine Geheimgesellschaft ist, sondern in Wirklichkeit eine Überlagerung von Geheimgesellschaften, wobei die eine der anderen gegenüber geheim bleibt; er vergleicht das Ganze mit einer Pyramide ...» Dieser Vergleich stammt, wie wir bereits wissen, von den Geheimen Oberen der Weltfreimaurerei selber, die ihn verschlüsselt auf den US-Dollar drucken ließen.

J. Ploncard d'Assac meint im Hinblick auf diese Pyramide: Wir haben «einen Mechanismus von vollendeter Einheitlichkeit und erschreckender Effektivität vor uns, insofern er einem unbekannten Generalstab ermöglicht ..., seine Befehle, ohne sich verraten zu müssen, von Grad zu Grad an eine immer größere Zahl von militanten Maurern vermitteln zu lassen, die durch ihre Ausbildung bereits vorbereitet sind, erstens sie zu empfangen und zweitens sie unter die profane Welt zu bringen.» (A.a.O. S. 131) Das deckt sich mit K. Lerichs Urteil: «Eine wohl *einzig dastehende, raffinierte, meisterhaft durchdachte* und *angelegte Organisation*, die den Hochgraden neben der *Anonymität* der Führung auch die Möglichkeit gibt, sich *der Verantwortung für die Leitung zu entziehen.*» (A.a.O. S. 25)

Freimaurerischer Satanismus

Bereits um Hochgradsysteme handelt es sich beim *York-Ritus* und anderen Sonderriten, die aber - wenigstens in ihrer Gesamtheit - kein Bestandteil der Schottischen Maurerei sind. Geheime personelle Verbindungen nach dem soeben geschilderten Muster sind zweifelsohne vorhanden. Neben dem York-Ritus, der nach Prantner (a.a.O. S. 16) und Homuth (a.a.O. o.J. S. 40) aus einer Reihe von Ritter-Graden besteht, sind vor allem die «*Shriners*» erwähnenswert. Beide Organisationen gehören eher der magisch-okkultistisch-satanistischen Richtung der Logen an, obwohl der Übergang zwischen «spiritueller» und «politischer» Freimaurerei sowohl individuell als auch organisatorisch fließend ist, so daß man eigentlich nur von einer Akzentuierung in die eine oder andere Richtung sprechen kann. «In den USA von nicht unerheblicher Bedeutung», erläutert Prantner, «und jüngst auch im deutschsprachigen Raum Europas (sc. bedeutsam) ist der *"Alte Arabische Orden der*

Edlen vom Mystischen Schrein" (= "Shriners"). Sämtliche Zugehörige verstehen sich als Hochgradmaurer. Ihre Zahl beträgt in den Vereinigten Staaten von Amerika etwa 800 000. Diesem Orden nahestehend sind die amerikanischen *"Jugendlogen DE MOLAY"*. ... Diese Jugendlogen tragen den Namen des letzten Großmeisters der Templer de Molay, der im Jahre 1312 zum Tod durch Verbrennen verurteilt und justifiziert (sc. = hingerichtet!) worden war. Aufnahmebedingung in die Jugendlogen ist die Sohnschaft eines Freimaurers, vorwiegend aus dem Alten Arabischen Orden der Edlen vom Mystischen Schrein. Die Mitgliedschaft kann mit dem 16. Lebensjahr beginnen und endet mit dem Eintritt in das 21. Lebensjahr.» (A.a.O. S. 16f)

Satanistische Elemente in der freimaurerischen Symbolik und im Logenritual trifft man keineswegs nur im York-Ritus, bei den Shriners oder den heute nicht mehr selbständig existierenden Martinistenlogen etc. an sondern bereits in der blauen Maurerei. «Auf dem Amtszeichen des Großmeisters der Großen Landesloge Deutschlands, die sich "Christliche Freimaurerei" nennt, scheint nicht der Name Christi auf, sondern "BAPHOMET". Der christliche Freimaurerorden versteht sich als "Fortsetzung des Templerordens" (vgl. Art. Tempelherrn: H.E. Miers, Lexikon des Geheimwissens, Freiburg 1970, 400). Offenbar will er das auch oder gerade hinsichtlich der Verehrung des "BAPHOMET" sein, welche die Templer angeblich geübt haben. Nach Aussage der Freimaurer selbst ist "BAPHOMET" der "Name eines scheußlichen Teufelsbildes, dessen Verehrung den Templern vorgeworfen wurde" (Art. Baphomet: E. Lennhoff-O. Posner, Internationales Freimaurerlexikon, ...).» (Stimpfle 1988, S. 337)

Vielleicht die größte und wichtigste *satanistische* New-Age-Organisation ist die (vgl. C. Cumbey, Die sanfte Verführung, 6. Aufl. Asslar 1987, S. 52) im Jahr 1922 gegründete «Lucifer Publishing Company» («Luzifer-Verlagsgesellschaft»!), die es jedoch schon nach einem Jahr vorzog, sich abgekürzt und scheinbar harmloser «Lucis Publishing Company» zu nennen. Heute trägt das inzwischen zu einem ganzen «Konzern» angeschwollene Unternehmen den Namen «Lucis Trust», zu dem auch die okkultistisch-satanistische «Arkanschule» gehört (ebd. S. 223). «Nach Miers, Lexikon des Geheimwissens, erfolgt der Unterricht durch Fernlehrbriefe, die von Zentren in New York, London, Genf und Buenos Aires versandt werden. Der Schüler ist verpflichtet, seine Teilnahme geheimzuhalten. Miers zufolge ist der Genfer Leiter der Arkanschule gleichzeitig Generalsekretär der Universellen Freimaurerliga: "Die Arkanschule betrachtet sich daher als 'magnetisches Zentrum' der gesamten Freimaurerei" (S. 41 der 5. Auflage 1982).» (Cumbey 1987, S. 229)

In der September/Oktober-Ausgabe der französischen Zeitschrift «Lecture et Tradition» antwortete J. Ploncard d'Assac 1979 auf die selbstgestellte Frage, was der Teufel mit der Revolution zu tun habe, folgendermaßen: «Nun, fragen Sie das einmal die Freimaurer; öffnen Sie die offizielle Zeitschrift des Grand Orient, die Aprilnummer 1979 des "Humanisme". Das ist noch ganz frisch. Sie werden dort folgendes finden: *"Ein großer Vorfahr: der Teufel!* In seinem bewundernswerten

Buch 'Die Hexe' zeigt ... Michelet, daß bestimmte volkstümliche Kundgebungen wie der Hexensabbat oder die schwarzen Messen den Aufstand der kleinen Leute gegen das Elend, die Leibeigenschaft, die Verbote aller Art zum Ausdruck brachten. War das nicht eine Bewußtwerdung des unterworfenen Verstands, der sich gegen seine Unterwerfung auflehnte? Man ging zum 'Teufel', weil der 'Gott' der Mächtigen die Schwachen im Stich ließ und die Privilegierten segnete. Wäre solchermaßen dieser 'Teufel' nicht - warum eigentlich nicht? - einer der großen Vorfahren des modernen Laizismus? Mit so etwas macht man keine Scherze ..."» (S. 14) Michelet und dem freimaurerischen Verfasser dieser Rezension ist es also ernst mit ihrer These! Urahn der laizistischen Gegenkirche ist ihnen zufolge Luzifer mit seiner gotteslästerlichen Parole «Non serviam - Ich will nicht dienen!». Die Synagoge Satans gibt sich kaum noch Mühe, ihren wahren Ursprung zu verbergen.

Die rote Freimaurerei

Doch ersteigen wir nun das nächste Stockwerk der Pyramide und nehmen die Hochgradfreimaurerei des Schottischen Ritus ins Visier. Zwar existieren außer ihr noch andere Systeme wie beispielsweise der Misraim-Ritus mit 90 Graden (vgl. Ploncard d'Assac 1989, S. 131), aber diese phantasievoll vermehrten Grade bedeuten keine höhere Einweihung ihrer Träger als diejenige, die den Mitgliedern der roten Maurerei zuteil wird, die im übrigen quantitativ und qualitativ die bei weitem bedeutendste Hochgradformation darstellt. «Aus den verschiedenen, vorzüglich im 18. Jahrhundert in das Logentum eingedrungenen Hochgrad-Riten, jenen Lehrarten, die zu den Erkenntnisstufen des Lehrlings, Gesellen und Meisters noch weitere "höhere" hinzufügten, entstand nach vielen Wirrnissen und Systemstreitigkeiten das in der Gegenwart *herrschende* Lehrgebäude des *Schottischen Ritus*. Der "Alte und Angenommene Schottische Ritus vom 33. und letzten Grade", wie die vollständige Bezeichnung lautet, ist jenes einzige *mächtige* Hochgradsystem, das die ganze Welt umspannt, in 36 Staaten der Erde seine "Obersten Räte", das sind die verwaltenden und leitenden Oberbehörden, besitzt. Wenn im allgemeinen von Hochgradfreimaurern gesprochen wird, dann sind immer nur Mitglieder dieses Schottischen Ritus gemeint.» (Lerich 1937, S. 22)

Wie aber wird man überhaupt ein Hochgradfreimaurer? Wie gelangt man vom 3. und höchsten Grad der Johannesmaurerei in den 4. und niedrigsten der sie fortsetzenden Andreasmaurerei? K. Lerich kann diese Frage anhand seiner eigenen Erfahrung beantworten (a.a.O. S. 25f): «Wenn ein Bruder des 3. Grades, ein Meistermaurer, den Wunsch besitzt, in die Hochgrade eingeweiht zu werden, von deren Existenz als solcher er nur ganz allgemeine Kenntnisse erhielt, so nützt ihm das Aussprechen dieses Strebens in *keiner* Weise. Weiß er doch auch nicht, daß man sich *nicht* für die Hochgrade *melden* kann, wie für die gewöhnliche Maurerei, sondern daß man *berufen* werden muß. Als Lehrling, meistens auch noch als Geselle, ahnt der Durchschnittsmaurer nicht einmal etwas vom Bestand des Schottischen

Ritus. ... Die Beförderung vom 1. bis in den 3. Grad ist nur eine Frage der Zeit, in der sie sich rein automatisch abwickelt. Die Erhebung vom 3. in den 4. Grad ist dagegen eine Frage *prinzipieller Würdigkeit und Befähigung*. Ein Freimaurer kann zeitlebens im Meistergrade sitzen bleiben, ja, deren Zahl ist weitaus größer als die jener Brüder, die der Einweihung in die 4. Erkenntnisstufe teilhaftig werden ... Mit der Erhebung in den 4. Grad werden sie, wie ihnen das Ritual ausdrücklich sagt, *Lehrlinge der Hochgrad*freimaurerei, müssen sie, trotzdem sie bereits *Meister* der Johannisloge sind, neuerlich von *vorne* anfangen. ... Die Hochgrade sind auf dem Grundsatz der *Auswahl der Fähigsten* aufgebaut. Deshalb nützt eine Selbstanmeldung nichts. Hat sich dagegen ein Mitglied in den drei untersten Graden *besonderer* Tätigkeit befleißigt, Fähigkeiten aufgewiesen, die darauf schließen lassen, daß er berufen ist, Arbeiten über das "längliche Viereck", über die "blaue" Loge hinaus, zu leisten, dann tritt die Perfektionsloge, *ohne daß er es weiß*, über ihn zu einer Abstimmung zusammen. In der Perfektionsloge sitzen die fähigen, die würdig befundenen Brüder der *verschiedensten* Bauhütten *eines* Landes.» Über den Kandidaten wird ausführlich Bericht erstattet und debattiert; falls auch nur ein einziges Mitglied der Perfektionsloge bei der anschließenden Abstimmung den Kandidaten ablehnt, wird dieser nicht befördert, erfährt in diesem Fall auch niemals, daß er überhaupt jemals Kandidat war. Wird aber ein Kandidat einstimmig für würdig befunden, eröffnet ihm einer der Brüder unter vier Augen die Existenz und allgemeine Zielsetzung der Hochgrade und erkundigt sich wie nebenbei, ob vielleicht Interesse am Eintritt in den 4. Grad besteht. Diese Frage wird nach Lerich «fast immer bejaht», so daß dann nach wenigen Tagen der Kandidat einen positiven Bescheid erhält.

Der 4. bis 14. Grad bildet innerhalb des Schottischen Ritus die «*Perfektionsloge*»; die Beförderung in den jeweils nächsten Grad erfolgt aber anders als in der Johannesmaurerei meist ohne großartiges Zeremoniell. «Mit Ausnahme der Vereinigten Staaten Nordamerikas, deren zwei "Oberste Räte", in Washington und Boston, jeden einzelnen dieser Grade in eigenen Logen rituell bearbeiten und erteilen, werden in der übrigen maurerischen Welt *nur der schon dargestellte 4. Grad, der des "Geheimen Meisters", und der 13., der des "Königlichen Gewölbes", in ihrem vollen Ritual gepflogen. Die anderen Erkenntnisstufen werden mit ihrem Ritus, ihren Erkennungszeichen, Worten und Griffen* dem Kandidaten bloß "historisch", das heißt ohne Zeremonie, rein erzählungsweise zur Kenntnis gebracht.» (Lerich 1937, S. 28) Das galt jedenfalls für die rote Maurerei noch in den dreißiger Jahren. «Die *Hochgradmaurerei nach dem Zweiten Weltkrieg*», stellt demgegenüber R. Prantner (S. 20) fest, «konzentriert sich vorwiegend auf die Erkenntnisse im 4., 18., 30., 32. und 33. Grad, gelegentlich auch im 14. Grad. Der Gruppenbereich "Kapitel" genießt innerhalb der Logen einen gewissen Vorrang.» Wesentliches hat sich offenbar nicht geändert. Auch vor dem Zweiten Weltkrieg schon bildeten die «*Kapitel*», nämlich die sogenannten «Rosenkreuzergrade», der 15. bis 18. Grad, eine deutliche Zäsur.

«Die Beförderung durch die Logen der Perfektion bis an die Schwelle des Kapitels vom 15. Grad erlebt der einzelne Hochgradbruder *nur nach Maßgabe seiner erwie-*

senen Leistungen und Fähigkeiten, nur als Belohnung für seine Aktivität. Es gibt keinen zeitlichen Anspruch auf die Einweihung in die verschiedenen Erkenntnisstufen der Vervollkommnung, die in ihren Lehren und Zeremonien, in ihrer Symbolik und Ritualistik ... immer wieder das Thema vom symbolischen Bau der Freimaurerei abwickeln.» (Lerich 1937, S. 31f) Erst recht keinen Anspruch besitzt ein Hochgradbruder im 14. Grad auf Eintritt in den ersten Kapitel-Grad, den 15. Grad also des Schottischen Ritus. Auch dazu muß er wieder ohne sein Wissen «erwählt» werden. Bereits in den Rosenkreuzer-Kapiteln tritt das in den Perfektionslogen noch vorherrschende freimaurerische Zeremoniell zugunsten konkreter nach außen gerichteter Arbeit zurück. Nur noch einmal jährlich, anläßlich der dann stattfindenden Beförderung neuer Brüder in das Kapitel, wird das ganze Ritual vollzogen. «Vorträge als freimaurerische Exerzitien werden nicht mehr oder nur ganz selten über die Geschichte und Symbolik der Hochgrade im Sinne einer Instruktion gehalten. *Der Inhalt der Arbeiten sind Debatten und Beschlußfassungen über ganz reale Aktionen, Zielsetzungen und Pläne.* Vorzüglich in der romanischen Freimaurerei sind bereits die *Kapitel politische Klubs*.» (Lerich 1937, S. 32)

Dabei werden diese «politischen Klubs» genau nach demselben System unbemerkt gelenkt, wie die Rotary- und Lions-Clubs, die Johanneslogen und die Perfektionslogen. Immer nach Lerich, der ja selbst alle diese Stufen durchlaufen hat, treten die Kapitellogen «*deshalb* nur allmonatlich zusammen, weil die Ausführung der Beschlüsse und die Durchführung der Aufträge, die die einzelnen Brüder erhalten, für gewöhnlich diese Spanne Zeit brauchen, um dann als geleistet überprüft werden zu können. Zur normalen Arbeit versammeln sich die Brüder im Straßenanzug, ohne jede maurerische Bekleidung. Jedes Mitglied kennt das andere, so daß keine Erkennungszeichen gegeben werden müssen, und man nimmt in der Loge zwanglos Platz. ... Wie in der blauen Loge der Johannisfreimaurerei die Inhaber von Hochgraden für die Brüder der unteren Erkennungsstufen als solche unerkannt und unkenntlich in der Kette stehen, so sitzen im Kapitel der Ritter vom Rosenkreuz, *ebenso für diese in ihrer Einweihung unkenntlich*, die Brüder der noch höheren Grade, des 30., des 33., und die Souveränen Generalgroßinspektoren des Obersten Rates.» (S. 32f)

«*Areopage*» nennen sich die Logen des 19. bis 30. Grades, die aber nach Lerich - ausgenommen den 28. und 30. Grad - praktisch nur eine einzige Loge oberhalb der Rosenkreuzergrade bilden, denn «diese Grade ... werden - wenige Ausnahmen bestätigen nur die Regel - im allgemeinen innerhalb des Schottischen Ritus *in eigenen Logen* mit ihren eigenen *Kulthandlungen* nicht gepflogen. Sie werden bloß "historisch" durch *mündliche* Mitteilung und Ausdeutung den aufsteigenden Kandidaten verliehen. Einzig und allein der 28. Grad, der "Ritter der Sonne", wird mit seinem vollen Brauchtum geübt, und es arbeiten in den verschiedenen Staaten besondere Areopage dieser Erkenntnisstufe.» (S. 37)

Welche konkrete «Tempelarbeit» wird in den «Areopagen» verrichtet? Der Kampf gegen die sogenannten *Vorurteile*, antwortet Lerich, und erläutert seine Feststellung so: «*"Vorurteile" im Geiste der Loge sind das Bekenntnis zum Vaterland, zur eigenen Nation, das Bekenntnis zur angestammten Religion, zu einer bestimmten Konfession, das Bekenntnis zur Verteidigung des eigenen Landes und der eigenen Nation, das Bekenntnis zur Volksgemeinschaft und Rasse.* Die Hochgradfreimaurerei hebt diese Vorurteile auf und setzt an ihre Stelle: Den vaterlandslosen Antinationalismus, die kulturelle und politische Überstaatlichkeit, die religionslose Gewissensfreiheit, die kulturelle und politische Überbekenntlichkeit, die im marxistischen Gottlosentum ihre aktivistische Ausprägung finden, den absoluten Pazifismus um seiner selbst willen, der mit dem Antinationalismus ursächlich verknüpft ist, das Bekenntnis zur Volksherrschaft des marxistischen Sozialismus mit seiner Devise "Freiheit, Gleichheit, Brüderlichkeit", die zuerst Wahlspruch des französischen Logentums war, um dann Leitspruch der internationalen Hochgradfreimaurerei überhaupt zu werden." (S. 36f)

Werden aber diese «Ideale» nichts bereits ebenso von den Logenbrüdern der ersten drei Grade fleißig verbreitet, ja sogar schon von den freimaurerisch gelenkten Clubs und Vereinen? Gewiß, indessen mit dem kleinen aber wichtigen Unterschied, daß die Basis der Dollarpyramide größtenteils *unbewußt* mit diesen Ideen erfüllt und begeistert wird *durch das beharrliche Wirken der sie kontrollierenden Hochgrade*, die allein die größeren Zusammenhänge und Hintergründe wie auch den konkreten Sinn und Zweck der Propagierung all dieser freimaurerischen «Tugenden» kennen und deshalb mit weit größerer Raffinesse, Intensität und Zielstrebigkeit «arbeiten». Darum betont auch Lerich ganz besonders: «*Die geistige Zersetzungs- und kulturelle Unterhöhlungsarbeit ist die bewußte Politik der Hochgrade, ist die bewußte "Arbeit" der Areopage des Schottischen Ritus.*» (S. 38)

Die «Wissenden»

Die genaue Zielsetzung der maurerischen Arbeit wird gleichwohl erstmals dem Inhaber des letzten und höchsten «Areopags», dem Hochgradmaurer des 30. Grads mitgeteilt. «Mit ihm erhält der Freimaurer die "volle Einweihung", wird er ein wirklich "Wissender" der "Königlichen Kunst", ein "höchsterleuchteter Bruder". ... Der realistische Ritus des 30. Grades enthüllt dem Kandidaten zum *ersten Male unzweideutig die eigentlichen Ziele der Freimaurerei: Rache* und *Vergeltung* an den *Gewalten*, die am Tod de Molays (sc. des letzten Großmeisters der Templer) schuldig sind, die dem Sieg der *absoluten Gewissensfreiheit* und damit der *Freimaurerei* als Feinde gegenüberstehen: *Rache und Vergeltung an der geistlichen und weltlichen Gewalt, an Thron und Altar!* ... Noch einer starken symbolischen Handlung muß sich der in den 30. Grad aufzunehmende Hochgradfreimaurer unterziehen: Er muß die drei Säulen der Maurerei, die ihm vom 1. Grad an bis zum 29. als die Grundpfeiler des Bundes, seiner Organisation und Idee heilig waren, *mit eigener Hand umstürzen!* Die Worte des Rituals deuten diesen Akt dahin, daß der nunmehr in die letzten Geheimnisse der Loge eingeweihte Ritter Kadosch die *völlige Vorurteilslosigkeit* erlangt habe, die *unbedingte geistige Freiheit*, so zwar, daß er sogar über alle *bisherigen Grundsätze und Ideen* der Freimaurerei hinausschreitet zum Kampf für den *Fortschritt*, gegen jegliche *dogmatische Autorität*, über die Prinzipien der Weisheit, Stärke und Schönheit hinaus, die ja nur die Pfeiler und Stützen jener Maurerei sind, über die sich der Kadosch-Ritter durch das *Wissen der vollen Einweihung* erhoben hat.» (Lerich 1937, S. 41f)

Die Einweihung in den 30. Grad bildet den letzten Höhepunkt des Hochgradrituals. Aus dem 31. und 32. Grad besteht das «Konsistorium», die Brüder des 33. Grads konstituieren den «Conseil Suprême» (Lerich) oder «Hohen Rat» (Prantner). In diesen drei letzten Graden «sind die ritualistischen Zeremonien auf ein *Mindestmaß* eingeschränkt: In den meisten Ländern beschränkt sich das Aufnahmeverfahren auf das Ablegen gewichtiger, der höchsten Ordensverpflichtung entsprechender Eide. ... Da diese hierarchischen Höchstgrade fast kein Ritual besitzen, werden sie auch die *Verwaltungsgrade* genannt. Aus den Mitgliedern des 33. Grades, den Brüdern des *Conseil Suprême*, werden in letzter Auswahl jene Ordensobern gewählt, die den Suprême Conseil, den Obersten Rat, die leitende und verwaltende Zentralleitung des Bundes in einem Staate bilden. Nicht alle Freimaurer des 33. Grades sind also zugleich Mitglieder der obersten Ordensleitung, sondern nur jene, die als Aktivmitglieder in den Obersten Rat hinaufgenommen werden. Der Oberste Rat ist nicht etwa als ein 34. Grad anzusehen, aber er ist die höchste und letzte Instanz des Ordens, der gegenüber alle Hochgradmaurer zu Gehorsam verpflichtet sind. Der Oberste Rat darf nicht mehr als höchstens 33 Mitglieder zählen.» (Lerich 1937, S. 45) Prantner fügt dem noch hinzu, daß die Mindestanzahl der Mitglieder des Obersten Rats neun beträgt; die Neun gilt in der Logensymbolik als Zahl der Fülle! «Die Arbeit dieses "Obersten Rates" erstreckt sich auf die internationale Koordinierung freimaurerischer Motivationen und Zielsetzungen in den einzelnen Bereichen des öffentlichen Lebens des Globus. Es gibt keinen offiziellen Präsidenten, der dem Obersten Rat vorgesetzt erscheint, jedoch bei den einzelnen Sessionen einen "Chairman" oder Vorsitzenden.» (Prantner 1989, S. 18)

Damit wären wir schließlich bei der Frage nach dem internationalen Zusammenhang der Hochgradfreimaurerei angekommen. Der ist wesentlich enger als der der Johannes-Großlogen. Hören wir dazu noch einmal K. Lerich: «Im Jahre 1875 begründeten *sämtliche* damals bestehenden "Oberste Räte", die maurerischen *Großmächte* der Hochgrade, eine Gesamtvereinigung, wieder in der Schweiz, die sogenannte *Lausanner Konföderation*. In der Verfassung dieses Weltverbandes sind alle jene Grundsätze niedergelegt, die eine straffe administrative Organisation, einen einheitlichen geistigen Zusammenhalt, ein konkretes Zusammengehen in allen wichtigen Belangen und Aktionen gewährleisten ... Eine der wichtigsten Bestimmungen der Konföderation ist die, daß in jedem Staate, im Unterschiede zu den Großbehörden der Johannis-Freimaurerei, nur eine *einzige* Großkörperschaft der Schottischen Hochgrade, nur ein einziger "Suprême Conseil" bestehen darf. Eine Ausnahme wurde einzig und allein für die USA., wegen der territorialen und numerischen maurerischen Verhältnisse, vorgesehen. In den Vereinigten Staaten dürfen zwei "Supremes Councils" walten, der der "nördlichen Jurisdiktion" in Boston, der der "südlichen Jurisdiktion" in Washington. ... Der Angelpunkt der

Schottischen Weltkette ist die *Lausanner Konföderation, in der auch ein einheitlicher Ritus, eine einheitliche Symbolik und Esoterik, vor allem aber eine einheitliche weltanschauliche Prinzipienerklärung für die gesamte rote Maurerei geschaffen wurde.*» (S. 29)

Bleibt noch die Frage nach dem berühmten «Geheimnis» der Freimaurerei, auf die schon die unterschiedlichsten Antworten gegeben worden sind. Das dürfte zum Teil daran liegen, daß, wie wir sahen, die einzelnen Grade tatsächlich unterschiedliche «Geheimnisse» haben. R. Prantner, der in seiner Schrift fast demonstrativ die politische Aktivität der Weltfreimaurerei ausklammert, vertritt die Auffassung, «ein generelles "verschwörerisches Zentralgeheimnis" im Sinne eines angestrebten Ereignisses» gebe es «höchstwahrscheinlich nicht» (S. 25). Sogar Lerich, der ansonsten sehr offenherzig über die politische Tätigkeit der Hochgrade spricht, erwähnt kein zentrales Geheimnis «im Sinne eines angestrebten Ereignisses», wenn man von der allgemeinen Rache der Logen an Thron und Altar einmal absieht, die er nicht näher konkretisiert. Wie kommt das?

Es ist durchaus möglich, daß selbst Inhaber des 33. Grads wie Lerich noch nicht automatisch über das wahre Endziel aller freimaurerischen «Arbeit» Bescheid wissen: die Errichtung der «Weltdiktatur der Humanität» und die Schaffung der «Weltreligion» des Antichristen nach vorangegangener gewaltsamer Vernichtung aller Nationalstaaten und aller dogmatisch intoleranten Religionen und hier an allererster Stelle der allein wahren Religion (von der der Satan genauestens weiß, *daß* sie es ist!), der katholischen Kirche. Denn entgegen dem für Freimaurer aller Grade typischen Glauben, sich bereits auf der höchsten Stufe der Einweihung zu befinden, dem auch Lerich zu erliegen scheint, gibt es unter den Maurern des 33. Grads eine relativ kleine Anzahl von «Brüdern», die eben doch insgeheim einem 34., 35., 36. etc. Grad angehören, obwohl diese «Grade» nicht mehr linear weitergezählt werden. Bevor wir aber in der Hierarchie der Synagoge Satans diese noch höheren Stufen ersteigen, ist noch auf einen sehr wichtigen Umstand hinzuweisen.

«Alle politischen Parteien», stellt Jean Vaquié nüchtern fest, «sind Ausflüsse der Freimaurerei, sei es, daß sie selbst bei deren Entstehung den Vorsitz führte, sei es, daß sie sie in der Folge durchdrungen hat. Die politischen Parteien können als mächtiger erscheinen, weil sie in der Öffentlichkeit agieren, während die Maurerei meist unerkannt im Schatten bleibt. Aber in Wirklichkeit arbeiten die politischen Parteien *in Abhängigkeit* von der großen ihnen zugrundeliegenden Geheimen Gesellschaft; sie sind lediglich ihre Wortführer für eine bestimmte Klientel. Die Programme der politischen Parteien sind nichts anderes als Bestandteile und Konkretisierungen des freimaurerischen "großen Plans".» (J. Vaquié, Réflexions sur les ennemis et la manoeuvre [Lecture et Tradition Nr. 126], Vouillé 1987, S. 21) Das gilt selbstredend nicht etwa bloß für Frankreich sondern für nahezu sämtliche Länder der Erde und für praktisch alle größeren Parteien in diesen Ländern. Daß die Bundesrepublik Deutschland keine Ausnahme macht, kann man bereits der kleinen Liste oben genannter deutscher Spitzenpolitiker entnehmen, die Mitglieder von Lions- oder Rotary-Clubs waren oder sind. Wir werden später noch auf die Namen von deutschen Politikern aller Couleur stoßen, die sich sogar in der Spitze der Dollar-Pyramide tummeln und dort anders als in ihren Bonner (nicht bloß Sommer- sondern Ganzjahres-) Theaterauftritten ein Herz und eine Seele sind.

Aus Frankreich liefert z.B. J. Ploncard d'Assac eine bezeichnende Detailinformation: «Dafür, daß die Maurerei ihre Eingangstüren in *alle* Parteien besitzt, finden wir den Beweis in dieser Annonce des "Bulletins der Logen der Region Paris" vom 11. April 1983. Am 20. April werden in der Rue Cadet im Grand Orient sprechen: P. Boccara von der Kommunistischen Partei, Nicole Chouraqui vom R.P.R., Christian Goux von der Sozialistischen Partei und Lionel Stoléru von der U.D.F. Diese Zusammenkunft der "Viererbande" im Grand Orient erklärt einiges.» (Lettres politiques Nr. 87 vom Dezember 1983, S. 5) Tatsächlich hatten damals die Brüder des Groß-Orients von Frankreich lediglich die fünfte große Partei Frankreichs, die antifreimaurerische «Front National» des von der gesamten Weltpresse bei jeder Gelegenheit als «faschistisch» verhetzten Jean Marie Le Pen, *nicht* eingeladen!

«Es liegt auf der Hand», sagt wiederum Jean Vaquié, «daß die Freimaurerei nicht bloß die politischen Parteien sondern auch die Verwaltung, die Armee, die Justiz, die Universität, die Industrie, die Finanzwelt ..., mit einem Wort: sämtliche Organe der Gesellschaft unterwandert.» Was in dieser Aufzählung noch fehlt, sind die Massenmedien. Schon 1937, als die elektronischen Massenkommunikationsmittel erst in ihren Anfängen steckten, konnte Lerich schreiben: «Die Presse ist in vielen Ländern ein *restloses Werkzeug* des freimaurerischen Geistes. Nicht darin besteht die Gefahr einer Herrschaft des Freimaurertums, daß soundso viele maßgebende Persönlichkeiten *Mitglieder* der Loge sind, sondern dadurch, daß der *freimaurerische Geist* in seiner Ideologie durch Journalistik und Literatur, durch Unterricht und Volksbildung gerade die Intelligenz, die der Loge *organisatorisch fernsteht, geistig gefangen genommen hat.*» (S. 38)

Daß Lerich nur diesen (wenngleich hochbedeutsamen) Aspekt der freimaurerischen Presseherrschaft nennt, ist wiederum ein Indiz dafür, daß er vielleicht trotz seiner 33 Einweihungsgrade von den weltumspannenden konkreten politischen Plänen der Hochgrade und deren Deckung durch die logenkontrollierte Presse nicht allzu viel wußte. Besser wissen müssen das natürlich die Zeitungsverleger, selbst wenn sie gar keine Wissenden sind sondern sich lediglich gezwungenermaßen der hinterhältigen Erpressung durch die Logen beugen. Ohne konkrete Namen von Personen oder auch nur die Hochgradfreimaurerei als solche zu nennen, ließ es sich der damalige Verleger der «New Yorker Times» (wie sie seinerzeit noch hieß) anläßlich des Jahresbanketts der American Associated Press im Jahr 1914 nicht nehmen, seinem aufgestauten Unmut Luft zu machen, indem er seinen Kollegen auf den Kopf zu sagte: «Von einer unabhängigen Presse in Amerika kann nicht die Rede sein. Nicht ein einziger Mann unter ihnen wagt es, seine ehrliche Meinung auszusprechen. Wir sind die Instrumente und Vasallen der Reichen hinter den Kulissen. Wir sind Marionetten. Jene Männer ziehen an den Fäden und wir tanzen. Unsere Zeit, unsere Talente, unser Leben und unsere Kräfte sind alle Eigentum jener Männer - wir sind intellektuelle Huren.» (Zit. n. D. Griffin, Wer regiert die Welt?, Leonberg 1986, S. 149f)

Bereits 1862 hatte der wegen seiner sozialen Schriften berühmte Mainzer Bischof Wilhelm Emanuel von Ketteler in seinem Buch «Freiheit, Autorität und Kirche» höchst treffend festgestellt: «Die Freimaurerei nimmt allein in der ganzen Welt einen merkwürdigen Ausnahmezustand thatsächlich ein und grundsätzlich in Anspruch. Sie ganz allein wird mit wenigen Ausnahmen in der öffentlichen Presse nicht besprochen und will nicht besprochen werden. Während die Presse über alle anderen Verhältnisse, die die Menschen interessieren, spricht und urtheilt ... bildet die Freimaurerei allein nach einem allgemeinen europäischen Consens das "Rühr-mich-nicht-an" ... Diese Erscheinung ist zunächst ein Beweis von der immensen Macht, die die Freimaurerei in der Welt ausübt ... Die Freimaurerei mit ihren Genossen, den übrigen geheimen Gesellschaften, die doch recht eigentlich die Höhe des Zeitgeists repräsentieren wollen, sind in permanentem Widerspruch zu Dem, was sonst der Zeitgeist auf allen Gebieten fordert, nämlich zu der Öffentlichkeit, und ich glaube, es wäre deshalb ganz berechtigt, in ihrem Namen allgemein zu verlangen, daß dieses geheime Treiben aufhöre.» (Zit. n. Six 1942, S. 54f)

Leider hat sich - wie nicht anders zu erwarten - am von von Ketteler beschriebenen Zustand bis heute nichts geändert. So versuchen beispielsweise die deutschen Enthüllungsmagazine wie «Stern», «Spiegel» etc. oder die einschlägigen Fernsehsendungen wie «Panorama», «Monitor» etc. permanent, sich gegenseitig in der großaufgemachten «Aufdeckung» drittrangiger «Skandale» wie des eben erst vergessenen Seefisch-«Skandals», Kälbermast-«Skandals» oder gar Gummibärchen-«Skandals» zu überbieten, während sie von politischen Skandalen, die die gerade erwähnten und selbst die hochgespielten Finanzskandale um Größenordnungen übertreffen, nicht die geringste Notiz nehmen. Das restlose Desinteresse der gesamten Publizistik an den Geheimen Gesellschaften ist derart auffällig, steht in einem so schreienden Gegensatz zur gleichzeitigen Enthüllungsmanie auf allen anderen Gebieten, daß es für die Tatsache der perfekten Kontrolle unserer «freien» Massenmedien durch die Logen überhaupt keines anderweitigen Beweises mehr bedarf.

Die «Söhne des Bundes»

Eigentlich wäre im Rahmen unseres Aufstiegs zur Spitze der Dollarpyramide jetzt der Kommunismus an der Reihe. Aber seine Behandlung an dieser Stelle würde den Gedankengang empfindlich stören, da er eine Sonderstellung in der Satanshierarchie einnimmt. Wir werden also erst später auf die Rolle des Kommunismus zu sprechen kommen. Auf der nächsthöheren Stufe der Pyramide finden wir jenen jüdischen Orden, der sich *B'nai B'rith* nennt. Nach Auskunft des «Jüdischen Lexikons» (Berlin 1927ff, Art. «Logen, jüdische») bedeutet diese hebräische Bezeichnung soviel wie «Söhne des Bundes» und wird korrekt «Béné Bérith» ausgesprochen, während die jiddische Schreib- und Ausspracheform «Bne Briss» fast nur im deutschen Sprachraum vorkommt (vgl. J. Ploncard d'Assac, Rätsel und Geheimnisse: die B'nai B'rith, in: Kyrie eleison 16 (1987) Nr. 4, S. 60-64).

Über die Uranfänge des «Ordens» gehen sogar die jüdischen Quellen in den Einzelheiten auseinander. B'nai B'rith-Bruder Alexander Hecht stellte in einer 1914 in Wien erschienenen und für die Öffentlichkeit bestimmten Jubiläumsschrift anläßlich des im Jahr zuvor gefeierten siebzigjährigen Bestehens der B'nai B'rith («Der Bund B'nai B'rith und seine Bedeutung für das österreichische Judentum» [Reprint Bremen 1985]) die Gründung wie folgt dar: «*Henry Jones*, ein aus Hamburg eingewanderter Maschinenbauer, der vordem Heinrich *Jonas* geheißen, war es, der am 13. Oktober 1843 im Vereine mit *Rosenburg, Renau* und *Rodacher* den Bund B'nai B'rith gründete. Bald darauf schlossen sich ihnen *Kling, Anspacher, Dietenhofer, Hecht, Schwab, Coon* und *Schaffer* an, allseits geachtete Personen, die sich bereits in hervorragenden sozialen Positionen befanden. Der erste Präsident war Isaak *Dietenhofer*.» (S. 5)

Das «Jüdische Lexikon» (a.a.O.) formuliert weniger konkret: «Zugewanderte deutsche Juden - an erster Stelle der Maschinenbauer Henry Jones (Heinrich Jonas), geb. 1811 in Hamburg, gest. 1866 in New York - dürfen als die Gründer bezeichnet werden.» Das klingt schon fast so, als ob man andere ungenannte Personen mit noch größerem Recht als die Gründer bezeichnen könnte oder müßte. Tatsächlich behauptet die 1972ff in Jerusalem herausgekommene siebzehnbändige «Encyclopaedia Judaica» (Art. «B'nai B'rith»), der Orden sei am 13.10.1843 von «*12* Männern ins Leben gerufen worden, die sich in einem Cafe an der Lower East Side von New York trafen ... Der erste Präsident war Isaac Dittenhoefer, aber Henry Jones, sein Nachfolger, wird für den hauptsächlichen Gründer gehalten.» Abgesehen von der zahlenmäßigen Nichtübereinstimmung mit Hechts Angaben, der nur *11* Männer aufzählt, von denen aber sieben erst später dazu gestoßen sein sollen, so daß sich also im New Yorker Cafe bloß *vier* Juden getroffen hätten, klingt die Aussage, Henry Jones werde lediglich für den eigentlichen Gründer *gehalten*, erst recht seltsam. Soll das heißen, daß der Ursprung der «Söhne des Bundes» tatsächlich im Dunkel liegt? Oder soll damit angedeutet werden, daß es Hintermänner gab, die Jones und seine Leute nur vorschoben? Nach Ploncard d'Assacs (a.a.O. 1987) Quellen wiederum waren es *11* jüdische Einwanderer deutscher Zunge, die sich im «Café Sinsberner» in New York zum Gründungsakt versammelten. Die Zahl von *12* Gründern würde sich natürlich besser ins Bild einfügen, weil sie die zwölf Stämme Israels symbolisieren könnte. Aber sei dem wie es sei, festzustehen scheint wenigstens das Gründungsdatum, der Gründungsort sowie der Name des offiziellen Gründers.

Liest man die Jubiläumsschrift von A. Hecht, dann ist B'nai B'rith als jüdischer Wohltätigkeits- und Menschenveredelungsverein gegründet worden und hat als solcher eitel Glück und Segen über das Judentum und die ganze Menschheit gebracht. Nur um zu dokumentieren, in welcher Weise B'nai B'rith sich in den weni-

Abb. 1 Die Rückseite der Ein-Dollar-Note mit ihrer verschlüsselten okkult-satanistischen Symbolik. Dieses Exemplar stammt von 1985. Seit F.D. Roosevelts Machtantritt 1933 bis heute blieb die Gestalt des am häufigsten gebrauchten Geldscheins der USA unverändert. Vgl. dazu im Text S. 43f.

Abb. 2 Die Dollarpyramide vergrößert; vgl. dazu S. 43f.

Abb. 3 Der Dollaradler vergrößert; vgl. dazu S. 43f. Ergänzend sei darauf hingewiesen, daß man (bei sehr genauem Hinsehen) am 13blättrigen Zweig auch genau 13 kugelige Früchte findet. Die sechs dunklen Streifen auf dem Schild bestehen jeder aus drei, also aus insgesamt 18 = 2 x 9 dünnen Linien, so daß zusammen mit den darunter befindlichen 9 Schwanzfedern dreimal die 9 (maurerisches Vollkommenheitssymbol) vorhanden ist. Auf der Vorderseite ist die 13 dreimal, auf der Rückseite insgesamt achtmal, also insgesamt 11mal zu sehen.

Abb. 4 Das auf der Erde ruhende gleichseitige Dreieck ist ein uraltes und sehr vieldeutiges Symbol. Im Christentum stellt es die göttliche Dreifaltigkeit dar. Den alten Ägyptern galt es als Sinnbild der Gottheit. Es steht aber auch für das Weibliche (im Gegensatz zum Männlichen), das Feuer (als eines der vier Elemente), das tätige Gemüt, das Irdische (im Gegensatz zum Himmlischen). Als Symbol des A.B.a.W., aber auch der verabsolutierten Diesseitigkeit (Ziel: das *irdische* Paradies) in bewußter Auflehnung gegen die Ewigkeit spielt es in der Logensymbolik eine wichtige Rolle.

Abb. 5 Die Pyramide zeigt dem Betrachter auf jeder ihrer vier Seiten das Dreieck, Symbol der (heidnischen) Gottheit. Deshalb ließen sich die Pharaonen Grabmäler in Pyramidenform errichten. Den antichristlichen Weltherrschern gilt die Pyramide mit ihren vier Dreiecken als widergöttliches Zeichen, als Symbol der Gottheit der Erde, nämlich des «Fürsten dieser Welt» (Joh 12,31). Zugleich bildet die Pyramide auch den Aufbau der geheimen Satanshierarchie ab, die aus vielen Stufen besteht und eine sehr breite Basis, aber eine extrem schmale Spitze besitzt.

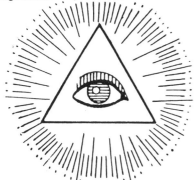

Abb. 6 In solcher Gestalt stellt das Dreieck den allwissenden dreifaltigen Gott dar. Als der «Affe Gottes» ahmt Satan dieses Symbol nach. Ob ein christliches oder satanisches Symbol vorliegt, geht im Einzelfall nur aus der Umgebung bzw. aus beigefügten eindeutigen Zeichen hervor (im Christentum z.B. das Kreuz, im Satanismus - wie z.B. auf der Ein-Dollar-Note - die Zahl 13, der fünfzackige Stern etc.).

Abb. 7 Eine Briefmarke des Staats Monaco aus dem Jahr 1951, herausgegeben zum Heiligen Jahr 1950. Eine subtile Verhöhnung der Katholiken, denn das Dreieck bedeutet so natürlich nicht die hlst. Dreifaltigkeit. Vielmehr sollte es den «Wissenden» zu verstehen geben, daß Papst Pius XII. von den Intrigen der Satanshierarchie umgeben war.

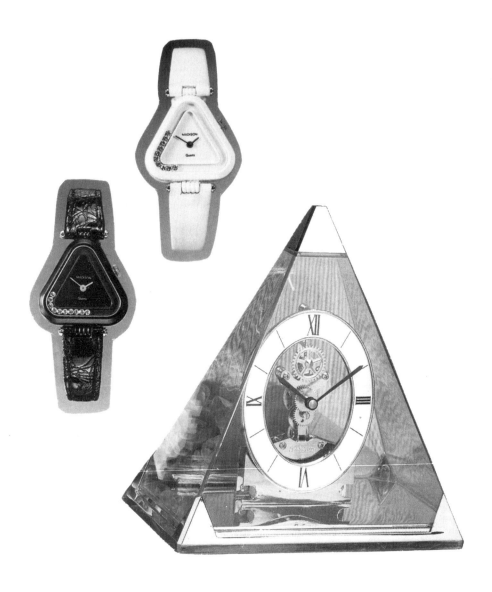

Abb. 8 Die Insider bringen ihre magisch-okkulten Herrschaftssymbole in allen möglichen Verkleidungen unter das Volk. Die dreieckigen Armbanduhren stammen aus dem Neckermann-Katalog für den Herbst/Winter 1988/89, die «Pyramidenuhr» aus dem Otto-Katalog für den gleichen Zeitraum.

Abb. 9 Allen nur denkbaren Gebrauchsgegenständen drücken die Geheimen Oberen ihren antichristlichen Stempel auf. Die als «Ecktische» angepriesenen Dreiecksmöbel stammen aus einem Prospekt der SB-Möbel-Firma «Hin & Mit» vom September 1988, ebenso die Pyramidenkerzen. Ob hier nur unbewußt einem von den Logen eingefädelten «Modetrend» gehuldigt wird oder unmittelbar «Wissende» am Werk sind, ist schwer zu sagen und tut auch nichts zur Sache. Man sollte sich diesem ferngesteuerten «Trend» auf jeden Fall entschieden verweigern.

Abb. 10 Als «geometrische Modeideen» wurden solche Handtaschen im Dreiecks-Look auf der Offenbacher Lederwarenmesse im August 1988 verharmlost.

Abb 11 Dieses Foto war 1988 Bestandteil eines psychologischen Tests in der Fernsehillustrierten «TV Hören und Sehen». Bezeichnenderweise lautete die dazugehörige Testfrage: «Hat dieses Bild für Sie etwas Futuristisches?»

Abb. 12 Ohne ersichtlichen sachbezogenen Grund (es sei denn mit der werbepsychologischen Begründung, die Pyramide sei eben heute «in») hat vor einiger Zeit eine große deutsche Versicherungsgesellschaft das Insidersymbol zu ihrem Markenzeichen erkoren.

Aachener und Münchener Gruppe

Abb. 13 Auch die von der Hochgradmaurerei gesteuerte New-Age-Bewegung popularisiert das antichristliche Weltherrschaftssymbol. Hier das Gebäude eines Ausbildungs- und Therapiezentrums für Akupunkt-Massage im niedersächsischen Heyen.

Abb. 14 Im Februar 1989 vorgestellter, vom Planungsausschuß des Stadtrats bereits genehmigter Entwurf für ein rund 100 m hohes Bürogebäude am nödlichen Stadtrand Münchens; es besteht aus zwei Viertel-Pyramiden!

Abb. 15 Anzeige in einer Illustrierten vom November 1988. Man beachte den doppeldeutigen Slogan.

Abb. 16 «Die Pyramidenzeit hat begonnen», so lautete der in einer Schlagzeile zusammengefaßte hintergründige Kommentar einer deutschen Tageszeitung zu diesem Bild. Am 29. März 1989 hat der französische Staatspräsident und notorische Logenbruder François Mitterand den neuen, in Pyramidenform erbauten Eingang zum weltberühmten Pariser Louvre-Museum eingeweiht. Mitterand persönlich hatte sich zuvor hinter das stark umstrittene Projekt gestellt, das den nahe bevorstehenden Triumph der Satanssynagoge ankündigen soll. Die logenkontrollierte Presse legte Wert auf die Mitteilung, daß das Bauwerk 21,60 (Quersumme = 9!) m hoch ist und aus 675 (= 666 + 9!) Glasplatten besteht!

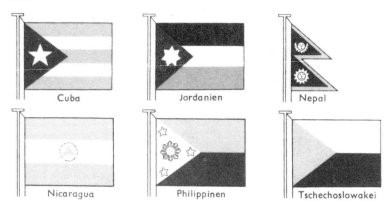

Abb. 17 Alle Staaten, deren Nationalflaggen die Dollarpyramide aufweisen, haben diese Flagge entweder erst im 20. Jahrhundert eingeführt oder erhielten erst vor wenigen Jahrzehnten überhaupt die politische «Unabhängigkeit» und damit das Recht auf eine «eigene» Flagge. Bis 1962 trugen nur die sechs hier abgebildeten Nationalflaggen die Pyramide als verschlüsselten Hinweis auf ihre fortbestehende Knechtschaft unter der Knute der Geheimen Oberen.

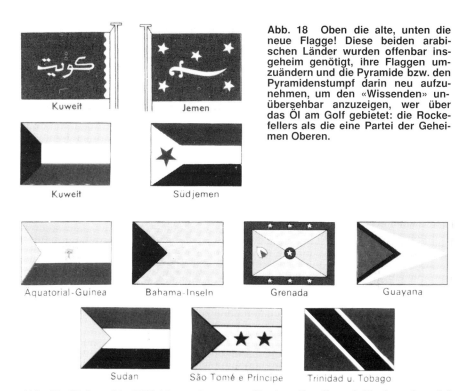

Abb. 18 Oben die alte, unten die neue Flagge! Diese beiden arabischen Länder wurden offenbar insgeheim genötigt, ihre Flaggen umzuändern und die Pyramide bzw. den Pyramidenstumpf darin neu aufzunehmen, um den «Wissenden» unübersehbar anzuzeigen, wer über das Öl am Golf gebietet: die Rockefellers als die eine Partei der Geheimen Oberen.

Abb. 19 Weitere bis 1974 hinzugekommene Staaten. Von ihren britischen, französischen, belgischen etc. Kolonialherren angeblich in die «Freiheit» entlassen wurden diese Nationen gezwungen, das Malzeichen ihrer geheim fortbestehenden Unterwerfung unter die zionistisch-illuminierte Hochfinanz auf ihre Flaggen zu setzen.

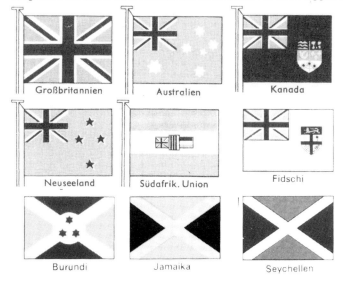

Abb. 20
Das Andreaskreuz als Symbol der Andreas- oder Hochgradfreimaurerei: getarnt durch ein gewöhnliches Kreuz auf den Flaggen des Logenzentrums Großbritannien und seiner ehemaligen Kron-Kolonien; offen auf den Flaggen mehrerer anderer ehemaliger Kolonialstaaten. Kanada hat inzwischen seine Flagge geändert; sie zeigt im Zentrum ein neun(!)spitziges Ahornblatt.

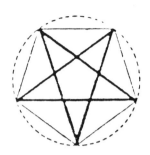

Abb. 21 Der in einem einzigen Zug gezeichnete fünfzackige Stern, das Pentagramm. Es ist eines der allerältesten Symbole überhaupt und zugleich das mit Abstand am häufigsten verwendete okkult-freimaurerisch-satanistische Symbol. Wahrscheinlich haben es die alten Babylonier als eine Zauberformel zur Beschwörung böser Geister in Umlauf gebracht. Seine Bedeutungen sind mannigfaltig. Es stellt z.B. die fünf Sinne, aber auch die Vereinigung von Männlich und Weiblich oder von Gerade und Ungerade dar. Daneben gilt es als (magisches) Zeichen der fröhlichen Wiederkehr, im Heidentum als Zeichen der Gottheit, im Judentum als Zeichen für den Pentateuch (die fünf Bücher Mosis). Da die Fünfzahl im Christentum überhaupt keine Rolle spielt und das Pentagramm schon zur Zeit Christi mit magisch-gnostischen Symbolgehalten befrachtet war, wurde es *niemals* zu einem christlichen Symbol, muß vielmehr als *das* antichristliche Symbol schlechthin betrachtet werden!

Abb. 22 Das Pentagramm heißt auch Drudenfuß, namentlich, wenn es wie hier einem Fünfeck und oder einem Kreis einbeschrieben ist. In der satanistischen Magie und dementsprechend auch in der Satanssynagoge steht das Pentagramm entweder für den selbstherrlichen Menschen und für die Pseudo-Religion des Hominismus, oder aber für den Satan bzw. die Pseudo-Religion des Satanismus. Im ersten Fall steht ein Zacken des Sterns senkrecht nach oben und bildet den Kopf eines Menschen, während die vier übrigen Zacken unschwer als ausgespannte Arme und gespreizte Beine zu erkennen sind. Stehen (wie hier) hingegen zwei Zakken nach oben, wird Satans Haupt in Gestalt des Kopfs eines Ziegenbocks mit zwei Hörnern dargestellt. Das berühmte Gebäude des US-Amerikanischen Verteidigungsministeriums, das sogenannte «Pentagon» («Fünfeck»!) hat exakt den Grundriß eines gigantischen gleichseitigen Fünfecks, soll es doch auch bei der geplanten Auslösung eines dritten Weltkriegs eine wichtige Rolle spielen!

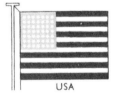

Abb. 23 Das Pentagramm ist beherrschendes Symbol der Flaggen der beiden Supermächte; es offenbart den in die okkulte Symbolik eingeweihten «Wissenden», daß der Gegensatz von Kapitalismus und Kommunismus nur ein scheinbarer und künstlich aufrechterhaltener ist. Links die alte Flagge der USA mit 7 x 7 satanistischen, daneben die neue mit 50 hoministischen Pentagrammen. Man beachte auch die genau 13 Streifen!

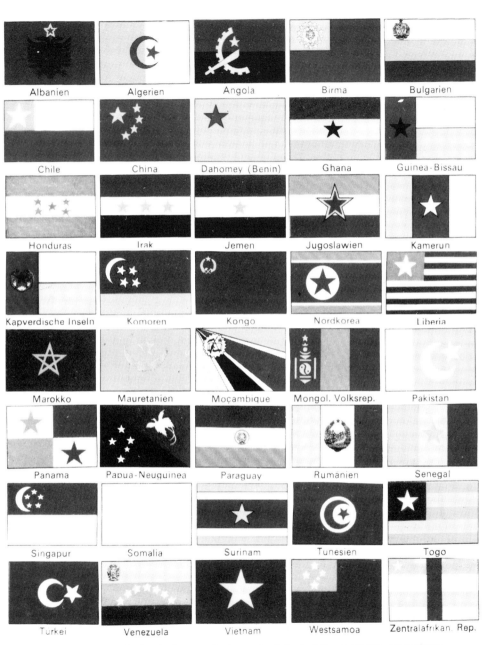

Abb. 24 Das hoministische (selten auch das satanistische) Pentagramm ist weitaus häufigstes Flaggensymbol und zeigt den Insidern die weltweite Herrschaft der Satanssynagoge hinter den Kulissen an. Reihenfolge der Länder alphabetisch, Stand von 1973.

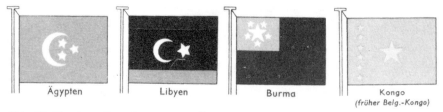

Abb. 25 Die ehemaligen Flaggen von Ägypten und Libyen; diese zwei Länder sind die einzigen, die inzwischen das Pentagramm (samt dem islamischen Sichelmond) aus ihren Nationalabzeichen getilgt haben. Rechts die ehemaligen Flaggen von Burma (heute Birma) und Kongo; beide haben inzwischen nur Anzahl, Größe und Anordnung der Pentagramme verändert. Weitere Nationalflaggen mit dem Drudenfuß siehe oben Abb. 18-20!

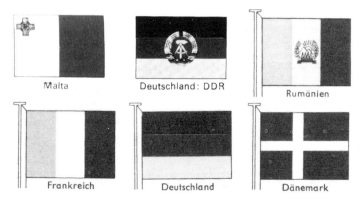

Abb. 26 Anderweitige Freimaurersymbole auf Nationalflaggen. Das Rosenkreuz (Malta), Zirkel und Winkelmaß, die sich bestens mit dem kommunistischen Hammer vertragen (DDR), die aufgehende Sonne (der «Orient»!) auf der ehemaligen rumänischen Flagge, die Farben des illuminierten revolutionären Jakobinerklubs Blau-Weiß-Rot (Frankreich) und die Farben der - gescheiterten - 1848er Revolution Schwarz-Rot-Gold (Deutschland). Nicht alle Nationalflaggen tragen eindeutige Logensymbole; das ehemals zumindest christlich verstandene Kreuz in den Flaggen aller skandinavischen Länder wurde beibehalten, obwohl gerade Skandinavien freimaurerisch unterwandert ist wie sonst nur noch die angelsächsische Welt.

Abb. 27 Es ist durchaus nicht unbekannt, daß das Pentagramm magisch-okkulte Bedeutung besitzt. Dennoch erscheint es auf zahlreichen Nationalflaggen. Wer eine neue Nationalflagge entwirft, denkt zweifellos intensiv über die zu verwendende Symbolik nach! Der Zufall kann also nicht schuld an der höchst auffälligen Pentagrammhäufung auf den Nationalemblemen sein.

Abb. 28 Den Geheimen Oberen scheint es ein besonderes Herzensanliegen zu sein, schon die lieben Kleinen bzw. die junge Generation an das satanistisch-hoministisch-okkulte Pentagramm zu gewöhnen. Von oben nach unten: Der Junior-Paß der Deutschen Bundesbahn, «Leuchtsterne» fürs Kinderzimmer aus dem «Tina-Versand», Pentagramm-Kostüme aus dem Baur-Katalog, Drudenfuß-T-Shirts für Kinder, wie sie in jedem Kaufhaus massenhaft angeboten werden.

Abb. 29 Kinderseite (stark verkleinert) einer deutschen Tageszeitung vom 24. Dezember 1988. Unübersehbar das riesengroße doppelte hoministisch-satanistische Pentagramm an der Spitze der aus Drudenfüßen gebildeten Pyramide.

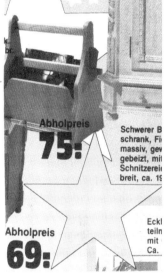

Abb. 30 Es weihnachtet seit Jahren allüberall mit Drudenfüßen, sei es nun bei Quelle, Schöpflin, Segmüller («Der Möbelgigant») oder dem Schuhhof ...

Abb. 31 1989 machte der Automobilhersteller Ford für eines seiner Modelle mit dem Teufel Reklame. Im dazugehörigen Text hieß es: «Am besten, Sie rufen sofort unseren teuflischen Helfer an ...»! *Angerufen* wird Satan als Helfer auch im Satanskult. Zufällige Übereinstimmung? Die Ford Motor Company entsendet Vertreter in die Gremien der Schatten-Weltregierung, trägt also auch deren satanistisches Programm mit. 1984 saß z.B. der Ford-Vorstandsvorsitzende Philip Caldwell in den Reihen der Trilateral Commission.

Abb. 32 Im Quelle-Angebot: eine Video-Casette mit Dieter Hallervorden in satanischer Pose. Man beachte die verblüffende Entsprechung der beiden Teufelsgrimassen.

Abb. 33 Satanismus im großen Stil: Ein weiteres von Br. François Mitterand persönlich betreutes architektonisches Projekt. Der 112 m hohe «Triumphbogen», auch «Bogen der Brüderlichkeit» genannt, wurde exakt zum Weltwirtschaftsgipfel in Paris 1989 fertiggestellt. Offenbar sollte er den «Wissenden» bedeuten, unter wessen geheimer Herrschaft solche «Gipfel» abgehalten werden: Der Würfel oder Kubus ist nämlich eines der häufigsten Freimaurer- und Satans-Symbole. Den Maurern symbolisiert er zunächst den zu behauenden bzw. am Ende behauenen Stein (die «Veredelung des Menschentums»); aufgetrennt läßt sich anhand von Zahlenfeldern auf den sechs Quadratflächen des Würfels die Satanszahl 666 konstruieren. Mitterands «Bogen» hat nach Angaben der Presse genau Würfelform!

gen Fällen, wo das überhaupt vorkommt, nach *außen hin* darzustellen pflegt, seien hier einige Abschnitte aus Hechts strahlendem Loblied auf den «Orden» angeführt und kommentiert.

«Die hehren Ziele des Bundes sind zusammengefaßt in den erhabenen Worten: *"Der Bund B'nai B'rith hat sich die hohe Aufgabe gestellt, Israeliten zu vereinigen zur Förderung der höchsten und idealsten Interessen der Menschheit, den geistigen und sittlichen Charakter unseres Stammes weiter zu entwickeln und zu heben; die reinsten Grundsätze der Menschenliebe, der Ehre und des Patriotismus ihm einzuprägen; Wissenschaft und Kunst zu unterstützen, die Not der Armen und Dürftigen zu lindern; die Kranken zu besuchen und zu pflegen, den Opfern der Verfolgung zu Hilfe zu kommen, Witwen und Waisen zu beschützen und denselben mit allen Kräften hilfreich beizustehen."* In Ausführung dieser erhabenen Ideen hat der Bund unvergängliche Werke geschaffen. Jedem Juden, ja jedem Menschenfreunde wird das Herz weit, blickt er auf die Taten der Liebe, die aus selbstlosen Motiven, aus Barmherzigkeit und Güte der Bundesbrüder hervorgegangen sind." (S. 8)

Humanität, «die reinsten Grundsätze der Menschenliebe», stehen also auf dem Programm der «Söhne des Bundes»; dieses Programm ist offenkundig identisch mit dem der Freimaurerei. Auch die betreibt beispielsweise in der Bundesrepublik ein «Freimaurerisches Hilfswerk», das sogar Mitglied im «Deutschen Paritätischen Wohlfahrtsverband» ist und ihr als Aushängeschild dient. B'nai B'rith-Bruder Hecht zählt eine Reihe von wohltätigen Einrichtungen und Aktionen seines Ordens auf und führt es kurzerhand auf diese «Wohltätigkeit» zurück, daß «viele Mitglieder des Bundes zu den exklusivsten Ämtern berufen, mit den höchsten Vertrauens- und Ehrenstellen bekleidet wurden, so z.B. Simon *Rosenthal*, Generalanwalt des Staates New York, Adolf L. *Sanger*, Präsident des Unterrichts-Departements, Josef *Hamburger* und Simon *Ehrlich*, Richter am Stadtgerichtshofe zu New York, Simon *Wolf*, Exgeneralkonsul in Ägypten, Philipp *Stein*, Oberrichter in Chicago, N. *Strauß*, einstiger, und M *Morgenthau*, gegenwärtiger Botschafter in Konstantinopel. Bundesfeste erfreuen sich der Anwesenheit der höchsten Würdenträger. Mündlich und schriftlich sprachen sie ihre Anerkennung über das menschenfreundliche Wirken des Bundes aus.» (S. 11)

Wer wirklich glaubt, es sei lediglich die Philanthropie der B'nai B'rith gewesen, die ihnen zu so hohen Staatsämtern verhalf, ist selbst daran schuld. So viele christliche Organisationen haben weit mehr für ihre hilfsbedürftigen Mitmenschen geleistet, ohne deshalb jemals in Politik, Justiz oder Verwaltung irgendwelchen nennenswerten Einfluß erhalten zu haben. *Daran* also kann es wohl kaum gelegen haben, daß so viele Bundessöhne in den USA so rasch Karriere machten. Auch nicht bloß an ihren außergewöhnlichen moralischen Qualitäten, die Hecht groß herausstreicht: «Wir fordern von den Brüdern gegenseitige Achtung, einträchtiges Zusammenwirken, wahre Freundschaft, brüderliches Wohlwollen und sind deshalb ungemein rigoros in der Aufnahme neuer Mitglieder. Wir nehmen nur die besten Elemente, und diese auch nur dann auf, wenn ein idealer Antrieb sie veranlaßt, um

Aufnahme bei uns anzusuchen. In der Qualität, nicht in der Quantität seiner Angehörigen liegt die unbesiegbare Macht des Bundes.» (S. 16) Darin liegt auch die Macht der übrigen Hochgradfreimaurerei, die (s.o.!) ähnlich «rigoros» in der Aufnahme neuer Mitglieder ist.

«Die Kunde von dem segensreichen Wirken des Bundes drang wohl nach Europa, aber es bedurfte nahezu 40 Jahre, bis es gelang, seine erhabenen Lehren, von Deutschen ausgegangen, wieder nach Deutschland zurückzuverpflanzen. Anfangs nur schwer und langsam, hat der Bund nun festen Fuß gefaßt und sich mächtig entwikkelt.» (S. 16) Das kann man wohl sagen, denn von den 15 Distrikten des Ordens, die 1928 bestanden, war der deutsche mit fast 15 000 Mitgliedern der größte (allerdings bestanden in Nordamerika sieben Distrikte mit insgesamt ca. 56 000 Mitgliedern, weltweit waren es ungefähr 80 000), wie aus der Statistik des «Jüdischen Lexikons» (a.a.O.) hervorgeht.

Mit der Freimaurerei hat der Orden B'nai B'rith nicht bloß seine Ideologie sondern auch seine Organisationsstruktur gemeinsam. «Solch ideales Wirken läßt sich nicht in der losen und labilen Form eines gewöhnlichen Vereines ausüben, es erfordert die festgefügte Ordnung des Logenwesens. Trotz dieser Form ist unser Bund kein Geheimbund. Von seinen Satzungen ist auch kein Titelchen vor den Behörden geheim. Fest zusammengeschlossen nach innen, schließen wir uns nicht ab von unseren andersgläubigen Mitbürgern, wirken vereint mit ihnen, wenn es gilt, ideale Bestrebungen zu fördern. Der Bund ist wie jede größere Organisation in mehrere Abteilungen gegliedert. Gestützt auf ihre eigene Kraft, beseelt vom Vertrauen zu den Führern, folgen die B'nai B'rith willig allen Anordnungen, die an sie ergehen, widmen sie sich den ihnen zugewiesenen Aufgaben mit ganzem Herzen und ungeteilter Kraft.» (S. 20) Die «mehreren Abteilungen» des Bundes bilden in Wirklichkeit ein System übereinanderstehender Grade; dieses System wird aber derart geheimgehalten, daß zumindest in allen mir zur Verfügung stehenden Unterlagen nicht die geringsten Details darüber zu finden sind. Nicht nur deshalb ist B'nai B'rith genauso wie die Freimaurerei trotz aller Leugnungsversuche ein *Geheimbund*, sondern auch deshalb, weil seine Mitglieder in allen möglichen einflußreichen Positionen sitzen, zu denen sie sich gegenseitig verhelfen, ohne ihre Zugehörigkeit zu und Gehorsamspflicht gegenüber B'nai B'rith zu erkennen zu geben; schließlich darum, weil man trotz seines ungeheuren politischen und finanziellen Einflusses über den Orden der «Söhne des Bundes» aus der gesamten etablierten Presse und den elektronischen Medien in aller Regel kein Wort erfahren kann.

Anspielungsreich und nicht ohne versteckt drohenden Unterton bekräftigt Hecht: «Man hat den Juden oft den Vorwurf gemacht, daß sie sich den sogenannten arischen Gesellschaften aufdrängen, daß sie den anderen zu sehr nachlaufen. Das ist in unserem Kreise nicht der Fall. Wir B'nai B'rith laufen niemandem nach. Der alte Geist der Verzagtheit, des Anbiederns, er ist gewichen. Ein neuer Geist, der Geist der Mannhaftigkeit, der eigenen Wertschätzung, ist an dessen Stelle getreten. ... Daß wir des Gesuchtwerdens würdig sind, wer wollte dies leugnen? Hat nicht die Vergangenheit genug Beweise hierfür geliefert? Und ist es vielleicht in der Gegenwart anders geworden?» (S. 21) Da unter anderen die großen internationalen jüdischen Bankhäuser hinter B'nai B'rith standen und stehen, hatte damals und hat erst recht heute die nichtjüdische Welt in der Tat genügend Grund, die Bundessöhne zu suchen. Wir werden noch auf Einzelheiten zurückkommen (Siehe Band 2 und 3!).

Über die Logensitzungen teilt Hecht nur mit, daß sie «mindestens zweimal im Monat» stattfinden. «Mit Sorgfalt wacht der Präsident darüber, daß keiner fehle, und bemüht sich, alle Mitglieder seiner Vereinigung ihren Fähigkeiten entsprechend zu den Arbeiten heranzuziehen. Keiner wird beiseite gelassen, keiner darf sich absentieren. In der persönlichen Mitarbeit, nicht in der bloßen Zahlung eines Mitgliedsbeitrages liegt die Stärke unseres Bundes. Solch' intensiver Betätigung, solcher Arbeitsfreude sind nur ganze Männer fähig. Mit berechtigtem Stolze dürfen wir es offen bekennen, daß alle B'nai B'rith ausnahmslos zu den Besten ihrer Gemeinde zählen. Ihre segensreiche Tätigkeit beschränken sie nicht allein auf die Arbeit in der Vereinigung, auch außerhalb derselben in den Kultusstuben, in den Vorständen humanitärer Vereine, wie überall dort, wohin sie das Vertrauen ihrer Mitbürger ruft, sind sie geschätzt ... Einen nicht geringen Einfluß auf unsere Selbsterziehung und Selbstbildung üben ferner die Zusammenkünfte durch die daselbst gehaltenen Vorträge, Referate, Diskussionen etc. Sie erweitern den geistigen Horizont der Mitglieder und erheben sie über jeden egoistischen Standpunkt. Ist auch die Summe all' dieser Arbeiten eine bedeutende, dem Auge des Externen bleibt sie verborgen, weil sie eine interne Leistung der Vereinigung ist.» (S. 23f) Eine «*interne* Leistung» ist aber eben nicht bloß die angebliche «Selbsterziehung» der Mitglieder sondern sind überhaupt alle ihre Logengespräche, -pläne und -beschlüsse. Was in den häufigen und offenbar streng teilnahmepflichtigen (auch das ist eine Parallele zur Freimaurerei) Sitzungen erörtert und vereinbart wird, setzen die Söhne des Bundes dann u.a. in «humanitären Vereinigungen» in die Tat um, in die sie das «Vertrauen ihrer Mitbürger» meist gar nicht gerufen haben kann, weil sie diesen gegenüber überhaupt nicht als B'nai B'rith in Erscheinung getreten sind!

Immerhin kann es sich Hecht nicht verkneifen, stolz auf den schon damals beträchtlichen politischen Stellenwert seiner Organisation zu verweisen: «... Auch für die Juden in Rußland ein menschenwürdiges Dasein zu schaffen, ist das Bestreben des Bundes. Daß seine Bemühungen auch nach dieser Richtung hin nicht aussichtslos sind, zeigt die Kündigung des Handelsvertrages zwischen Amerika und Rußland. Diesen Erfolg verdanken wir zum großen Teile der staatsmännischen Weisheit unserer Brüder in Amerika. Ihr kluges und tatkräftiges Eingreifen hat die Geschichte unseres Bundes um ein herrliches Ruhmesblatt bereichert.» (S. 30) Damals war es den Bundessöhnen soeben gelungen, auf den amerikanischen Präsidenten so starken Druck auszuüben, daß ein gerade erst mit Rußland geschlossenes Handelsabkommen wieder rückgängig gemacht wurde, vorgeblich um den Zaren zu einem größeren Entgegenkommen gegenüber den russischen Juden zu bewegen, in Wahrheit jedoch bereits als vorbereitende Maßnahme für die von langer Hand geplante und Zug um Zug ins Werk gesetze bolschewistische Revolution, die nur wenige Jahre später mit nachweislicher finanzieller Hilfe von seiten jüdischer Großbankiers tatsächlich siegte. Doch dazu später Näheres (siehe Band 2!).

Als Optimisten glauben die B'nai B'rith, «daß einst doch die Zeit kommen werde, in der alle unsere Glaubensgenossen frei von jedem Drucke in Wahrheit gleichberechtigte Bürger des von ihnen bewohnten Landes sein werden, daß der Fortschritt der Menschheit vielleicht verzögert, nimmer aber aufgehalten werden kann. ... Es ist ein großes Werk, das unser Bund unternommen, und ein langer, mühevoller Weg ist zurückzulegen. Soll der Bund diesen Weg allein gehen ..., oder unter Mithilfe der anderen großen jüdischen Institute? Zweifellos ist die Mitwirkung der "Ica", der "Alliance israélite universelle", der "Anglo Jewish Association", der Baron Hirsch-Stiftungen und noch anderer großer Institutionen nicht nur erwünscht, sondern für uns ein dringendes Gebot der Notwendigkeit. ... In dieser gemeinsamen Aktion gebührt die Führerschaft unstreitig dem die ganze Welt umfassenden Bunde B'nai B'rith. Mit Hilfe seiner 450 in den verschiedensten Ländern errichteten Arbeitsstätten, seiner zahlreichen humanitären Schöpfungen ... ist er befähigt, dieses hohe Ehrenamt würdig zu versehen.» (S. 31-33)

An diese selbstbewußte Anmeldung des B'nai B'rith-Führungsanspruchs über das gesamte Weltjudentum, dem sich auch wirklich sämtliche übrigen jüdischen Organisationen beugen mußten (gegenwärtig ist der Weltpräsident von B'nai B'rith beispielsweise zugleich Präsident der US-amerikanischen · Präsidentenkonferenz größerer jüdischer Organisationen, die damit sämtlich seiner Kontrolle unterliegen), schließt sich noch eine Mitgliederwerbung an, die überhaupt einer der Hauptzwecke der Herausgabe der ganzen Jubiläumsschrift gewesen zu sein scheint. Genauso wie die übrige Freimaurerei legt auch B'nai B'rith großen Wert darauf, möglichst viele *reiche* und *mächtige* Persönlichkeiten in seinen Reihen zu wissen. «Nichts liegt uns ferner, als um jeden Preis die Zahl der Brüder zu vermehren. Eine solche Vermehrung würde gewiß nur von Schaden für unsere idealen Bestrebungen sein. Wir können uns aber der Einsicht nicht verschließen, daß es noch eine gar stattliche Zahl von Glaubensgenossen gibt, die, für alles Gute und Edle begeistert, einsam ihre altruistischen Wege gehen. Auf diese richten wir unser Augenmerk. Vermöge ihrer bevorzugten Eigenschaften (!), ihrer oft hohen sozialen Stellung (!), ihrer unabhängigen Position (!) sind sie in erster Linie (!) berufen, unsere Reihen zu verstärken, auf daß sie mitraten, mithelfen und mitarbeiten an der Hebung des gesamten Judentums.» (S. 34)

Der letzte Satz der Abhandlung identifiziert in merkwürdiger Weise die Sache ds Judentums mit der der ganzen Menschheit. Diese Identifikation ist, wie wir noch sehen werden, kein Zufall sondern einer der wichtigsten Bestandteile der Ideologie von B'nai B'rith. «Wir hoffen, daß wir sie alle finden, alle, die mit ganzem Herzen, ganzer Seele und mit ganzem Vermögen uns beistehen wollen, unser edles Vorhaben dem Siege zuzuführen, zur eigenen Ehre, zur Ehre des Judentums und zur Ehre der ganzen Menschheit.» (S. 35) Die *Ehre Gottes* ist für diese «frommen» Juden, die ständig von ihren «Glaubensgenossen» reden, offenbar kein Thema!

Wie schon gesagt handelt es sich hier um eine für die Öffentlichkeit bestimmte Darstellung, in der die interessantesten Informationen aus einsichtigen Gründen leider unter den Tisch fallen müssen. So hat Hecht schlicht «vergessen», zu erwähnen, daß Heinrich Jonas alias Henry Jones nicht einfach ein biederer Maschinenbauer sondern zufälligerweise auch noch Freimaurer in einer Hamburger Loge war. Das «bestätigte Logenmeister E.M. Seeligsohn in einem Vortrag, den er 1980 in Berlin gehalten hatte. Das Manuskript ist in meinen Händen.» (Homuth o.J., S. 45) Immerhin läßt sich nun auch leichter nachvollziehen, daß Br. Jones just den *13. Oktober* als Gründungsdatum wählte, gilt doch die 13 den Freimaurern als Glückszahl.

Interessanterweise macht das «Jüdische Lexikon» von 1927ff keinen ernsthaften Versuch, die freimaurerische Natur von B'nai B'rith in Abrede zu stellen. So behandelt es unter dem Stichwort «Logen, jüdische» nahezu ausschließlich den Orden B'nai B'rith, unter dem sich unmittelbar anschließenden Stichwort «Logen, nichtjüdische» praktisch nur die Freimaurerei. Als Ordensziel wird angegeben, B'nai B'rith wolle «dazu beitragen, daß der Gedanke der Menschheit sich nicht nur auf eine Konfession beschränke, sondern daß er universal und allumfassend werde. Aus solcher Anschauung heraus beschränkt der Orden seine Hilfstätigkeit zwar nicht grundsätzlich auf die jüdische Stammesgemeinschaft, aber es liegt nahe, daß sie in der Praxis vorwiegend dieser zugute kommt, weil sie immer wieder von Staat und Gesellschaft zurückgesetzt wird.» Das ist zwar weniger als die halbe Wahrheit, macht aber immerhin die ideologische Übereinstimmung mit der blauen und roten Maurerei deutlich.

Diese Übereinstimmung wird im Lexikon sogar ausdrücklich festgestellt, wenn es im Abschnitt «Die Ordensideologie» heißt: «Der *Logengedanke* hat zum Inhalt das Streben nach menschlicher Vollkommenheit, den Wunsch, über Parteikämpfe hinweg zu einem Verständnis der Menschen untereinander zu gelangen. Dieser Gedanke ist - nach Lessing - so alt wie die bürgerliche Gesellschaft. Er machte sich bereits in den alten Mysterienbünden geltend und hatte im 18. Jahrhundert in den Freimaurerorden ... bestimmende Gestalt gewonnen. Er nahm in den einzelnen Ländern mannigfache ... Formen, bei programmatischem Ausschluß der Behandlung von Politik und Religion, an. Das Verhältnis dieser Bünde zu den Juden war verschieden. In manchen wurden sie satzungsgemäß nicht angenommen, weil die betreffende Gemeinschaft auf christlicher Grundlage errichtet war, in anderen wurden ihnen gewisse Schwierigkeiten gemacht, ohne daß dies die Logen-Gesetze rechtfertigten. All das macht es erklärlich, daß sich schließlich jüdische Orden bildeten, die die Menschheitsziele der Logen ohne Aufgabe des Judentums, vielmehr in Treue zum Judentum zu verfolgen sich bemühten.» An dieser Stelle gerät das Lexikon freilich in einen Selbstwiderspruch, denn zwei Spalten früher wird festgehalten: «Von den Gründern des Ordens wurde späterhin erklärt, daß nicht etwa Intoleranz der Freimaurerorden Ursache der neuen Schöpfung gewesen sei.» Demnach macht auch die Intoleranz einiger weniger «christlicher» Logen eben keineswegs «erklärlich», wieso ein eigener jüdischer Freimaurerorden zusätzlich zu der schon bestehenden und für Juden fast durchwegs offenen Logenorganisation ins Dasein gerufen werden mußte. Doch stellen wir dieses Problem vorerst zurück.

Lennhoff/Posner (Internationales Freimaurer-Lexikon, Art. «B'nai B'rith») leugnen jede organisatorische Verbindung von B'nai B'rith zur Freimaurerei, gestehen aber immerhin zu, daß der Orden «nach seinen äußeren Kennzeichen in die gleiche Kategorie gehört wie die Freimaurerei». Die «Encyclopaedia Judaica» (Art. «Freemasons») räumt sogar ein: «Die Einrichtung von Geheimhaltung, Ritual und Insignien, die ein charakteristisches Merkmal von B'nai B'rith in seinen frühen Jahren war, spiegelte zweifellos den Einfluß der freimaurerischen Praxis ebenso wider wie den Wunsch, einen Ersatz dafür innerhalb der jüdischen Gemeinschaft anzubieten.» Halten wir also zusammenfassend fest, daß nach offiziellen jüdischen Aussagen B'nai B'rith als exklusiv-jüdische Parallelorganisation zur allgemeinen internationalen Freimaurerei geschaffen wurde.

Über die innere Struktur des Ordens ist auch aus dem «Jüdischen Lexikon» nur das Allernotwendigste in Erfahrung zu bringen. «Die einzelnen Teilgemeinschaften heißen *Logen* ...; ihre Mitglieder nennen sich gegenseitig "Brüder". In denjenigen Ländern, wo gegen den Namen Loge aus kirchlichen Erwägungen Bedenken bestanden, wurde die Bezeichnung "Humanitätsverein" bzw. "Humanitätsverband" gewählt, so beispielsweise in Österreich, der Tschechoslowakei und Polen. Aus denjenigen "Brüdern", die ein Jahr lang Präsidenten einer Loge gewesen sind ("Expräsidenten"), setzt sich die Distriktsbehörde, die *Großloge*, zusammen. An der Spitze der Großloge steht der Großpräsident. Er bildet mit den Vizegroßpräsidenten, dem Großsekretär und dem Großschatzmeister die Leitung der Großloge. ... Die Vertretung des Gesamtordens geschieht durch das sogenannte Exekutiv-Komitee - zusammengesetzt aus Vertretern der Distrikte. An seiner Spitze steht der Ordenspräsident ... Das Exekutiv-Komitee ist aus der - alle 5 Jahre zusammentretenden - Vollversammlung der Vertreter der Ordensdistrikte hervorgegangen - aus der sog. *Konventions-* oder *Konstitutionsgroßloge*. ... Die Formen, in denen sich das Gemeinschaftsleben der Logen abspielt, die Zeichen und Symbole, in denen sich der Verkehr der "Brüder" untereinander vollzieht, heißen das "Ritual" der Loge. Jeder "Bruder" ist zur Geheimhaltung dieser Formen für alle Zeit ehrenwörtlich verpflichtet.» Letzteres setzt einen deutlichen Kontrapunkt zu B'nai B'rith-Bruder A. Hechts These, der Orden sei kein Geheimbund! Die meisten Namen - Loge, Großloge, Großsekretär, Bruder, Ritual etc. - sind mit den in der Freimaurerei verwendeten Bezeichnungen identisch. Über die Zahl und Erkenntnisstufen der Grade, die das geheime Ritual des B'nai B'rith zweifellos enthält, ist scheinbar nichts bekannt; nach Ploncard d'Assac (1987, S. 60) handelt es sich bei dem Ritual um «eine Mischung aus dem Ritus von York und dem amerikanischen Ritus der Odd Fellows». Lennhoff/Posner erklären (a.a.O. Art. «B'nai B'rith»): «Der Orden hat in Europa keine Grade ...», was umgekehrt bedeutet, daß er in den USA, wo fast drei Viertel seiner Mitglieder beheimatet sind, sehr wohl solche besitzt. Daß er aber dann in Europa keine besitzen soll, ist wenig glaubhaft.

Während das «Jüdische Lexikon» ebenso wie A. Hecht Jones' Hamburger Logenmitgliedschaft mit Stillschweigen übergeht, schildert es die Gründung des deutschen Distrikts von B'nai B'rith so: «3 Männer, *Julius Fenchel, Moritz Jablonski* und *David Wolff*, die bisher einer Freimaurer-Loge angehört hatten, traten wegen der fühlbar werdenden antisemitischen Tendenzen in dieser aus und faßten den Plan der Gründung einer jüdischen Loge, wobei sie die seit etwa 40 Jahren bestehenden amerikanischen Bne Briss-Logen zum Vorbild nahmen. Nach mannigfachen schwierigen Verhandlungen konnte die erste deutsche Loge, die Deutsche-Reichs-Loge in Berlin, am 20. März 1882 gegründet werden. Schnell entstanden weitere Logen: zu Beginn des Weltkriegs betrug ihre Zahl 80. Durch den Krieg gingen dem deutschen Distrikt 11 Logen in den abgetretenen Gebieten verloren. Neu hinzu kamen in den Jahren 1920 bis 1928: 34 Logen.» In Deutschland wurde auch der erste «Logen-Frauenverein» - bereits 1888 - ins Leben gerufen.

Die Lenker der Weltmaurerei

Höchst aufschlußreich sind die Angaben des «Jüdischen Lexikons», die es unter dem Stichwort «Logen, nichtjüdische» zum Verhältnis zwischen Judentum und Freimaurerei macht. «In England sollen bereits in der ersten Zeit der Entwicklung der Freimaurerlogen Juden als "Brüder" aufgenommen worden sein. Eine der ersten Großlogen, die unter englischer Konstitution in Deutschland gegründet wurde, war die Große Loge von Hamburg. ... Die Logen, die sich zu den "alten Pflichten" bekennen, nennt man Logen humanistischen Systems. Einen Gegensatz hierzu bilden die Logen des sogenannten *christlichen* Prinzips. Sämtliche deutschen Großlogen mit Ausnahme der sogenannten altpreußischen Logen beruhen auf humanistischem System. ... Etwa gleichzeitig mit den genannten beiden Altpreußischen Großlogen christlichen Prinzips wurde die Große Loge von Preußen, genannt "Royal York zur Freundschaft", gegründet, die sich zum humanistischen Prinzip bekannte. Ihr haben viele Juden angehört ...» Nach einer gerichtlich ausgefochtenen Auseinandersetzung um das Recht außerpreußischer (humanistischer) Großlogen, in Preußen Tochterlogen bilden zu dürfen, machten die auswärtigen Logen «von der durch das Urteil des Oberverwaltungsgerichts geschaffenen Möglichkeit Gebrauch und gründeten in Preußen Tochterlogen, insbesondere geschah dies seitens der Großen Loge von Hamburg und der Großen Mutterloge des Eklektischen Freimaurerbundes zu Frankfurt a.M. Diesen Logen gehören sehr viele Juden an. ...»

«Der Verkehr zwischen den Logen humanistischen und christlichen Prinzips und der Verkehr der jüdischen Freimaurer mit ihren christlichen Brüdern beider Systeme wurde bis zum Ende des Krieges wieder ein herzlicher und ungetrübter. Dem freimaurerischen Brauche entsprechend wurde jeder jüdische Bruder, der eine Freimaurerloge christlichen oder humanistischen Prinzips besuchte, als gleichberechtigt aufgenommen. Jüdische Freimaurer waren Ehrenmitglieder von Logen christlichen Prinzips. Das Bild ist seit dem Weltkriege getrübt. Die völkische Infektion machte auch am Eingang zum freimaurerischen Tempel nicht Halt ... Die humanistischen Logen, voran die Großloge von Hamburg und Frankfurt, haben sich auch in dieser Zeit als Hort des freimaurerischen Gedankens bewährt. ... In anderen Ländern, bes. in England und Amerika, haben die Freimaurer sich in ihrer grundsätzlich toleranten Stellungnahme den Juden gegenüber kaum beirren lassen.» Das bestätigte auch Lerich rund zehn Jahre später: «Eine Judenfrage existiert in der englischen Freimaurerei nicht, die Juden sind gleichberechtigte Logenmitglieder, sind zahlreich und maßgebend vertreten. Die rein jüdischen Freimaurerlogen in London führen die Namen Baron Rothschild, Montefiori, Mont Sinai und andere. Die einzige deutsche Loge in London, die "Pilgrim Lodge", hat zu ihrem Vorsitzenden den jüdischen Zeitungsmagnaten Sir Arthur Mond ...» (Lerich 1937, S. 47f)

Daß Juden in der Freimaurerei von allem Anfang an eine außerordentlich große Rolle gespielt haben, geht aus Originalquellen hervor, die F.A. Six (1942, S. 91f) herangezogen hat. Er schreibt unter Berufung auf das «Internationale Freimaurer-Lexikon»: «Die bereits während der Gründungsjahre in den Logenlisten von 1723 und 1725 auftauchenden jüdischen Namen geben ein Bild von dem Umfang und der Schnelligkeit der jüdischen Überflutung der Logen (1732 verlegte man sogar die Logenarbeiten in Cheapside im Wirtshaus "Zur Rose" auf den Sonntag, um den jüdischen Logenbrüdern die Teilnahme zu ermöglichen. Dabei amtierte der jüdische Schnupftabakhändler Daniel Delvalle als Meister. ...). Neben einfachen Mitgliedern wie Delvalle, Bett, Stainer, Meyer Schamberg, Isaac Schamberg, Benjamin Da Costa werden jüdische Finanzfürsten wie Nathan Meyer Rothschild und Moses Montefiori als Angehörige der "Lodge of Emulation" und der Loge "Mount Moria" genannt; 1732 wird Salomon Mendez bereits als höherer Logenbeamter, und zwar als Großschaffner, vermerkt.» Entweder ist Six hier einem Irrtum erlegen, oder aber es gab noch andere Träger des Namens Rothschild, die schon damals «Finanzfürsten» waren. Jene Familie Rothschild, die seit ungefähr 1800 dank ihres rasch aufgehäuften immensen Reichtums die Geschicke Europas und Amerikas zu lenken begann, trug ihren (s.u.) anspielungsreichen Namen erst seit der zweiten Hälfte des 18. Jahrhunderts.

Six zitiert sodann «aus der um 1788 herausgegebenen Verteidigungsschrift des deutschen Freimaurers Hans Karl Freiherr von Ecker und Eckhoffen "Werden und können Israeliten zu Freymaurern aufgenommen werden?"», in der u.a. bekräftigt wird: «Nicht dieser Bruder Herz allein, sondern der Israeliten mehr sind, seit undenklichen Jahren, durch Bruder-Maurer-Bande mit uns vereinigt worden. Einige von ihnen haben sogar Beamtenstellen bey der großen Loge zu London bekleidet. Man findet in der ersten Hälfte dieses Jahrhunderts auf der Liste der Schaffner oder Aufseher bey den Gastmählen der großen Loge manche Israeliten, z.B. Isaac Muere, Meyer Schamberg, Benjamin da Costa, Moses Mendez, Isaac Barrett, Samuel Lowman u.s.f. In neueren Zeiten ist uns der zum Gebrauch für Brüder-Maurer von Jahr zu Jahr zu London im Druck erscheinende und mit der Sanction der Großen Loge zu London versehene englische Freymaurer-Kalender die beßte Beweisführung, daß noch gegenwärtig Juden zu Beamten bey der großen Loge bestellet werden. So stehen unter denen Groß-Stewards für das Jahr 1781, 1782, 1784 unter anderen Moses Levy, Flemming French, Isaac Lindovice, Thomas Hornsby usw. So findet man in den übrigen Kalendern mehrere, so daß ich eine, so zu sagen, unzählige Menge israelitischer Brüder-Maurer herrechnen könnte, gehörte die Sammlung in den Plan meiner Arbeit.»

Ganz ähnliche Angaben macht sogar die «Encyclopaedia Judaica» (Art. «Freemasons»), wo man unter anderem folgendes erfährt: «In England und Holland gab es im Prinzip keine Einwände gegen jüdische Anwärter und in Frankreich wurden die Einwände durch die Revolution weggefegt. Hier wurde die Freimaurerei zu einer Art weltlicher Kirche, in die die Juden frei eintreten konnten. Adolphe Crémieux war nicht nur von früher Jugend auf Freimaurer sondern wurde 1869 Großmeister der Großloge des Schottischen Ritus in Paris. ... In den USA erscheinen jüdische Namen unter den Gründern der Freimaurerei in Kolonial-Amerika und tatsächlich ist es wahrscheinlich, daß Juden die ersten waren, die die Bewegung ins Land brachten. Die Tradition verbindet Mordechai Camparall aus New Port in Rhode Island mit der vermuteten Errichtung einer Loge ebendort im Jahr 1658. In Georgia scheinen vier Juden unter den Gründern der ersten Loge gewesen zu sein, die 1734 in Savannah aufgebaut wurde. Moses Michael Hays, dem die Einführung des Schottischen Ritus in den Vereinigten Staaten zugeschrieben wird, wurde um 1768 zum Deputierten General-Inspektor der Maurerei von Nordamerika bestellt. 1769 gründete Hays die König-Davids-Loge in New York, die er 1780 nach Newport verlegte. Von 1788-92 war er Großmeister der Großloge von Massachusetts.» Und in diesem Stil geht die Aufzählung munter weiter, deren Fortsetzung wir uns jedoch ersparen wollen.

Es herrscht also seit Gründung der exklusiv jüdischen Freimaurerei B'nai B'rith eine merkwürdige Situation: Juden sind Mitglieder in der «überkonfessionellen» und «supranationalen» Freimaurerei und Juden sind Mitglieder im rein-jüdischen B'nai B'rith. Selbstverständlich kann es nicht ausbleiben, ja ist sogar beabsichtigt, daß viele Juden schließlich beiden «Orden» gleichzeitig angehören. Das bestätigt auch das «Jüdische Lexikon», wenn es nebenher bemerkt: «Die deutschen Großlogen, mit Ausnahme der Frankfurter Großloge, gestatten ihren Mitgliedern nicht die gleichzeitige Zugehörigkeit zum Orden Bne Briss, da dieser als geheimer Orden angesehen wird.» Es entbehrt nebenbei bemerkt nicht einer gewissen Pikanterie, daß sogar die doch selbst im Geheimen operierenden herkömmlichen Freimaurerlogen den B'nai B'rith als «Geheimgesellschaft» einstufen und fürchten. Wenn dasselbe Lexikon an anderer Stelle sogar berichtet: «Mannigfache Angriffe wurden gegen die deutschen Bne Briss-Logen erhoben, so von seiten der Freimaurer, die den Orden als eine "geheime Gesellschaft", die der ihren nicht entspreche, bekämpfen zu müssen glaubten», so zeichnet sich auch bereits ab, was der eigentliche Sinn und Zweck der B'nai B'rith-Logen von Anfang an war: eine wirkungsvollere jüdische Kontrolle über die Weltfreimaurerei auszuüben, als sie die bloße verstreute Mitgliedschaft von isolierten Juden in dieser Freimaurerei gewährleisten konnte.

Diese geheime aber höchst effiziente Lenkung der blauen und roten Maurerei durch jüdische Hochgradbrüder funktioniert nach exakt demselben Prinzip, nach dem die rote Maurerei die blaue, innerhalb der roten Maurerei wieder die Kapitel die Perfektionslogen, die Areopage die Kapitel, schließlich die Verwaltungsgrade die Areopage beaufsichtigen und lenken. Es war lächerlich und völlig zwecklos, wenn die deutschen Großlogen «mit Ausnahme der Frankfurter Großloge» (Frankfurt war schon früh das deutsche Zentrum der jüdischen Hochfinanz) offiziell eine Doppelmitgliedschaft für Juden verboten. Ihre jüdischen Mitglieder waren und sind bis heute natürlich nicht so dumm, sich gewöhnlichen Logenbrüdern als Angehörige von B'nai B'rith zu erkennen zu geben!

Gemeinhin wird davon ausgegangen, daß B'nai B'rith ausnahmslos nur Juden, und zwar *allein europäischstämmigen* (sephardischen) Juden offensteht. Daß eine strikte Auswahl der Mitglieder stattfindet, hat bereits A. Hecht bekräftigt, ohne nähere Einzelheiten anzuführen. Nach Informationen von CODE (im schon zitierten Artikel über Rotarier und Lions von 1988) können «ausschließlich sephardische Juden mit Abstammungsnachweis und im mindestens zwanzigsten Grad einer Freimaurer-Großloge stehend nach einem Ausleseverfahren aufgenommen werden». Falls es sich so verhielte, könnten Angehörige von B'nai B'rith zwar in Hochgradlogen verkehren, normale Hochgradfreimaurer aber nicht in den B'nai B'rith-Logen. Das wäre exakt dasselbe Muster wie innerhalb der 33-Grad-Maurerei selber, wo Angehörige der höheren Grade zwar jederzeit Zutritt zu den Logen niederer Grade haben, aber nicht umgekehrt. In diesem Fall wäre auch klar, daß die Söhne des Bundes eine perfekte Kontrolle über die gesamte Weltfreimaurerei des Schottischen Ritus und der anderen Hochgradriten ausüben.

Allerdings wird von anderer Seite bestritten, daß *nur* sephardische Juden «Söhne des Bundes» werden können. «Der Hochgradfreimaurer Dominico Margiotta», heißt es bei N. Homuth (o.J., S. 46), «schreibt in seinem Buch *Adriano Lemmi, Chef Supreme Des France-Masons* über einen Geheimvertrag, den Albert Pike mit Armand Levi vom B'nai B'rith geschlossen hatte: "... Die oberste Lehrinstanz der universellen Freimaurerei anerkennen die jüdischen Logen ... Das Geheimnis der Verbindung mit den B'nai B'rith soll streng geheim gehalten werden, außer gewissen Hochgradfreimaurern gegenüber, über die das Oberste Direktorium entscheidet. ... Keinem Freimaurer des offiziellen Ritus kann - auch wenn er kein Jude ist - der Beitritt in eine jüdische Loge verwehrt werden ..." Soweit der ehemalige Freimaurer Dominico Margiotta. ... Daraus, daß ein Nichtjude erst regulärer Freimaurer sein muß, bevor er bei B'nai B'rith eintreten kann, ergibt sich eine Überordnung der B'nai B'rith Logen über die gesamte Freimaurerei!»

Sicherlich wäre auch in diesem Fall noch eine gewisse Kontrolle gegeben, allerdings eine abgeschwächte, und zwar eine umso schwächere, je niedriger der Grad wäre, ab dem ein Freimaurer auch B'nai B'rith angehören dürfte. Indessen scheint Homuth nicht bemerkt zu haben, daß sich der von Margiotta «enthüllte» Vertragstext - jedenfalls in der von Homuth gerafft zitierten Form - selbst widerspricht. Wenn nur wenige speziell ausgewählte Hochgrade überhaupt Kenntnis von der

Verbindung zwischen B'nai B'rith und der übrigen nicht exklusiv jüdischen Freimaurerei erhalten sollen, können auch allenfalls diese wenigen Inhaber der höchsten Grade einen Aufnahmeantrag bei B'nai B'rith stellen. Abgesehen davon fragt es sich natürlich, wozu die Mitgliedschaft nichtjüdischer Hochgradfreimaurer notwendig oder auch bloß nützlich sein soll, wenn doch genügend jüdische Hochgradmaurer zur Verfügung stehen. Von diesen nüchternen Überlegungen her ist es weitaus wahrscheinlicher, daß B'nai B'rith tatsächlich nur Juden aufnimmt, die bereits Hochgradmaurer sind, weil eine *perfekte* jüdische Kontrolle anders nicht zu erreichen ist.

Nach Auskunft der «Encyclopaedia Judaica» (Art. «B'nai B'rith») ist B'nai B'rith die weltälteste und weltgrößte jüdische «Dienstleistungs-Organisation» und zählte 1970 rund eine halbe Million Mitglieder in 45 Ländern, davon 135 000 Frauen, die in mehr als 1000 «Kapiteln» in 22 Ländern organisiert waren, wobei allerdings 90% dieser Kapitel sich in den USA befanden. Es fällt auf, daß die «Encyclopaedia Judaica» im Artikel «B'nai B'rith» ganz im Gegensatz zum älteren «Jüdischen Lexikon» ängstlich jede Erwähnung der Freimaurerei im Zusammenhang mit B'nai B'rith vermeidet (nicht so jedoch im Art. «Freemasons», s.o.!). Aber nicht das soll uns hier beschäftigen, sondern die Zahl von gegenwärtig (nach Ploncard d'Assacs noch jüngeren Angaben von 1987 a.a.O.) mehr als 500 000 Mitgliedern in ca. 50 Ländern. Die Zahl der Brüder der blauen und roten Maurerei schätzt man auf weltweit rund 6,5 Millionen. Da die Dollarpyramide sich nach oben zu quantitativ viel schneller verjüngt, als sich graphisch überhaupt in Pyramidenform darstellen läßt, das heißt, da aus Geheimhaltungsgründen mehreren Millionen Johannesmaurern nur wenige hunderttausend Andreasmaurer gegenüberstehen, von denen wiederum bloß ein sehr geringer Prozentsatz den 33. und höchsten (in den übrigen Systemen den vergleichbaren höchsten) Grad erreicht, da also weltweit wohl nur mit einigen tausend 33-Grad-Freimaurern zu rechnen ist, wäre es lächerlich zu glauben, diesen wenigen tausend Top-Freimaurern wären mehr als eine halbe Million B'nai B'rith-Freimaurer auf einer noch höheren Einweihungsstufe *übergeordnet*.

Bereits diese einfache Überlegung zeigt, daß sich das Verhältnis zwischen den Söhnen des Bundes und der übrigen Freimaurerei bei näherem Hinsehen nicht ganz so einfach darstellt, wie es auf den ersten Blick erscheinen mag. Offenbar muß man davon ausgehen, daß ein Großteil der B'nai B'rith-Mitglieder den Hochgradbrüdern des 33. Grads nichts voraus hat, im Gegenteil. Von daher ergibt sich in der Praxis hinsichtlich der Einweihungsstufen auf weite Strecken tatsächlich eine *Parallelität* von Freimaurerei und B'nai B'rith. Hinzu kommt, daß unzweifelhaft Söhne des Bundes bis heute für ihre oft benachteiligten jüdischen Volksgenossen eine weit umfangreichere und intensivere sozialcaritative Tätigkeit entfaltet haben als die Freimaurer (konkrete Beispiele und Statistiken siehe bei A. Hecht a.a.O.), denen in der christlichen Gesellschaft, der sie sich gegenübersahen, kaum etwas zu tun übrigblieb. Deshalb ist es auch nicht ganz falsch, wenn sich B'nai B'rith nach außen hin als «Dienstleistungs-Organisation» präsentiert, jedenfalls weit weniger falsch, als wenn die Freimaurerei dasselbe zu tun versucht. Allerdings muß man beachten, daß die öffentliche Wohltätigkeit von B'nai B'rith, die so gut wie nur den Stammesbrüdern zugutekommt, auch weit stärker als bei der Freimaurerei ideologisch motiviert ist. Denn Endziel der Arbeit der Bundessöhne ist die Weltherrschaft des jüdischen, des auserwählten Volks. Dieses Ziel geht weit über den Zionismus anderer jüdischer Gruppierungen hinaus. Dennoch hat man im Zionismus als Streben nach einem eigenen Staat Israel in gesicherten Grenzen die erste Stufe des geplanten antichristlichen Weltstaats unter jüdischer Herrschaft zu erblicken.

Aus verständlichen Gründen mochte seinerzeit das «Jüdische Lexikon» - mit an Sicherheit grenzender Wahrscheinlichkeit von B'nai B'rith selber initiiert und maßgeblich mitgestaltet - die Stellungnahme von B'nai B'rith zum Zionismus nicht klar umreißen, zitierte aber als damals jüngste verbindliche deutsche Positionserklärung eine Entschließung des General-Komitees vom 22. Mai 1921, in der inhaltlich verlangt wurde, «die Großloge möge sich wie mit anderen interessierten Organisationen so auch mit dem Zionismus zur Ausgestaltung Palästinas als bevorzugten Immigrationslandes zusammentun, den Wiederaufbau Palästinas in diesem Sinne als ein großes jüdisches Hilfswerk erklären, an dem die deutschen Logen sich ... beteiligen sollen ...» Die «Encyclopaedia Judaica» (a.a.O.) wird in diesem Punkt deutlicher: «B'nai B'rith hat stets Interesse an Israel gehabt und spielte eine wichtige Rolle bei der Unterstützung der israelischen Unabhängigkeit.» Und ein entsprechendes Foto zeigt «B'nai B'rith-Führer mit Präsident Truman vor dem Weißen Haus nach der Proklamation des Staates Israel im Mai 1948».

Das stimmt exakt mit Ploncard d'Assacs (1987, S. 62) Beobachtungen überein: «Die B'nai B'rith haben im 20. Jahrhundert eine bedeutende politische Rolle gespielt, insbesondere in den Vereinigten Staaten. Man sieht, wie einer von ihnen, Samuel Rosenman, zugleich Präsident des B'nai B'rith für den Staat New York und vertrauter Berater des Br. Roosevelt ist, dessen Dokumente und Reden er, wie man sagt, oft vorbereitete. Er sollte die gleiche Rolle bei Br. Truman spielen.» Wenn B'nai B'rith-Bruder Rosenman Roosevelts Vertrauter war, ist auch nicht mehr schwer zu erraten, wer dafür sorgte, daß auf den unter Roosevelt neugestalteten Ein-Dollar-Scheinen über dem Kopf des schon beschriebenen Adlers ein großer Judenstern prangt, der aus 13 winzigen Pentagrammen besteht. Ist das nicht ein sprechendes Symbol für die Unterordnung der Weltfreimaurerei unter das zionistische Judentum, unter den Orden B'nai B'rith? Und zugleich für die freilich der breiten Masse der Amerikaner kaum bewußte Tatsache, daß nicht der jeweils gewählte Präsident ihre Geschicke lenkt, sondern B'nai B'rith im Auftrag der Geheimen Oberen?

Dieser Gedanke wirft nochmals die Frage nach dem Verhältnis zwischen dem geheimen Ziel der Weltfreimaurerei und dem von B'nai B'rith International auf. Nach allem bisher Gesagten arbeitet die Maurerei auf einen atheistisch-humanistischen-satanistischen Weltstaat hin, während B'nai B'rith einen ebenfalls atheistisch-humanistisch-satanistischen Weltstaat, aber unter der Regierung des liberalen Judentums, erstrebt. Die Aufgabe der unerkannt in den Hochgradlogen der roten Maurerei sitzenden Bundessöhne ist es also, möglichst unauffällig die Planungen und Aktionen der nicht-jüdischen Brüder jeweils in die «richtige» Richtung zu lenken. Dabei könnten die Freimaurer durchaus wissen, daß sie lediglich für *zionistische* Weltmachtinteressen eingespannt werden. Denn bereits die scheinbar so harmlosen, für die blaue Maurerei bestimmten «Anderson-Konstitutionen» von 1723 enthalten merkwürdige Anspielungen genug, «besonders aber jene Passage, wo es heißt, daß der Maurer gehalten ist, "das Moralgesetz als *wahrer Noachide* zu beobachten, denn alle Menschen kommen in den drei großen Artikeln Noes überein". Was soll das Wort "Noachide" hier bedeuten? "Die Artikel Noes, auf die man sich hier bezieht, sind nicht biblisch", bemerkt sehr richtig ein gut informierter Mitarbeiter der "Pensée catholique" in Nr. 104, 1966. Man kennt sie nur aus der rabbinischen Tradition. Der Talmud und jüdische Theologen und Philosophen wie Maimonides (1135-1204) sind die einzigen, die sich damit befassen. Daraus ergibt sich jedenfalls, daß die maurerische Verpflichtung, an Gott zu glauben, in den Anderson-Konstitutionen auf ungewöhnliche Weise formuliert wurde. "Im christlichen Geist - welcher Konfession auch immer - hätte eine solche Formulierung nicht spontan entstehen können. ... Vom *Standpunkt des Judaismus* dagegen ist der Noachismus die einzige Religion, die für die ganze nichtjüdische Menschheit allzeit in Kraft geblieben ist, während die Juden die Funktion des 'Priesters' über die Menschheit ausüben und zu diesem Zweck den Priestertumsvorschriften unterworfen sind, die allein sie betreffen, also dem mosaischen Gesetz." Elie Benamozagh, ein berühmter Rabbiner des 19. Jahrhunderts, lehrte ebenfalls: "Die Menschheitsreligion ist nichts anderes als der Noachismus ... Das ist die Religion, die Israel bewahrt hat, um sie den Heiden zu übermitteln ... Der Noachide befindet sich im Schoß der einzigen wahrhaft universalen Kirche als *Gläubiger* dieser Religion, worin der Jude der *Priester* ist und den Auftrag hat - vergeßt das nicht! - die Menschheit in ihrer Laienreligion zu unterrichten, während er selbst die Religion des Priesters auszuüben hat" (La Pensée catholique 104, 1966). Somit wären also die Freimaurer nur die *Laien* Israels!» (Ploncard d'Assac 1989, S. 13f)

Anderswo berichtet derselbe Ploncard d'Assac: «Es ist auch eine merkwürdige Erklärung des Br. Magnin bekannt, erschienen im "B'nai B'rith magazine", Bd. XLIII, S. 8: "Die *B'nai B'rith* sind nur ein Notbehelf. Überall dort, wo die Freimaurerei ohne Gefahr zugeben kann, daß sie der Natur wie dem Zweck nach jüdisch ist, reichen die gewöhnlichen Logen für die Arbeit aus."» (1987, S. 63) Und die «Encyclopaedia Judaica» (Art. «Freemasons») behauptet: «In der maurerischen Welt wurde Jerusalem immer als die Geburtsstätte der Freimaurerei betrachtet; nach ihrer Tradition gab es Maurerlogen im Heiligen Land zur Zeit der Errichtung von König Salomons Tempel.» Übrigens war der Hauptgrund für die seinerzeitige radikale Abkehr Dr. Lerichs von der Maurerei nach eigenem Bekunden «die arge Verjudung des Geistes und der Mitgliedschaft des (freimaurerischen) Weltbundes» (Lerich 1937, S. 4) gewesen.

Es zeichnet sich freilich längst ab, daß die Religion der Menschheit im jüdisch beherrschten antichristlichen Weltstaat keineswegs der Noachismus oder der bibelgläubige Judaismus sondern der gottlose Humanismus und der darunter versteckte Satanismus sein wird. Das orthodoxe, also strenggläubige Judentum spielt im B'nai B'rith so gut wie keine Rolle, auch nicht in der Politik des Staats Israel. Nach dem amerikanischen Nahost-Experten Mark Lane nennen sich die frommen orthodoxen Juden Haredim, «wörtlich "jene die Gottes Zorn fürchten". Ursprünglich aus Osteuropa, sind viele von ihnen Nachkommen der alten Yishuv, der vorzionistischen Juden, die sich in den heiligen Städten des Landes Israel niederließen, weil sie glaubten, es sei eine heilige Verpflichtung - keine patriotische Pflicht -, dies zu tun. ... Sie erheben nicht nur die Lehren der Thora (sc. der 5 Bücher Mosis) über die Interessen des Judenstaates, die Haredim betrachten den weltlichen Nationalismus des Zionismus als eine Gotteslästerung - ein profanes Vorkaufsrecht der messianischen Prophezeiung - und Gefahr für das jüdische Volk. Schon seit der Gründung Israels haben sie der Eingliederung in die Gesellschaft des jüdischen Staates widerstanden. ... Sie haben keine Achtung vor den israelischen, das heißt zionistischen Gesetzen. Es handelt sich um religiöse Eiferer, die weitgehend durch Gelder von Anhängern der gleichen Religion in Amerika unterstützt werden.» (CODE Nr. 8/1989, S. 57)

In «The City of Man» ist zwar (S. 64) von einem «auserwählten Volk» die Rede, was jedoch an dieser Stelle auf Amerika bezogen wird. Das mag durchaus ein versteckter Hinweis auf die realen Machtverhältnisse zu Anfang der vierziger Jahre in den USA sein, als schon längst die jüdischen Großbankiers des Rothschild-Bankenimperiums über ihr Instrument B'nai B'rith die amerikanische Außenpolitik bestimmten. Aber die strenggläubigen Juden werden (S. 40) gescholten: «Die meisten von der Synagoge, zweifellos durch das ernste Problem des Überlebens, das sich dem jüdischen Volk in einer feindlichen Welt stellt, in diese Richtung gelenkt, wurden von der Sterilität ihres unerschütterlichen Konservatismus und von der ihre Rasse kennzeichnenden Halsstarrigkeit befallen ...» Das liberale Judentum hingegen erfährt das uneingeschränkte Lob der Erbauer der Stadt des Menschen. Hat es schon vorher geheißen, die «Propheten Israels» hätten zur allgemeinen Menschheitsreligion «das messianische Versprechen von Frieden und Gerechtigkeit auf Erden nach langem Kampf» (!) beigetragen (S. 36), so wird wenig später (S. 39) darauf wie folgt Bezug genommen: «Der prophetische Geist und der heroische Universalismus der hebräischen Tradition fanden und finden fortgesetztermaßen ihren Ausdruck in unorthodoxen und sogar rein weltlichen (!) Formen jüdischen Lebens. Sie leisteten und leisten für den Geist der Demokratie einen Beitrag von unschätzbarem Wert.» Nicht *Jahwe*, sondern *Luzifer* und der *Antichrist* werden in der künftigen Welthauptstadt Jerusalem angebetet werden.

Während in CoM die Frage der künftigen Welthauptstadt völlig ausgespart bleibt, haben sich andere Logenbrüder längst Gedanken darum gemacht, freilich nicht unbedingt in der Öffentlichkeit. Der jüdische Hochgradfreimaurer Adolphe Crémieux sagte schon 1861: «Ein Messianismus der neuen Zeit muß anbrechen und sich entfalten. Ein Jerusalem neuer Ordnung muß das Rom der Cäsaren und der Päpste ablösen. Das ist das Ziel der universalen israelitischen Allianz. Sie richtet sich nicht allein an unseren Kult, sondern will *alle Religionen durchdringen.*» (Zit. n.

Ploncard d'Assac 1989, S. 216, der das Zitat aus der «Revue Internationale des Sociétés secrètes» von 1922, S. 213 entnommen hat.) Weiteren sehr bemerkenswerten Hinweisen in dieselbe Richtung werden wir noch begegnen (siehe 3. Band!). Es ist im übrigen bezeichnend genug, daß B'nai B'rith und die von ihm beeinflußte amerikanische Regierung sich so stark für das kleine «Eretz (Land) Israel» engagieren, während sie doch, wie wir inzwischen wissen, in Wahrheit den gigantischen universalen Weltstaat anstreben. Die außergewöhnliche Fürsorge für den Kleinstaat Israel wird nur dann verständlich, wenn man sich vor Augen hält, daß auch die jüdischen One-World-Strategen nur Schritt für Schritt vorgehen können. Das erste, dessen sie sich bemächtigen mußten, war aber die symbolträchtige Hauptstadt ihres kommenden Weltreichs, das künftige Zentrum der jüdischen Herrschaft über die ganze Erde, eben Jerusalem mit seinem Zionsberg. Es ging den jüdischen «Wissenden» in Wirklichkeit niemals um den Kleinstaat Palästina als solchen sondern bloß um die geplante Welt-Hauptstadt Jerusalem. Der *Staat* der Juden wird nicht das winzige Palästina sondern der *Weltstaat* sein.

«Obwohl er in den Vereinigten Staaten gegründet wurde», sagt die «Encyclopaedia Judaica» (Art. «B'nai B'rith»), «hat sich B'nai B'rith über die ganze Welt verbreitet. Sein Engagement in Weltangelegenheiten wird durch den Internationalen Rat B'nai B'rith koordiniert, der 1959 geschaffen wurde und Niederlassungen in mehreren Ländern sowie bei den Vereinten Nationen in New York besitzt. (Sc. Nach Ploncard d'Assac [1987, S. 61] ist B'nai B'rith inzwischen "beratendes Mitglied im Europarat, in der UNO, der UNESCO und der Organisation der amerikanischen Staaten".) Weitere Kanäle, durch die B'nai B'rith seine internationalen Interessen vertritt, ergeben sich aus seiner Mitgliedschaft im Koordinationsvorstand Jüdischer Organisationen, in der Präsidenten-Konferenz, in der Konferenz für das sowjetische Judentum, in der Weltkonferenz für Jüdische Erziehung und in der Konferenz Jüdischer Organisationen.» Es ist klar, daß B'nai B'rith als nach Angaben derselben Enzyklopädie (s.o.!) welt*größter* jüdischer Verband alle diese Vereinigungen dominiert.

Der «Junior-Partner»

Je näher wir der Spitze der geheimen Hierarchie der Synagoge Satans kommen, desto weniger detaillierte Informationen stehen uns zur Verfügung. Das Prinzip strengster Geheimhaltung funktioniert naturgemäß umso besser, je weniger Personen eingeweiht sind und je größer deren Risiko ist, etwas «auszuplaudern». Dennoch ist es den Geheimen Oberen nicht gelungen, ihre höchsten ausführenden Organe so im Verborgenen zu halten, daß man nicht wenigstens in etwa wüßte, aus welchem Personenkreis sich der ominöse «Rat der 500» oder «Rat der 300» rekrutiert. Ginge es immer sauber der Reihe nach, so müßten die Mitglieder dieses «Rates» natürlich allesamt Inhaber der höchsten B'nai B'rith-Grade, mit anderen

Worten: sämtlich *jüdische* Spitzenfreimaurer sein. Nach allem, was man weiß, ist dem aber nicht so.

Man kennt auch den Grund dafür. Es war das Pech der Rothschilds, daß sie es versäumten, ihre in Europa spätestens Mitte des 19. Jahrhunderts bereits unangefochtene Finanzmacht rechtzeitig auf das Land der unbegrenzten Möglichkeiten auszudehnen. In Amerika erwuchs ihnen noch um die Jahrhundertwende eine in etwa ebenbürtige Konkurrenz: das von John D. Rockefeller I «mit unerhörter Schläue, Falschheit und Gier» (Griffin 1986, S. 53) zusammengeraffte Erdöl-Imperium, das bald durch gemeinsam mit den amerikanischen Rothschildagenten durchgeführte Manipulationen in alle Richtungen erweitert wurde. Die ehemals Rothschild unterstehende New Yorker «Chase Manhattan Bank», inzwischen längst die mit Abstand einflußreichste Großbank der USA und sogar der Welt, geriet schließlich auch in die Hände der Rockefellers. Der Rothschild-Clan mußte wohl oder übel dulden, daß die Rockefellerdynastie gleichzeitig mit ihm in den USA groß wurde; es war zu spät, um dort noch ohne oder gar gegen ihn das Machtmonopol zu erreichen.

Der kometenhafte Aufstieg der Rockefellers zwang also die Rothschildfamilie, sich mit ihrem nicht-jüdischen Konkurrenten zu arrangieren. Selbstverständlich strebten auch die milliardenschweren Rockefellers - je mehr er hat, je mehr er will! - schon bald nach der Weltmacht. Ohnedies mußten sich beide Clans überall gegenseitig ins Gehege kommen, wo sie versuchten, ihren Einfluß auszuweiten und ihre Imperien zu vergrößern: es waren ja dieselben maßgeblichen (meist in der Loge sitzenden) Persönlichkeiten der Wirtschafts- und Finanzwelt, der Wissenschaft, Kultur und Politik, die beide auf jeweils ihre Seite zu bringen versuchen mußten. Kein Wunder also, daß zumindest die *amerikanische* Freimaurerei, zahlenmäßig damals wie heute rund Dreiviertel der Weltfreimaurerei, stark unter Rockefeller-Einfluß geriet, und daß die Rockefellers absolut kein Interesse an einem bloß aus B'nai B'rith-Maurern gebildeten «Rat der 500» haben konnten, der ja ganz überproportional den konkurrierenden Rothschilds verpflichtet gewesen wäre.

Der «Rat der 500»

Bemerkenswerter Weise taucht die 500 im Zusammenhang mit den Namen Rockefeller und Rothschild immer wieder auf. So berichtet P. Blackwood über den verspäteten großen Einstieg der Rothschilds in die amerikanische Wirtschaft in den Jahren 1900/01 folgendes: «Nach der Ankunft von Jacob Schiff, der Verpflichtung von Morgan, Drexel, Biddle, Rockefeller, Chase und anderen, begannen Kuhn & Loeb mit dem Aufbau des Rothschild-Imperiums in den USA. Es war Schiffs Hauptaufgabe als offizieller Vertreter des Hauses Rothschild. Die Mutter- bzw. Holding-Gesellschaft sollte mindestens 51 Prozent entweder durch direkte Beteiligungen oder durch indirekt ernannte Personen der Rothschild-Gruppe zugesprochen bekommen, während der Rest dem "100 Club" (das heißt den 100 ersten Familien angesichts ihres Prestiges, ihrer Macht, ihres Einflusses und Reichtums in den Finanzen, in der Regierung, in der Industrie und im Handel) zugeteilt werden sollte. ... Zwischen 1920 und 1923 wurden die Landwirte, die Privatbankiers, die Kraftstoff-Produzenten und die Industriellen (sc. durch die kriminellen Machenschaften der seit 1913 Rothschild-kontrollierten US-Zentralbank) gezwungen, einen tödlichen Kampf gegeneinander auszufechten, und 1929 (sc. beim von derselben Zentralbank ausgelösten großen Börsenkrach am sog. «schwarzen Freitag») wurden die Reste hiervon aufgelesen, als der gewünschte Zusammenbruch des Marktes endlich eintrat. Die Familien wurden gezwungen, sich den in Bildung befindlichen Kartellen anzuschließen und ihre stimmlose, jedoch gewinnbringende Aktie anzunehmen. Die Alternative dazu war nur: billig verkaufen oder untergehen. Und so geschah es denn auch. Der "100 Club" schwoll an und aus ihm wurde "Fortune 500 Club", der jedoch eine untergeordnete Stellung einnahm oder in Vergessenheit geriet.» (P. Blackwood, Die Netzwerke der Insider. Ein Nachschlagewerk über die Arbeit, die Pläne und die Ziele der Internationalisten, Leonberg 1986, S. 60ff)

In jüngster Zeit traten die ominösen 500 wieder ans Licht. Zu Anfang der achtziger Jahre brachten die amerikanischen Großbanken die Idee einer neuen US-Verbrauchersteuer auf, die ihnen selbst zusätzliche Gewinne auf Kosten des Mittelstands bescheren sollte. «Um die neue Verbrauchersteuer durchzusetzen, gründeten David Rockefeller und 500 seiner verbündeten Internationalisten den "Bipartisan Budget Appeal". Diese neue Rockefeller-Frontgruppe plazierte doppelseitige Anzeigen in allen großen Zeitungen des Landes, so auch am 6. April 1983 in der "New York Times".» Es waren lauter «Trilateralisten, Zionisten, CFR-Mitglieder, internationale Bankers und erwiesene Feinde Amerikas, die die Anzeige des Bipartisan Budget Appeal unterzeichneten ...» (Ebd. S. 39f)

Es ist durchaus möglich, daß es sich beim «Rat der 500» nicht um eine genau festgelegte und allenfalls durch Nachrücken konstant zu haltende Personengruppe handelt, sondern einfach um den Großteil der Mitglieder der soeben von Blackwood genannten höchstkarätigen «Absprachegremien», die gemeinsam bereits heute die von Kritikern so genannte «*Schatten-Weltregierung*» bilden: *Council on Foreign Relations* (CFR, «Rat für auswärtige Beziehungen»), (von Blackwood hier nicht erwähnt) *Bilderberger-Gruppe* und *Trilateral Commission* («Dreiseitige Kommission»). Daß dieses Dreigestirn, das zweifellos auf der Ebene oberhalb des B'nai B'rith angesiedelt ist und aus dessen Mitgliedern sich der «Rat der 500» jedenfalls zusammensetzen muß, falls es ihn überhaupt als dauernde Einrichtung zusätzlich zu den drei Gremien gibt, wohl nur zum kleineren Teil B'nai B'rith-Freimaurer in sich vereinigt, hat außer dem oben schon genannten sicherlich noch weitere Gründe.

Vor allem dürfte es sich trotz aller Anstrengungen des B'nai B'rith in den meisten Ländern rasch als undurchführbar erwiesen haben, sämtliche Schlüsselpositionen in den verschiedenen Machtbereichen der Gesellschaft mit jüdischen Wissenden zu besetzen; am allerwenigsten wäre das in der Politik ratsam. Notgedrungen müssen sich also die Rothschilds außer auf ihre geheime «Hausmacht» B'nai B'rith auch noch auf zahlreiche anderweitige Hochgradbrüder stützen. Freilich stellt das bei näherem Hinsehen längst kein so großes Manko dar, wie man auf den ersten Blick meinen möchte. Nicht umsonst ist es ja Hauptaufgabe der B'nai B'rith, die weltweite gigantische Subversionstätigkeit der gesamten Freimaurerei samt ihrer Hilfsorganisationen zu überwachen und zu steuern. Sämtliche Hochgradmaurer des 30.-33. Grads sind dadurch nicht bloß ideologisch weitgehend auf die Ziele des Rothschild-Zionismus eingeschworen sondern oft auch durch ihre persönliche wirtschaftliche Abhängigkeit von der jüdischen Hochfinanz bereits genügend mit den tatsächlichen Machtverhältnissen hinter den Kulissen vertraut, um in den Absprachegremien ganz im Sinne der zionistischen Drahtzieher zu handeln. Dabei darf allerdings nicht vergessen werden, daß Rockefeller seine Weltherrschaftsambitionen keineswegs aufgegeben hat und die Rothschildfamilie sich mit einer verringerten Präsenz ihrer Hausmacht in der Schatten-Weltregierung zufriedengeben muß, solange zwischen ihr und den Rockefellers ein kräftemäßiges Patt herrscht und sie die Hilfe der Rockefellers noch notwendig braucht. Man sollte nie aus den Augen verlieren, daß die Verbindung zwischen den beiden mächtigsten Dynastien der Erde keine Liebesheirat sondern bloß eine Vernunftehe war und ist, die spätestens dann auseinanderbrechen wird, wenn erst einmal die Weltherrschaft in greifbarer Nähe liegt und die Konkurrenten einander noch im letzten Augenblick ausbooten wollen. Dafür treffen sie zweifelsohne schon jetzt intensive Vorbereitungen.

P. Blackwood glaubt, die Mitglieder der Schatten-Weltregierung seien zu einem nicht geringen Teil bloße Mitläufer ohne wirkliche Kenntnis dessen, was die Schachzüge der Rockefellers und Rothschilds letzten Endes bezwecken. «Mitglieder am Rande dieser Gruppierungen, von denen sich viele des unheilvollen Programms nicht bewußt sind, das sie unterstützen, reichen bis in den amerikanischen Kongreß hinein, das Weiße Haus und die Bürokratie, die Mogulen der Establishment-Medien und sogar in die Gewerkschaften. Diese Mitglieder am Rand sind vielfach jene, die diese unheilvollen Gruppierungen stark unterstützen in dem Glauben, die mächtigsten Finanziers dieser Welt würden sich mit den führenden Politikern hinter verschlossenen Türen treffen, um die Not der menschlichen Rasse zu lindern. Diese Randmitglieder, von denen jeweils immer andere an den Treffen hinter verschlossenen Türen teilnehmen, kommen immer nur in den Genuß von offiziellen Sitzungen, die sich tatsächlich den Anschein von "Harmlosigkeit" geben ... Diese Wasserträger, Kongreßabgeordnete, Mitglieder europäischer nationaler Parlamente, Beamte aus der niederen Ebene von Weißem Haus und Außenministerium, Gewerkschaftsführer und die unbedeutenderen Banker, fühlen sich geehrt und übermannt, wenn sie sich unter die Mächtigen mischen dürfen. Sie bekommen gerade so viel Wissen, daß sie zu überzeugten Anhängern und Befürwortern der verfolgten Politik werden. Die wirklich bedeutenden Entscheidungen werden getroffen, wenn sich David Rockefeller, Baron Edmond de Rothschild, der ehemalige amerikanische Außenminister Henry Kissinger und ähnliche Topfiguren insgeheim in einer Prunksuite treffen.» (CODE Nr. 11/1987, S. 23f)

Diese Sichtweise ist leider etwas zu harmlos um nicht zu sagen naiv; man sollte die Mitglieder der Schatten-Weltregierung nicht ohne Not für dümmer halten, als man selbst ist. Blackwood zieht hier scheinbar überhaupt nicht in Betracht, daß auch seine sogenannten «Randmitglieder» fast durchwegs Hochgradfreimaurer der höchsten Grade sind, die sehr wohl bereits das allgemeine Ziel kennen und auch wissen müssen, daß es hier in keiner Weise um das Wohl der Menschheit sondern um nackte Weltmachtinteressen geht. Sie alle befinden sich schon selbst in irgendwelchen Machtpositionen und haben anders als die Masse der «kleinen Leute» genügend Gelegenheit gehabt, Einblick in die verschiedensten politischen und wirtschaftlichen Machtkämpfe hinter den Kulissen zu gewinnen. Sie spielen das Spiel der künftigen Weltherrscher mit, weil sie ihren Anteil an der Macht rechtzeitig sichern wollen. Diese verlockende Aussicht allein ist es, die sie von der Rockefeller-Rothschild-Politik «überzeugt».

Andererseits muß man Blackwood rechtgeben, wenn er feststellt, daß die eigentlichen Entscheidungen im ganz kleinen Kreis fallen. Schließlich ist das Zentrum der Schatten-Weltregierung, die oberste Spitze der satanischen Hierarchie, nicht der «Rat der 500», sondern der aus diesen 500 genommene «Rat der 33», in dem nochmals die 13 «Großdruiden» sitzen. Aber diese Tatsache kann die Hochgradfreimaurer des «Rats der 500» keineswegs entlasten: sie sind sehr wohl «Wissende» und «Eingeweihte», auch wenn sie die letzten Einzelheiten und Motive der konkreten Schritte nicht unbedingt durchschauen. Sie wollen die antichristliche und widergöttliche «Stadt des Menschen» aufbauen und arbeiten direkt unter Anleitung der Spitzen der Satanshierarchie. Kein einziger von ihnen ist ein harmloser Idealist; dafür hat schon die Loge gesorgt, deren Grade er durchlaufen hat, um auf der Höhe des 30. Grads sogar alle «humanistischen» Prinzipien vollbewußt umzustürzen!

Der «Council on Foreign Relations»

Der CFR stellt das mit Abstand älteste und zugleich das bis heute mächtigste der drei Gremien der Schatten-Weltregierung dar. Die Geschichte seiner Entstehung ist etwas kompliziert. Daß er aus der (Hochgrad)Freimaurerei hervorging, ist mehrfach belegt, unter anderem durch das Geständnis des Schweizer Literaten und Freimaurers Arnold Schwengeler, der in einem internationalen Freimaurer-Organ («Euro-Mason») zum Thema «Vereinsgründungen der Logen» bemerkte: Ich nenne unter vielen anderen bloß den Rotary-Club, den Round Table Club, den Lions Club. Es sind abgezweigte Schößlinge, die vom alten Stamm der Freimaurerei herkommen, nun aber kräftig ihr eigenes Dasein führen, vielfach den Stamm selber überflügelnd.» (Zit. n. Homuth 1986, S. 26) Aus der hier ausdrücklich als Freimaurer-Organisation vorgestellten *Round-Table*(= «Runder Tisch»)-*Gruppe* ging nun aber geradlinig der *CFR* hervor.

Als (vorgeschobener) Gründer des CFR gilt Colonel Edward Mandell House (1858-1938), ein Spitzenagent der Großbankiers der internationalen Rothschildgruppe; nach Blackwood war er «protestantischer Geschäftsmann (Baumwolleinkäufer für Rothschildfirmen in England), Mitglied der "Illuminierten und Synarchischen Freimaurer der 'Masters of Wisdom' (sc. 'Meister der Weisheit'!)", Freund und engster Berater von Präsident Wilson» (Blackwood 1986, S. 52). Das ist übrigens eine der wenigen Stellen, wo Blackwood wenigstens andeutet, daß die «Absprachegremien» einen dezidiert freimaurerischen Hintergrund besitzen.

Die in London, dem Sitz der Mutter-Großloge der gesamten Weltfreimaurerei, bereits 1891 von dem Logenbruder Cecil Rhodes (anfangs unter anderem Namen) gegründete *Raund-Table-Gesellschaft*, «die in ihrem Aufbau, wie zum Beispiel durch den "Kreis der Eingeweihten", freimaurerisch geprägt war», hatte sich zum Ziel «die Verwirklichung des messianischen Projekts einer Weltregierung unter der Leitung eines Kollegs der "Eingeweihten"» gesetzt; höchst bemerkenswerter Weise gehörte diesem «Kreis der Eingeweihten» ein gewisser Lord *Nathaniel Rothschild* an (Blackwood 1986, S. 279). Auch andere Vertreter des Rothschild-Konsortiums saßen mit am «runden Tisch»: «Lord Milner, Nachfolger von Rhodes 1902, vergrößerte den Einfluß der Gruppe mit Sitz in Chatham-House, London ..., mit der Unterstützung der Midland Bank, der Lazard und der Morgan Bank. Er schuf einen äußeren Kreis von Helfern ("Association of Helpers"), die aus sieben Ländern stammten. Aus diesen entstanden dann, auf Initiative von Milner hin, die "Round-Table"-Gruppen in verschiedenen Ländern.» (Ebd. S. 280) Sowohl die Lazard als auch die Morgan Bank, wahrscheinlich auch die Midland Bank, waren Bestandteile des Rothschild-Bankenimperiums.

«Die Macht und der Einfluß der Rhodes-Milner-Gruppe in der britischen Kolonial- und Außenpolitik seit 1889», fährt Blackwood (ebd. S. 280f) fort, «obwohl in der Öffentlichkeit kaum erkannt, kann schwerlich übertrieben werden. Beispielsweise kontrollierte die Gruppe von 1890 bis 1912 die Zeitung "The Times" und sie beherrschte sie nach 1912 vollkommen. Die Ziele des "Round-Table" waren in der ersten Phase die Konstituierung des englischen Reiches als "Commonwealth" und in der zweiten Phase dessen Fusion mit den Vereinigten Staaten, an der eine entsprechende Gruppe "New Republic" (1914) ... arbeitete. So werden die "English-speaking Peoples" (sc. "Englischsprechende Völker") - von Ideologen wie H.W. Armstrong die "elf verlorenen Stämme Israels" genannt - die Welt, wie Dr. Quigley sagt, beherrschen können. Der ehemalige Führer der sephardischen (sc. also jüdischen) Gemeinschaft der Vereinigten Staaten, Henry Pereira Mendes, zeigt diesen Plan klarer in seinem Buch "England and America, the Dream of Peace" (1898), ebenso wie er in einem anderen Buch "Looking Ahead" (1899) den Ersten Weltkrieg und seine Folgen, unter ihnen die Schaffung einer jüdischen Heimat, ankündigte.»

Die US-amerikanische Round-Table-Gruppe nannte sich «National Civic Federation» (NCF, «Nationaler Bürger-Bund», vgl. ebd. S. 194). Als sich die Londoner Round-Table-Gruppe nach dem ersten Weltkrieg in «Chatham House» umbenannte, wurde auch die amerikanische Tochterorganisation NCF neuformiert und nannte sich seitdem «Council on Foreign Relations». Blackwood berichtet darüber: «Der "Rat für auswärtige Beziehungen" wurde 1919 in New York auf Veranlassung einflußreicher Kreise von ihrem Beauftragten "Colonel" E. Mandell House, "dem Kissinger Wilsons" und seinen intellektuellen Freunden konzipiert, um US-Regierung und Bevölkerung von ihrer laut House "negativen", von Präsident Washington festgelegten Politik der "Nichteinmischung in ausländische Händel" auf eine "positive", von Wilson mit der Kriegserklärung an Deutschland am 7. April 1917 begonnenen Außenpolitik zugunsten "einer Weltgemeinschaft" zu bringen. ... House und seine Freunde (gründeten) den CFR 1921 in New York, um durch Umerziehung für ihr Ziel einer "Neuen Weltordnung" zu wirken, während seine englischen Freunde, unter anderem aus der "Round-Table-Richtung" der Freimaurerei, "The Royal Institute of International Affairs" (genannt "Chatham House") bildeten. Heute ist die ganze Welt mit CFR-Ablegern überzogen ... Wie aus der Reihe von Vortragsveranstaltungen hervorgeht, hat (sc. in den USA) fast jeder der heute amtierenden Regierungschefs, jeder Bewerber auf ein politisches Amt und jeder Politiker, der für diesen Posten in Frage kommt oder aus dem Hintergrund operiert, sich dem CFR vorzustellen.»

Die CFR-Ableger spielen eine vergleichsweise geringe Rolle, der CFR beherrscht hauptsächlich die USA. «Der *Council on Foreign Relations*», schreibt R. Camman (1985, S. 3f), stellt sich als eine amerikanische Studiengruppe dar, die in sich Spezialisten in der Diplomatie, der Finanz, der Industrie, der Wissenschaft, der Information vereint, die fähig sind, in der amerikanischen Öffentlichkeit eine internationale Mentalität zu erzeugen und die Initiativen in diese Richtung zu koordinieren. Gegenwärtig gehören dem CFR 1400 Mitglieder an, die die wichtigsten Posten in der US-Regierung, der Politik, der (vor allem multinationalen) Wirtschaft, den Massenmedien, im CIA (dem Geheimdienst), ja sogar in der Religion innehaben. Mit großzügiger Unterstützung der Ford-, Carnegie- und Rockefeller-Stiftungen ebenso wie der großen, international maßgeblichen Konzerne wie IBM, ITT, Standard Oil of New Jersey (das heißt *Exxon* [sc. Rockefellers größter Öl-Konzern]) übt der CFR einen übermächtigen Einfluß auf die Regierung der Vereinigten Staaten, auf den Kongreß und auf die beiden haupten politischen Parteien, die Demokraten und die Republikaner, aus. Die Mitglieder des *Council on Foreign Relations* sind Amerikaner, denen ihre internationalen Beziehungen die Ausübung einer engen Kontrolle über die Staaten der westlichen Welt erlauben, sei es direkt, sei es mittelbar durch gleichartige oder angegliederte Gesellschaften oder durch internationale Organisationen wie die Weltbank, in denen sie den Vorsitz führen.»

Auch nach Blackwood reicht der *mittelbare* Einfluß des CFR weit über die Vereinigten Staaten hinaus. «Vorsitzender des CFR ist seit 1970 David Rockefeller. Offizielles Organ ist die Vierteljahreszeitschrift "Foreign Affairs", die die Strategie der US-Außenpolitik vorschreibt. Durch die Mitgliedschaft der größten Verleger und Leitartikler überregionaler Zeitschriften und Zeitungen sowie von Vorstandsmitgliedern der Fernsehketten hat der CFR entscheidend Anteil an der Meinungsformung in den USA. Über die "International Herald Tribune", die einzige weltweit verbreitete, in Paris erscheinende Tochter der "New York Times" und "The Washington Post" sowie die nachgeschalteten anderssprachigen Medien in erheblichem Maß auch in der ganzen westlichen Welt. Mit der Gewinnung der steuerfreien Rockefeller- und Carnegie-Stiftungen für ihre Ziele erschloß sich der CFR 1927 die wichtigste Quelle seiner Einnahmen, die sich unter anderem aus Mitglieds- und Firmenbeiträgen, Investment- und Abonnementseinkommen zusammensetzen.» (Blackwood 1986, S. 54)

Eine Unterorganisation des CFR ist das gleichfalls in New York beheimatete «Institut für Weltordnung», das als offizielles Organ die Monatszeitschrift «Transition» («Übergang» - ein sehr sinniger Titel!) herausbringt. Der (1984 noch) Ehrenvorsitzende dieses Instituts, C. Douglas Dillon, war Vorgänger von David Rockefeller im Amt eines Vorsitzenden des CFR (vgl. ebd. S. 267).

Die «Bilderberger-Gruppe»

Wahrscheinlich hauptsächlich zu dem Zweck, auch Europa vollständig unter die geheime Herrschaft der Schatten-Weltregierung zu bringen, wurde zu Beginn der fünfziger Jahre die *Bilderberger-Gruppe* geschaffen. Nach der Ausblutung Europas durch die beiden von ihr fabrizierten (Näheres dazu in Band 2!) Weltkriege bzw. «europäischen Bürgerkriege», sagt R. Camman (a.a.O. S. 4), «suchte die staatenlose Hochfinanz die märchenhaften Märkte des europäischen Wiederaufbaus mit Beschlag zu belegen. Sie schuf eine neue Geheime Gesellschaft, die von den Mitgliedern des CFR beherrscht wird, mit denen man die obersten Verantwortlichen in Europa (als die Trojanischen Pferde der amerikanischen Finanz-Oligarchien) zusammenbringt, die *Bilderberger*-Gruppe. Geschaffen von einem Hochgrad der schwedischen Freimaurerei jüdisch-polnischer Herkunft mit Namen Joseph Retinger, erhielt die Bilderberger-Gruppe ihren Namen vom Hotel "Bilderberg" in Oosterbeek, wo im Mai 1954 die Gründungsversammlung unter der Präsidentschaft des Prinzgemahls der Niederlande, Bernhard von Lippe, stattfand.»

P. Blackwood bestätigt diesen Sachverhalt: «Das Verdienst, die Bilderberger-Bewegung in Gang gesetzt zu haben, wurde Joseph H. Retinger zugesprochen, der laut US-Kongreßbericht vom 15. September 1971 "allgemein für die 'graue Eminenz' der europäischen diplomatischen Kreise gehalten wurde" und der "viel zu dem Intrigenspiel der Geheimverhandlungen und der Machtorganisation auf höchster Staatsebene beitrug. Die nach seinem Tod 1960 auf ihn gehaltenen Lobreden bestätigen die Ansicht, daß 'er fast jeden kannte, der in Europa und den USA etwas zu sagen hatte'. Er brauchte nur den Telefonhörer abzunehmen, um sofort einen Termin beim Präsidenten zu bekommen; in Europa hatte er freien Zugang zu jedem politischen Zirkel ..."» (Blackwood 1986, S. 41) Prinz Bernhards Frau Juliana wird, gleichfalls nach Blackwood, «für die reichste Frau der Welt gehalten. Zufälligerweise waren Juliana und "Lord Victor" Rothschild, das nominelle

Oberhaupt des englischen Rothschild-Zweiges, als Hauptaktionäre von Shell Geschäftspartner» (ebd.), womit auch bereits erklärt ist, wieso ausgerechnet der niederländische Prinzgemahl in den Genuß kam, der Bilderberger-Gruppe in den ersten Jahren präsidieren zu dürfen.

«Es ist eine bedeutsame Tatsache, daß die wirklich großen Namen der internationalen Hochfinanz häufig bei den geheimen Bilderberger-Treffen auftauchen. In den USA traf sich diese "unsichtbare Regierung" wiederholt in Woodstock Inn in der kleinen abgelegenen Stadt Woodstock, Vermont. Das Inn gehört Laurence Rockefeller (sc. einem Bruder von David Rockefeller). 1964 trafen sie sich zum Beispiel in Williamsburg, einem weiteren Rockefeller-Landsitz. In Europa sind die Rothschilds Gastgeber der Treffen, die an solchen Orten wie dem luxuriösen Hotel d'Arbois in Megeve in den französischen Alpen stattfinden. 1962, 1973 und 1984 traf man sich im schwedischen Saltsjöbaden; Gastgeber waren die Wallenbergs, deren Vermögen auf zehn Milliarden Dollar geschätzt wird.» (ebd. S. 42)

Der Bilderberger-Gruppe gehören führende europäische Staatsmänner ebenso an wie zahlreiche aufgehende Sterne am politischen Himmel, wobei die Mitgliedschaft bei den Bilderbergern selbstverständlich nicht unschuldig daran ist, wenn diese Sterne tatsächlich den Zenit erreichen. Die amerikanische Zeitschrift "Liberty Lowdon" (zit. n. Blackwood 1986, S. 43) bemerkte einmal dazu: «Die Bilderberger haben sich immer sehr für Politiker eingesetzt, die das Zeug zum Staatschef hatten. Sowohl Harold Wilson als auch Edward Heath waren an Bilderberger-Treffen beteiligt, lange bevor sie britische Premierminister wurden. 1974 war auch der deutsche Finanzminister Helmut Schmidt anwesend, später wurde er Bundeskanzler. Der frühere amerikanische Präsident Gerald Ford ist ein treuer Verteidiger der Bilderberger. In einem Zeitungsinterview 1965 räumte Ford ein, daß er an zwei Bilderberger-Treffen teilgenommen hat, behauptete aber, bei diesen Konferenzen handele es sich lediglich um eine offizielle, wechselnde Gruppe öffentlicher und privater Führungspersonen aus Nationen der atlantischen Gemeinschaft, die sich zweimal im Jahr träfen, um die Weltlage zu besprechen.»

Natürlich sind das Abwiegelungsmanöver, die keinen denkenden Menschen über den wahren Charakter der Bilderberger-Gruppe täuschen können. «Wenn diese Treffen so langweilig und unbedeutend wären, wie die Bilderberger uns glauben lassen möchten», fragt Blackwood mit Recht, «würden sich dann internationale Bankers, Industrielle mit Milliardenumsatz, Angehörige von Königshäusern, führende Politiker, Militärs, Wissenschaftler und andere Akademiker von Rang aus ihren normalerweise hektischen Arbeitsabläufen für fast eine Woche losreißen, um eine halbe Weltreise zu machen, damit sie an einem solchen Treffen teilnehmen können?» (Ebd. S. 45)

Wie ist die Bilderberger-Gruppe strukturiert? Soweit man weiß, umfaßt sie rund 120 Personen aus dem schon beschriebenen Kreis der höchsten Repräsentanten des öffentlichen Lebens. Nur solche Politiker werden zu den Konferenzen eingeladen, «die ihre unverbrüchliche Loyalität für die Rockefeller-Rothschild-Intrige unter

Beweis gestellt haben» (ebd. S. 43f). «Jedes Jahr wird die Teilnehmerliste um 20 Prozent erneuert. Das "Ständige Büro" ist beauftragt, für eine konstruktive Zusammenarbeit zu sorgen, indem es diejenigen einlädt, die die Auffassungen und Ziele der Gründer teilen.» (Ebd. S. 45) Das heißt wiederum nichts anderes, als daß lauter Hochgradfreimaurer eingeladen werden. Gerald Ford, wie wir sahen ehemals Mitglied der Bilderberger, hat öffentlich eingestanden, Freimaurer im 33. Grad zu sein (ebd. S. 43); das wird bei den allermeisten Mitgliedern nicht anders aussehen.

Wer Mitglied im *CFR* ist, das kann eigentlich jedermann beispielsweise in «Who's Who in America» nachlesen, allerdings nur deshalb, weil es in Amerika unglaublich viele ähnlich klingende harmlose(re) Organisationen gab und gibt, so daß von sich aus so gut wie niemand dem CFR eine irgendwie außergewöhnliche Bedeutung beimessen würde; die diesbezüglich bestehenden fast vollständigen Informationslücken in der amerikanischen und der Welt-Öffentlichkeit, die ja keineswegs zufälliger Natur sind, erlauben es dem CFR, ganz öffentlich zu firmieren. Natürlich ist öffentlich über die *Hintergründe* und die *wirkliche Zielsetzung* dieses Organs gar nichts Konkretes zu erfahren; sie unterliegt strikter Geheimhaltung oder wird dem Publikum nur in unmerklichen Dosen enthüllt. Die Arbeitsmethode der Freimaurerei ist so gesehen auf allen Ebenen der Pyramide immer wieder dieselbe.

Dennoch sollte nicht bloß die wahre Zielsetzung sondern diesmal sogar die bloße Existenz der *Bilderberger-Gruppe* ursprünglich vollkommen verborgen bleiben. Aber man hatte die Hartnäckigkeit der kleinen Gruppe wachsamer und kritischer Journalisten unterschätzt, die es - anders als der Großteil ihrer (oft geschurzten) Kollegen - ablehnen, bloß die «intellektuellen Huren» der internationalen Hochfinanz bzw. Spitzenfreimaurerei zu sein. Die Bilderberger waren gezwungen, berichtet Blackwood (CODE Nr. 11/1987, S. 24), «öffentlich ihre Existenz zuzugeben, nachdem wir Fotos von einem Geheimtreffen in einem luxuriösen französischen Badeort im April 1974 veröffentlicht hatten. Die Fotos, die mit einer Teleskoplinse aus der Ferne aufgenommen waren - über 1000 bewaffnete Polizisten und Wachmänner patrouillierten um das abseits gelegene Hotel -, zeigten Joseph E. Johnson, den ehemaligen Präsidenten der Carnegie-Stiftung für Internationalen Frieden. ... Nach dieser Enthüllung fühlten sich die Bilderberger zwar gezwungen, ihre Existenz zuzugeben, doch sie leugneten weiterhin, in irgendeiner Form von Bedeutung zu sein. Sie begannen, vor ihrem Treffen "Pressekonferenzen" abzuhalten, und stellten sich als eine unwichtige Diskussionsgruppe dar, die nichts von Bedeutung bewirke. Außerdem gaben sie unvollständige "Teilnehmerlisten" aus. Nach dem Treffen gaben sie eine weitere Pressekonferenz und teilten dann mit, daß sie eigentlich nichts getan hätten. Die gehorsame Presse schrieb "Herzensgeschichten" über VIPs (sc. «Very Important Persons» - Hochwichtige Persönlichkeiten), die sich getroffen haben, und stellte das Ereignis als eine reine gesellschaftliche Begebenheit dar. Beim Bilderberger-Treffen des Jahres 1975 in Cesme, Türkei, deckte ein Reporter die Gegenwart von William F. Buckley jr., der sich selbst als "konservativer" Kolumnist bezeichnet, auf. Kaum ein Jahr zuvor, am 12. Juli 1974, hatte dessen Bruder, der US-Senator James Buckley, an R.O. Gorman aus Douglas Town, US-Bundesstaat New York, geschrieben: "Offen gesagt glaube ich nicht an die Theorie, daß es eine Organisation internationaler Banker mit dem Namen Bilderberger gibt oder daß bestimmte Mitglieder unserer Regierung an der Bildung einer solchen Gruppe beteiligt sind."»

Die Bilderberger-Gruppe ist, wie schon erwähnt, innigst mit dem CFR verflochten: Spitzenmitglieder des CFR sind stets zugleich Mitglieder der Bilderberger. «Die Bilderberger-Gruppe, erklärt Jacques Bordiot in seinem Buch "Die unsichtbare Regierung", ist nach dem Vorbild der Illuminaten von Bayern in "konzentrische Kreise" gegliedert. Der "äußere Kreis" setzt sich aus den Teilnehmern an den Konferenzen zusammen, wo Mitglieder neben nicht-eingeweihten Eingeladenen sitzen, die zur Rekrutierung und zur Abschirmung dienen. Der erste "innere Kreis" ist allein für Eingeweihte reserviert und bildet das "Steering Committee" (Steuerungs-Komitee), bestehend aus 24 Europäern und 15 Amerikanern (sc. also aus 39 = 3 x 13 Personen!), diese letzteren sind fast sämtlich Mitglieder des CFR, wie Georges W. Ball, Robert Murphy, Dean Rusk und David Rockefeller. Bestimmte dieser Mitglieder bilden den zweiten, noch geschlosseneren "inneren Kreis", das *"Bilderberg advisory committee"* (Beratungs-Komitee), von dem man lediglich weiß, daß es europäische und amerikanische Eingeweihte umfaßt, wobei die letzteren *allesamt* dem CFR angehören, vor allem der Generalsekretär für die Vereinigten Staaten, David Rockefeller. Es wird von einem aus seinen Mitgliedern Gewählten präsidiert, der nicht notwendigerweise der offizielle Vorsitzende der Bilderberger-Gruppe ist.» (Camman 1985, S. 4)

Man kann also zwar davon ausgehen, daß sämtliche Mitglieder der Bilderberger-Gruppe Hochgradfreimaurer, nicht aber daß sie restlos Eingeweihte sind, zumal eben der Anteil der ständigen Mitglieder nur bei etwa einem Drittel liegt, während die übrigen zwei Drittel immer wieder ausgetauscht werden. «A.K. Chesterton, der bekannte englische Experte für internationale Machtpolitik, schreibt: "Wenn die Bilderberger-Treffen keine Beschlüsse fassen oder politische Leitlinien empfehlen, dann deshalb, weil die Beschlüsse bereits gefaßt sind und die politischen Leitlinien schon existieren. Die Delegierten versammeln sich, um zu hören, was bereits beschlossen ist. Sie brauchen keine Anweisungen. Sobald das Programm verkündet ist, wissen sie nur zu gut, was von ihnen erwartet wird. ..." Politische Strohmänner kommen und gehen, sie nennen sich "demokratisch", "gemäßigt", "liberal", "konservativ" - aber die Pläne der Elite für eine Weltdiktatur entwickeln sich erbarmungslos weiter. Figuren auf dem Schachbrett der Bilderberger-Geheimgesellschaft.» (Blackwood 1986, S. 45)

Die «Trilateral Commission»

Der jüngste Zweig der Schatten-Weltregierung entsproß dem Stamm des CFR im Jahr 1973. «Nach eigenen Angaben wurde die "Trilateral Commission" ... als "eine

Gruppierung von Privatpersonen aus Westeuropa, Japan und Nordamerika" - daher trilateral (sc. «dreiseitig») - von David Rockefeller, Aufsichtsratsvorsitzender der Chase Manhattan Bank und Präsident des Council on Foreign Relations (CFR), gegründet. Die Commission besteht aus 200 im Gegensatz zu den Bilderbergern ständigen "Kommissaren". "Kommissare" sind Bankiers und Bankers, Industrielle und Industriemanager, Intellektuelle, Schriftsteller und Journalisten, Beamte, Politiker, Abgeordnete und Gewerkschaftler. Vorsitzender ist Zbigniew Brzezinski, in Polen geboren, Kanadier, seit 1958 US-Staatsbürger, "der Kissinger der Carter-Regierung" und ehemaliger Sicherheitsberater beim US-Präsidenten Jimmy Carter. Einem Ausschuß, dem "Trilateral Political Commitee" (Politbüro) obliegt die Geschäftsführung. Die Trilateral Commission wird in erster Linie von den folgenden steuerfreien Stiftungen finanziert: Ford Foundation, Lilly Endowment, Rockefeller Brothers Fund und Kettering Foundation ... Die ideologische Zielsetzung ist ebenso wie beim CFR und dessen internationalem Arm, den Bilderbergern, die Verwirklichung der "Neuen Weltordnung" ...» (Blackwood 1986, S. 363)

Wieso weiß man über die Trilaterale Kommission viel besser Bescheid als über die Bilderberger? Nun, «aufgrund der Peinlichkeiten im Zusammenhang mit dem Thema Bilderberger machte David Rockefeller keinen Versuch, so zu tun, als würde die Trilaterale Kommission nicht existieren, als er diese im Jahre 1973 gründete. Er folgte der gleichen Linie und tat so, als handele es sich dabei um einen harmlosen Denktank.» (Blackwood in CODE Nr. 11/1987, S. 24) Über die ersten Anfänge der Trilateralen berichtet D. Griffin (1986, S. 224f) folgendes: «Im Jahre 1972 schlug Rockefeller in einer Rede vor dem internationalen Finanzpublikum der Chase Manhattan Bank in London, Brüssel und Paris die Gründung einer Internationalen Kommission für Frieden und Wohlstand vor (die später Trilaterale Kommission genannt wurde), die "dafür sorgen sollte, daß die klügsten Köpfe sich mit den Problemen der Zukunft befassen". Zum Schluß seiner Ausführungen sagte er: "Die Angehörigen dieser neuen Generation werden sich viel leichter als ihre Vorfahren über nationale und sprachliche Grenzen hinwegsetzen. Sie werden ein Maß an wirtschaftlicher Integration für selbstverständlich halten und jenen Widerstand leisten, die sich in die Getrenntheit zurückziehen möchten." ... Der Multi-Milliardär David Rockefeller hat Brzezinski zu seinem Strohmann gewählt, der dann seine elitäre Trilaterale Kommission gegründet hat. ... Er hatte den Auftrag, 200 Mitglieder auszuwählen, die das nächstbeste zu einem Weltvorstand darstellen würden.»

«Die Trilaterale Kommission», schreibt Blackwood, «wurde zum zweitmächtigsten Zweig der Weltregierung und ihr gehören - mit Ausnahme der Rothschilds - die gleichen Leute an wie den Bilderbergern. Sie dehnten ihren Einfluß auf Japan aus, das nach dem Zweiten Weltkrieg zu einer bedeutenden Wirtschaftsmacht auf der Welt geworden war ...» (CODE Nr. 11/1987, S. 24) Auch Camman erblickt den Hauptgrund für die Schaffung einer dritten geheimen Weltregierungs-Organisation in der Notwendigkeit, auch den neuen Wirtschaftsriesen Japan (bei dem übrigens B'nai B'rith aus einleuchtenden Gründen nicht Fuß fassen konnte, wohl aber die Schottische und anderweitige Hochgradfreimaurerei) beizeiten unter CFR-

Kontrolle zu bringen. Man beschloß, «eine neue Geheimorganisation zu schaffen, die die Gesamtheit der Industrienationen der westlichen Welt unter einen Hut brächte: *die Trilaterale Kommission* ..., das Dreieck der Freimaurer, das als Spitze die USA (Wall Street) und als seine Basis Japan und Europa hat, anders gesagt: die Tokioter Börse und die Londoner City. Die Trilaterale wurde aus der Creme des CFR, der Bilderberger-Gruppe und der englischen Freimaurerei gebildet ... Der Freimaurerei sehr nahestehend - die italienische parlamentarische Kommission, die mit der Untersuchung der Machenschaften der Loge P2 beauftragt war, hat es in ihrem Bericht unterstrichen - verachtet die Trilaterale die Symbole und die Riten der "Söhne der Witwe" (sc. der Freimaurer), aber sie hat sich deren Gaunerei zu eigen gemacht: ihre verfilzte Tätigkeit, von den Regierungen und den Medien willentlich ignoriert, erlaubt es ihr, ihre Leute in die Schlüsselpositionen der Staaten zu bringen, die höchsten Kreise der westlichen Welt zu "infiltrieren". ... Die *Trilaterale Kommission* ist eine Organisation amerikanischen Ursprungs mit Sitz in den Vereinigten Staaten (345 East 46th Street, New York), halb-geheim und international, die in ihrem Schoß angesehene Persönlichkeiten vereint, meistens Mitglieder anderer Geheimgesellschaften (wie der Freimaurerei, des B'nai B'rith, der Bilderberger-Gruppe, des *Council on Foreign Relations*), die es auf sich genommen haben, auf ihre Weise die mit Japan verbundene westliche Welt zu regieren. Die Mitglieder der *Trilateralen* rekrutieren sich durch Hinzuwahl, und zwar aus Finanz- und Wirtschaftskreisen ebenso wie aus den Politikern und Presse"patronen". Einziges Kriterium: sie müssen für fähig befunden worden sein, den großen weltumspannenden Plan der Organisation zu begreifen und nutzbringend an seiner Verwirklichung zu arbeiten. ... Wie die Freimaurerei vor der französischen Revolution ist auch die Trilaterale klug: sie enthüllt ihre Absichten nur teilweise. Man muß die von ihren Mitgliedern erstellten Berichte haufenweise lesen - obendrein muß man in der Lage sein, sich diese vertraulichen Texte zu beschaffen -, um das Fadenende des trilateralen Denkens zu erwischen und unter einem Wust von Allgemeinplätzen die Triebkräfte des Unternehmens zu entdecken.» (Camman a.a.O. S. 5f)

Aus der von Camman fotomechanisch reproduzierten originalen, strikt geheimen vollständigen Mitgliederliste (in amerikanischer Sprache) der Trilateralen (Stand vom 1. Januar 1984) geht hervor, daß sie einen genau vierzigköpfigen Vorstand besitzt, das sogenannte «Exekutiv-Komitee». Zieht man Mr. David Rockefeller, der eine dieser vierzig Personen ist, ab, so hat man - wie bei den Bilderbergern - einen «inneren Kreis» von 39 = 3 x 13 Personen!

Der Umstand, daß der Gründung des CFR die der Bilderberger und zuletzt die der Trilateralen folgte, hat noch andere Hintergründe, nämlich die bereits mehrfach angesprochene ständige Rivalität zwischen dem Rockefeller- und dem Rothschild-Clan. Während im amerikanischen CFR Rockefellers Getreue ein gewisses Übergewicht besitzen, ist es in der Bilderberger-Gruppe umgekehrt: dort dominieren, ungeachtet der ständigen Mitgliedschaft David Rockefellers persönlich, die Rothschilds. Japan in eine neue Organisation der Schatten-Weltregierung zu einem Drittel miteinzubeziehen war ein genialer Schachzug Rockefellers, um erneut den

Einfluß der Rothschilds zu schwächen, da es in Japan bekanntlich nahezu überhaupt keine Juden und folglich auch keine B'nai B'rith-Freimaurer gibt. Gleichzeitig mit der Gründung der Trilateralen Kommission suchte Rockefeller die Rothschilds noch auf andere Weise ins Hintertreffen zu bringen: er kündigte (bzw. ließ kündigen!) einseitig das internationale Abkommen von *Bretton-Woods* aus dem Jahr 1944, das «einen Ausgleich zwischen den Interessengruppen von Gold (Rothschild, Frankreich) und Dollar (Rockefeller, USA) durch die Festsetzung von 35 US-Dollar für eine Unze Gold» (Blackwood 1986, S. 364) geschaffen hatte. Dadurch wurde es möglich, den Wert des Golds (gegebenenfalls zum Schaden der Rothschilds) zu manipulieren. Daß zwischen der plötzlichen Einführung der freien, vom Gold abgekoppelten Dollar-Wechselkurse und der Gründung der Trilateralen Kommission ein enger Zusammenhang bestand, wurde 1983 von Paul Volcker, Chef der US-Notenbank, in einer Rede vor der Trilateralen bestätigt (vgl. ebd. S. 27).

Weil die Rockefellers schon früher auf dem Umweg über die auf Dollarbasis berechneten Ölpreise das Abkommen mit den Rothschilds allmählich unterlaufen hatten, war es bereits vorher zu offenen Streitigkeiten zwischen beiden Parteien gekommen, die freilich von den Massenmedien ganz anders interpretiert wurden. Nach Blackwood steckte beispielsweise hinter den berühmten Pariser Studentenunruhen vom Mai 1968 höchstens in zweiter Linie das, was Philosophen, Historiker, Soziologen etc. bis heute als angebliche Ursache(n) herausgestellt haben; zuallererst handelte es sich um eine Aktion des von Rockefeller beherrschten amerikanischen Geheimdienstes CIA, der den Auftrag hatte, diese Unruhen zu erzeugen, um - den Wert des französischen Franc auf den internationalen Devisenmärkten nachhaltig zu erschüttern, so daß er nur durch massive Goldverkäufe aus Rothschildbeständen vor einer verderblichen Talfahrt bewahrt werden konnte. Angeblich mußte Frankreich (sprich: der französische Rothschildzweig) damals ein Drittel seiner Goldbestände veräußern. «Als Gegenschlag hierzu wurde Watergate durch die rothschildnahe Presse und Fernsehen enthüllt. Es folgten die "Skandale" von CIA, Lockheed und Bilanzprobleme der Rockefellerschen Großbanken. Hierzu ein Zitat aus "The Trilateral Monster" von C.H. Baker: "Aufgrund des wachsenden Konfliktes zwischen Rothschild und Rockefeller boykottierte Edmond de Rothschild (Rivale von Familienchef Guy) das Treffen in Japan (sc. 1975). Eine Anzahl von Rothschild-Zionisten rebellierte jedoch innerhalb der Commission gegen die Veröffentlichung des von Rockefeller inspirierten Trilateral-Berichtes ('Die Krise der Demokratie'). Über diesen Konflikt innerhalb der Trilateral Commission wurde innerhalb von Stunden von der 'New York Times' berichtet. Kurz darauf lenkten andere zionistische Veröffentlichungen wie 'Newsweek' und syndizierte Kolumnisten wie Stephen S. Rosenfeld die Aufmerksamkeit ausführlich auf die wachsende internationale Macht der Trilateral Commission und ihre diktatorischen Pläne."» (Blackwood 1986, S. 365) Selbstverständlich hat man sich nach diesem Eklat sehr rasch wieder zusammengerauft, denn noch sitzen die beiden Multi-Milliardärs-Dynastien, ob sie wollen oder nicht, in einem Boot, und es wäre auch für die Rothschilds nicht gut, wenn die Öffentlichkeit zu viel über die Trilaterale Kommission erführe.

Übrigens treten auch noch in anderer Form die Interessenunterschiede zwischen den beiden nach der alleinigen Weltmacht strebenden Blöcken an die Öffentlichkeit. Nach R. Camman «haben sich im Schoß des CFR und der Bilderberg-Gruppe zwei Clans formiert, die dasselbe Ziel einer Weltregierung und der Beschlagnahme aller Länder durch die internationale Hochfinanz anstreben, aber auf leicht unterschiedlichen Wegen. Die Reformisten oder Tauben verteidigen die Handelsbeziehungen um jeden Preis, mit Moskau ebenso wie mit Peking; hier handelt es sich um die von der Konsumgüterindustrie unterstützte vorherrschende Tendenz des CFR. Die Konservativen oder Falken verteidigen die diplomatischen Positionen der Stärke (kalter, manchmal auch heißer Krieg); unter ihren durch die Rüstungsindustrie unterstützten Wortführern befanden sich Nixon in den USA und Prinz Bernhard in Europa; das war die vorherrschende Tendenz der Bilderberger. Die Skandale der "Weinkrüge" der Firma Lockheed und der "Installateure von Watergate" sind der Höhepunkt dieses Kampfes der Clans, der CFR und Bilderberg-Gruppe gegeneinander ausspielt und der den Triumph der Reformisten oder Tauben des CFR über die Konservativen oder Falken der Bilderberg-Gruppe sowie die Niederlage - unter anderen - Nixons und Prinz Bernhards von Lippe gesehen hat ...» (Camman 1985, S. 4f) Daß dem «Sieg» des CFR, wie Camman es sieht, noch ganz andere Aspekte anhaften, wird sich bei der Behandlung des Kommunismus (s.u.!) erweisen.

Die Schatten-Weltregierung

Über die «Arbeitsweise» der Schatten-Weltregierung schreibt P. Blackwood: «Im Jahre 1954 - als die Bilderberger ihre erste formelle Sitzung abhielten - wurden systematische Jahrestreffen der Weltregierung eingeführt. ... Über drei Jahrzehnte lang haben sich also die drei Hauptzweige der Weltregierung jedes Jahr regelmäßig getroffen. ... Radikale Änderungen in der Wirtschaftspolitik und der Weltpolitik allgemein folgen oft auf die Frühjahrstreffen von Bilderbergern und Trilateralen, die ihre gemeinsamen Entscheidungen an den Council on Foreign Relations (CFR), den Club of Rome und andere Zweige der Weltregierung durch die Mitgliedschaft der wichtigsten Personen in allen Gremien übertragen. Das Bilderberger-Treffen von 1971 führte zu US-Präsident Richard Nixons Politik der 'Détente' (sc. Entspannung), im Rahmen derer David Rockefeller die Sowjetunion und Rotchina besuchte und neue Märkte öffnete. Nixon wertete den Dollar zum ersten Mal in 32 Jahren ab und Spekulanten machten dadurch Millionen. ... Die Einführung des ECU als Währung unter den Ländern des europäischen gemeinsamen Marktes, die Durchsetzung der Strategischen Verteidigungs-Initiative (SDI) mit der Begründung, daß Riesenprofite gemacht werden können, doch daß sie weltweit durchgeführt werden muß - Großbritannien erhielt daraufhin einen "Forschungs"-Auftrag, der aus amerikanischen Steuergeldern finanziert wurde -, sind nur einige Beispiele aus jüngster Zeit.» (CODE Nr. 11/1987, S. 25)

Aus den Mitgliedern der «inneren Kreise» der drei geheimen Absprachegremien (auch die Trilaterale und erst recht der an sich mit 1400 Mitgliedern viel zu große und schwerfällige CFR besitzen zweifellos mehrere Einweihungsgrade), die ziemlich schwierig zu identifizieren sind, setzt sich also höchstwahrscheinlich der «Rat der 500» oder «Rat der 300» zusammen. Eine ganz kleine Auswahl aus diesen Spitzenfreimaurern konstituiert endlich den 33er-Kreis der engen Vertrauten der Rockefellers und Rothschilds, während aus diesen nochmals 13 Personen als die allerengsten Vertrauten ausgelesen werden (falls nicht die Geheimen Oberen selber zu dieser Zahl gehören). Darüber, wer diesen beiden obersten Rängen der satanischen Hierarchie angehören könnte, läßt sich nur noch spekulieren.

Die drei Hauptgremien der Schatten-Weltregierung bestehen zu einem kleinen Teil aus den jeweils gleichen Personen. Manche davon sind gleichzeitig Mitglied bei den Bilderbergern und der Trilateralen Kommission, andere sitzen sowohl im CFR als auch in der Trilateralen, ganz wenige auch in allen drei Gremien. Manche sind auch im Lauf der Zeit von einem Gremium in das andere übergewechselt. Man wird jedenfalls nicht fehl in der Annahme gehen, daß zum Rat der 33 nur Personen gehören, die langjährige Mitglieder mindestens eines der Gremien sind, noch wahrscheinlicher aber nur solche, die mindestens zweien der Gremien gleichzeitig angehören oder doch nacheinander angehört haben. Aus der von R. Camman a.a.O. publizierten vollständigen (geheimen) Mitgliederliste der Trilateralen Kommission vom 1. Januar 1984 sowie der geheimen vollständigen Liste der Teilnehmer am Jahrestreffen der Trilateralen Kommission in San Francisco vom März 1987 und der ebenfalls strikt geheimen Liste der Teilnehmer am Bilderberger-Treffen vom Mai 1985 in Rye Brook, New York (beides publiziert in CODE Nr. 10/1987, S. 24ff) läßt sich ungefähr ersehen, wer zur Zeit für den «Rat der 33» in Frage kommt.

Außer David Rockefeller, der selbstverständlich ständig allen drei Gremien angehört, saß z.B. ein gewisser Winston Lord 1984 als Präsident des CFR auch in der Trilateralen und war 1985 Teilnehmer bei der Bilderberger-Konferenz. Gleichfalls in *beiden* jüngeren Zweigen der Schatten-Weltregierung spielt eine Rolle der Direktor des deutschen Ablegers des CFR, nämlich des «Forschungsinstituts der Deutschen Gesellschaft für auswärtige Angelegenheiten», der Kölner Universitätsprofessor Karl Kaiser. In beiden Gremien trifft er regelmäßig den Präsidenten des Deutschen Industrie- und Handelstags, Otto Wolff von Amerongen, an, ebenso Giovanni Agnelli, den Chef des Turiner Fiat-Konzerns, außerdem die allgegenwärtigen Rockefeller-Agenten Henry Kissinger und Zbigniew Brzezinski oder auch den ehemaligen Präsidenten der Weltbank A.W. Clausen.

«Zum Beispiel spielt Robert McNamara eine typische Rolle. Er gab im Jahr 1961 den Job als Präsident der Ford Motor Company mit einem Jahresgehalt von 600 000 Dollar auf, um unter US-Präsident John F. Kennedy Verteidigungsminister zu werden, obwohl er ein "Republikaner" war. Danach wurde McNamara Präsident der Weltbank, wo er als permanenter Vorsitzender des CFR und der Bilderberger-Gruppe weiterhin den Plan der Weltregierung forcierte ...» (Blackwood in CODE

Nr. 11/1987) Seit einer ganzen Reihe von Jahren ist McNamara auch Mitglied der Trilateralen, und zwar ihres Exekutiv-Komitees! Der langjährige CDU-Schatzmeister Walter Leisler-Kiep gehörte eine zeitlang der Bilderberger-Gruppe an, bis er vor wenigen Jahren in die Trilaterale Kommission überwechselte, wo er sich - nebenbei bemerkt -in der Gesellschaft des FDP-Vorsitzenden Otto Graf Lambsdorff sowie der SPD-Bundestagsabgeordneten Horst Ehmke (Mitglied des Exekutiv-Komitees) und Konrad Porzner wiederfindet. Eine Besonderheit der Trilateral Commission ist, daß sie - im Gegensatz zu den Bilderbergern aber genauso wie der CFR - die Mitgliedschaft solcher Personen automatisch suspendiert (also zeitweilig ruhen läßt), die einen Regierungsposten übernehmen. Deshalb stand in der offiziellen Liste von 1984 unter der Rubrik «Frühere Mitglieder im öffentlichen Dienst» neben Otto Graf Lambsdorff als Wirtschaftsminister der BRD auch Gerhard Stoltenberg von der CDU als Finanzminister der BRD vermerkt. Während Lambsdorff wegen seines inzwischen verlorengegangenen Ministerpostens schon wieder aktives Mitglied ist, wird Stoltenberg wohl noch wenigstens bis zur nächsten Wahl warten müssen (obwohl die Verbindungen zu den trilateralen Kollegen in der Zwischenzeit sicherlich nicht abgerissen sind) ... An dieser Stelle kann auch die in allgemeiner Form bereits bewiesene und mit verstreuten Details belegte Behauptung, die große und sogar kleinere Presse der westlichen Welt werde von den Logen zensiert, mit ganz konkreten Tatsachen untermauert werden. Denn ein Teil der Zeitungen wird für wichtig genug gehalten, um ihre Herausgeber oder wenigstens einzelne Redakteure in die geheime Schatten-Weltregierung aufzunehmen. Wenn ein gutes Dutzend Vertreter national und international bedeutender Massenmedien sogar den Bilderbergern und der Trilateralen Kommission angehören, kann man sich leicht ausrechnen, daß hunderte anderer Medienverantwortlicher auf der nächsttieferen Ebene (B'nai B'rith bzw. Hochgradmaurerei) und tausende auf der Ebene der Johannesmaurerei, der Rotary-, Lions- und anderer logenbeherrschter Clubs angesiedelt sind.

Durchforsten wir also einmal die offizielle (geheime) Mitgliederliste der Trilateralen vom Januar 1984; dort stoßen wir auf folgende Personen: Robert L. Bartley, Herausgeber von «The Wall Street Journal», also des einflußreichsten amerikanischen Börsenblatts; James F. Hoge, Verleger der «Chicago Sun Times», einer der großen US-amerikanischen Tageszeitungen; William Hyland, Herausgeber des CFR-Organs «Foreign Affairs»; Tom Johnson, Verleger der «Los Angeles Times», der größten westamerikanischen Tageszeitung; Joseph Kraft, Kolumnist verschiedener US-Zeitungen; Luis Maria Anson, Präsident des nationalen Bundes der Pressevereinigungen (Spanien); Arrigo Levi, Kolumnist für die international bekannte «La Stampa» (Turin, Italien); Jesus Polanco Gutierres, Verleger von «El Pais», der größten und international bekannten Madrider Tageszeitung; Theo Sommer, Chef-Herausgeber der auflagenstärksten und international beachteten deutschen Wochenzeitung «Die Zeit» (Hamburg); Toshiaki Ogasawara, Präsident von «The Japan Times Ltd.», einem Tokioter Pressehaus, das vor allem die international beachtete «Japan Times» herausbringt; Akira Ogata, Nachrichtenkommentator am Japanischen Rundfunk.

Am 1989er Treffen der Trilateralen in Paris (vgl. CODE Nr. 7/1989, S. 26) nahmen außerdem teil: Flora Lewis, Kolumnistin der berühmten «New York Times», Strobe Talbott, Chef des Washingtoner Büros des international mehrsprachig erscheinenden «"Time" Magazine», sowie Katharine Graham, Vorsitzende und Verlegerin der gleichfalls berühmten «Washington Post», die zusammen mit der «New York Times» die Herausgabe der einflußreichen «International Herald Tribune» betreibt! Am 1987er Treffen (CODE Nr. 10/1987) hatte außerdem Claude Imbert, Chefredakteur der Pariser Zeitschrift «Le Point», teilgenommen. Als «Gäste» hatte man 1989 unter anderen geladen: Gunther Nonnenmacher, Redakteur der «Frankfurter Allgemeinen Zeitung»; Shinji Ohtsuki, Leitartikler der bekannten japanischen Tageszeitung «Asahi Shimbun»; Hobart Rowen, Leitartikler der «Washington Post»; Anton Sarasqueta, Redakteur der Madrider Zeitschrift «Cambia 16». Es versteht sich von selbst, daß diese Gäste nur zu dem Zweck «eingeladen» wurden, in ihren Organen die Politik der Trilateralen unauffällig und natürlich ohne Nennung der Kommission zu unterstützen.

Die Bilderbergerkonferenz von 1985 besuchten beispielsweise folgende Presseleute: Franciscus Pinto Balsemo, Direktor des «Journal Expresso» (Portugal); Bjorn Bjarnason, stellvertretender Chefredakteur des isländischen «Morgunbladid»; Juan Luis Cebrian, Chefredakteur von «El Pais», die eine besondere Rolle zu spielen scheint; Andrew Knight, Mitarbeiter der englischen Wirtschaftszeitschrift «Economist»; Roy Mc Laren, Vertreter eines kanadischen Medienkonzerns und Verleger des Wirtschaftsmagazins «Canadian Business»; Niels Norlund, Chefredakteur der bekannten dänischen Tageszeitung «Berlingske Tidende»; schließlich erneut Theo Sommer von der «Zeit», die ebenfalls eine Schlüsselrolle in der europäischen Medienlandschaft einzunehmen scheint. Da die Mitglieder der Bilderberger-Gruppe alljährlich zu rund einem Fünftel ausgetauscht werden, dürften im Lauf der 35 Jahre seit Bestehen dieser ominösen Freimaurer-Elite schon einige Dutzend bedeutende Medienvertreter durch ihre «Schule» gegangen sein. Erwähnen wir abschließend noch, «daß nach der Feststellung des US-Senatsausschusses, der den CIA untersuchte, 90 Prozent der geheimen Nachrichten mit Hilfe verschlüsselter Texte und Bilder durch die Medien, besonders die Presse, übermittelt und verbreitet werden» (M. Adler, Die Freimaurer und der Vatikan, Lippstadt 1985, S. 163), wo also genügend «Wissende» an den Schalthebeln sitzen müssen!

Die Illuminaten

Die Erklärung für den zunächst sicherlich außerordentlich verblüffenden Umstand, daß Spitzenpolitiker «konservativer» und «liberaler» Parteien mit denen «linker» Parteien, die sie öffentlich fortlaufend vehement angreifen, insgeheim intensiv zusammenarbeiten, liegt zunächst in der schon besprochenen ausdrücklichen Überparteilichkeit der Freimaurerlogen, aus denen ja die Schatten-Weltregierung ihre

Mitglieder auswählt. Aber die Offenheit der Logen sowohl für «konservativ-liberale» als auch für sozialistisch-kommunistische Parteigänger bedarf ja selbst wieder einer tieferen Begründung. Diese Begründung existiert auch. Sie lautet - in knappster Form - folgendermaßen: «Der Gegensatz zwischen Kapitalismus in seiner letzten Entwicklungsstufe und Kommunismus ist weder ideologisch noch praktisch aufrechtzuerhalten.» (Blackwood 1986, S. 44) Mit anderen Worten: zwischen aufklärerisch-freimaurerischem Liberalismus und marxistisch-revolutionärem Kommunismus hat nie ein wirklicher Gegensatz bestanden und konnte auch gar keiner bestehen. Kommunismus ist nicht bloß in der Theorie sondern auch in der politischen Praxis der Geheimen Oberen nichts anderes als *folgerichtig zu Ende gedachter Kapitalismus*. Um noch deutlicher zu werden: Der Kommunismus ist als Ideologie wie als Machtgebilde vom liberalen Kapitalismus mit voller Absicht in die Welt gesetzt worden, um das geheime Endziel des verschwörerischen zionistischen Kapitalismus, die politische und pseudoreligiöse Weltherrschaft in einer einzigen Hand, verwirklichen zu helfen. Genau aus diesem Grund entspricht es dem tatsächlichen Rang zumindest der in das tückische Spiel eingeweihten, «wissenden» Marxisten, sie in der Satanshierarchie noch eine Stufe höher als die Hochgradfreimaurerei zu plazieren. Um aber zu verstehen, wieso der Kommunismus entgegen dem äußeren Anschein ein Machtinstrument der Geheimen Oberen ist, muß man sich zunächst mit dem *Illuminatentum* befassen.

Wer es unternimmt, den wahren Ursprüngen des Kommunismus (der eben keineswegs erst bei Marx und Engels begann) nachzuspüren, stößt früher oder später mit Sicherheit auf den Illuminatenorden. Und er macht die aufregende Entdeckung, daß die Geschichte des Illuminatentums die Ur- und Frühgeschichte des Kommunismus ist.

Die offizielle Geschichte des Illuminatenordens stellt nur eine kurze Episode dar und ist deshalb rasch erzählt. Der bei den Jesuiten in Ingolstadt erzogene und dann als einer der ersten Laien-Professoren für Kirchenrecht an der Ingolstädter Lehranstalt der Jesuiten dozierende, offenbar hochtalentierte *Adam Weishaupt* gab seine Stellung bereits mit 23 Jahren - im Jahr 1771 - wieder auf. In den folgenden fünf Jahren brütete er einen Plan zur Schaffung einer freimaurerähnlichen Geheimgesellschaft aus, die aber sehr viel straffer als die herkömmlichen Logen geführt werden sollte. Ihr direktes Ziel sollte die Errichtung einer *«neuen Weltordnung»* mittels im Verborgenen vorbereiteter und angezettelter Revolutionen gegen die europäischen Regierungen und die katholische Kirche sein.

Am 1. Mai 1776 schritt der inzwischen 28jährige Weishaupt zur Tat und gründete zusammen mit einigen Freunden den streng geheimen Orden der *«Illuminaten»*, also der *«Erleuchteten»*. Von Anfang an strebte Weishaupt die Eingliederung der schon bestehenden Freimaurerei in sein neues System an, die damit endgültig zum Instrument des Aufbaus der «Einen Welt» gemacht wurde. «In der 81. Edition der "Encyclopaedia Britannica" von 1910 wird erwähnt, daß der Orden in drei Hauptklassen eingeteilt war; die erste bestand aus "Novizen", "Minervalen" und "geringeren Illuminaten"; die zweite Klasse bestand aus Freimaurern - "gewöhnlichen" und "schottischen Rittern": der dritten oder Mysterienklasse gehörten "Priester" und "Regenten", "Magier" und "der König" an. Der König war natürlich Weishaupt selbst.» (Griffin 1986, S. 32) Schon die Novizen mußten zwar die fürchterlichsten Eide schwören, unbedingten Gehorsam und, bei Strafe der Verfolgung durch den gesamten übrigen Orden, strengstes Stillschweigen über alles zu bewahren, was im Orden vor sich ging. Aber erst «wenn ein Mitglied den "inneren Kreis" erreicht hatte, war sein Eid absoluter Geheimhaltung und fraglosen Gehorsams zu einer todernsten Angelegenheit geworden. Erst jetzt durfte er die letzten Ziele des Ordens erfahren: 1. Abschaffung jeder ordentlichen Regierung; 2. Abschaffung des Privateigentums; 3. Abschaffung des Erbrechts; 4. Abschaffung des Patriotismus; 5. Abschaffung aller Religionen; 6. Abschaffung der Familie und 7. die Errichtung einer Weltregierung. ... Die protestantischen Fürsten in Deutschland und Europa waren von Weishaupts Plan, die katholische Kirche zu zerstören, derart angetan, daß sie danach strebten, dem Orden beizutreten. Über diese Männer wurde die Kontrolle des Freimaurer-Ordens möglich, in den sie Weishaupt und seine Mitverschwörer 1777 einführten. Um den wahren Zweck der Illuminaten vor ihnen zu verschleiern, ließ Weishaupt die Fürsten nur für die unteren Grade zu. Am 16. Juli 1782 wurde auf dem Kongreß von Wilhelmsbad die Allianz zwischen Illuminaten und Freimaurern endgültig besiegelt. Mit diesem Pakt vereinigten sich die führenden Geheimgesellschaften der damaligen Zeit.» (Griffin 1986, S. 34f)

Im Jahr 1785 (vgl. für das folgende ebd. S. 30 und 37) wurde - gewiß nicht ohne göttliche Zulassung - ein berittener Kurier der Illuminaten bei Regensburg vom Blitz erschlagen. Wie die Polizei, in deren Hände nun alles fiel, was der Mann bei sich hatte, aus seinen mitgeführten Unterlagen entnehmen konnte, war der Bote von Frankfurt nach Paris unterwegs gewesen, «um Dokumente über Aktivitäten der Illuminaten im allgemeinen und ins Einzelne gehende Instruktionen für die geplante französische Revolution im besonderen zu überbringen. Die Dokumente stammten von Illuminaten in Deutschland und waren für den Großmeister der G.O.M. (die Großloge von Frankreich) in Paris bestimmt.»

Offenbar verängstigt durch die unverhoffte Aufdeckung ihrer hochverräterischen Machenschaften sagten sich vier eingeweihte Mitglieder des Ordens sofort von ihm los und entschlossen sich, vor Gericht auszusagen. Ihre Aussagen führten zu einer Razzia der bayerischen Polizei im Haus eines führenden Illuminaten, wo eine noch viel größere Menge von hochbrisantem Material sichergestellt werden konnte. Die bayerische Regierung wurde natürlich durch die in ihre Hände geratenen Beweise für die bereits sehr ausgedehnte und zielstrebige geheime Subversionstätigkeit der Illuminaten in Alarm versetzt. «Sie entschied, die Dokumente selbst sprechen zu lassen, indem sie sie veröffentlichte und in weitestmöglichem Rahmen zirkulieren ließ. Das offizielle Dokument trug den Titel "Originalschriften des Ordens und der Sekte der Illuminaten".» Sogar den Regierungen der übrigen europäischen Länder von England bis Rußland wurden die Illuminaten-Dokumente zugänglich gemacht. Offenbar infolge der bereits weit fortgeschrittenen Durchsetzung dieser Regierungen mit Freimaurern und Illuminaten (die fast alle Fürsten waren) hatte diese bayerische Initiative jedoch keinen Erfolg; nirgendwo machte man ernsthafte Anstrengungen, die Illuminatenverschwörung aufzudecken und auszurotten. So dauerte es denn auch nur noch vier Jahre, bis die Illuminaten eine erste Kostprobe ihrer satanischen «Kunst» ablieferten und erfolgreich die französische Revolution in Gang setzten.

Offiziell gelten die Illuminaten seit 1785 als «ausgerottet», so daß ihre Geschichte nach neun Jahren bereits ihr Ende gefunden hätte. Der scheinbare Zusammenbruch des Ordens, sagt Griffin, «diente der Sache der Verschwörer, die sich sofort daran machten, die Nachricht zu verbreiten, daß das Illuminatentum ein Ding der Vergangenheit sei. Diese Lüge ist seitdem von "Historikern" immer wiederholt worden, die die Wahrheit über die nun folgenden Aktivitäten der Illuminaten sorgsam verhüllten. Es wurde nun wichtiger als je zuvor, die Namen "Illuminaten" oder "Illuminatentum" aus dem öffentlichen Sprachschatz zu entfernen. Die (sc. von der bayerischen Regierung veröffentlichten) Instruktionen für den Rang eines Regenten lauteten: "Die größte Stärke unseres Ordens liegt in seiner Verborgenheit; laß ihn bei keiner Gelegenheit, an keinem Ort unter seinem Namen erscheinen, sondern immer unter einem anderen Namen und Gewerbe." ... Noch bevor die Kolonien sich vereinigten, die Verfassung verkündet und die amerikanische Republik gegründet wurde, bildeten sich schon fünfzehn Logen des Illuminatenordens in den dreizehn Kolonien. Die Columbia-Loge wurde 1785 in New York City gegründet ... Ein Jahr darauf wurde eine Loge in Virginia aus der Taufe gehoben, der Thomas Jefferson angehörte. Als Weishaupts diabolische Pläne von der bayerischen Regierung aufgedeckt wurden, verteidigte ihn Jefferson nachdrücklich als einen "begeisterten Menschenfreund".» (Griffin 1986, S. 37f)

Aber nicht bloß in Übersee lebte das Illuminatentum im Schoß der Freimaurerei, die es in Wirklichkeit beherrschte (es repräsentierte ja damals die oberste Stufe der noch nicht vollständig errichteten Pyramide!), weiter, sondern selbstverständlich auch in Europa. «Die Unterdrückung der Illuminaten in Bayern», stellt Douglas Reed nüchtern fest, «war ungefähr gleichbedeutend mit dem oberflächlichen Ausreißen eines wuchernden Unkrautes, dessen Wurzeln sich schon weit verzweigt hatten und überall neue Schosse trieben. Die Gesellschaft besaß zahlreiche Mitglieder unter den Verschwörern in Frankreich und prominente Köpfe bei den Revolutionsführern von 1790. ... Vielleicht hat Napoleon Europa einen schlechten Dienst geleistet, als er den Marsch der Weltrevolution für ein halbes Jahrhundert ablenkte, in welcher Zeit sie in Vergessenheit geriet. Der Illuminismus tauchte in den Untergrund und verharrte dort bis zu seinem (sc. Napoleons!) Sturz. Dann tauchte er in Deutschland unter dem Namen "Der deutsche Bund" und als "Haute Vente Romaine" wieder in Italien auf, wo er von 1814 bis 1848 sein Hauptquartier hatte.» (D. Reed, Der große Plan der Anonymen, Zürich 1952, S. 321 und 323)

Weishaupt hatte sich sofort nach Sachsen geflüchtet, von wo aus er - offenbar im Vertrauen auf das kurze Gedächtnis der Menschen - durch Herausgabe einer Verteidigungsschrift in mehreren Bänden versuchte, die Illuminaten als harmlose Menschenfreunde und alle gegen sie erhobenen Vorwürfe als Mißverständnisse und Verleumdungen hinzustellen. Außerdem beteuerte er in diesem Werk, daß sein

Orden nicht mehr bestehe: «Diese Grade erscheinen also, um das Publikum zu überzeugen, daß ich die Wahrheit rede, daß der Gedanke an eine weitere Fortsetzung des Ordens bey mir gänzlich erloschen ist, daß ich viel und allzeit Gutes gewollt habe, daß ich nur aus Mangel einer besseren Einrichtung gefehlt habe.» (A. Weishaupt, Das verbesserte System der Illuminaten, seine Einrichtungen und Grade, Band I, 1787 [Reprint Delmenhorst o.J.], S. 6) Der Titel «Das *verbesserte* System der Illuminaten ...» könnte durchaus ein verschlüsselter Hinweis für die Ordensbrüder gewesen sein, daß die «Verbesserungen» nur für das dumme Volk gedacht waren, dem man etwas vormachen wollte.

Natürlich war dieses ganze Werk, in dem Weishaupt angeblich sämtliche «ehemaligen» Grade des Illuminatenordens vollständig vorstellen wollte, nichts als Augenwischerei. 1830 starb Weishaupt im Alter von 82 Jahren. In dem Bemühen, die Welt davon zu überzeugen, daß das Illuminatentum gestorben und keine Gefahr mehr war, inszenierte er eine eindrucksvolle "Reue" auf dem Totenbett und kehrte in den Schoß der katholischen Kirche zurück. 1834 wurde Giuseppe Mazzini, der italienische Revolutionsführer, von den Illuminaten zum Leiter ihres weltweiten Revolutionsprogrammes ernannt. Diese Position hatte er bis zu seinem Tod 1872 inne.» (Griffin 1986, S. 44f) Die Geschichte der Illuminaten ging also nach 1785 ebenso wie nach Weishaupts Tod nahtlos weiter. 1933 druckten die amerikanischen Illuminaten ihr satanisches Siegel auf den Ein-Dollar-Schein, der sich noch heute unverändert im Umlauf befindet, Beweis genug nicht bloß dafür, daß die Illuminaten nach wie vor existieren sondern auch dafür, daß sie mit Macht an der Verwirklichung der letzten Programmpunkte ihres schon außerordentlich weit gediehenen Plans (siehe dazu Band 2 und 3!) arbeiten.

Der Kommunismus

An dieser Stelle ist es unumgänglich, sich nochmals des bemerkenswerten Umstands zu erinnern, daß auf der Ein-Dollar-Note nicht bloß das Illuminatensiegel sondern auch - freilich weit unauffälliger - ein aus Pentagrammen zusammengesetzter Judenstern prangt, was doch jedenfalls Anlaß zu der Frage gibt, inwieweit Illuminaten und zionistisches Judentum miteinander zusammenhängen. Die Beantwortung dieser Frage wird uns zugleich zu den Uranfängen des Kommunismus führen. Douglas Reed konnte noch 1952 die These vertreten, das Illuminatentum sei «eine deutsche, nicht eine jüdische Erfindung. Im Jahre 1793 bemerkte das "Journal de Vienne" ironisch: "Es sind nicht die Franzosen, welche das große Projekt, das Antlitz der Erde zu ändern, ausgearbeitet haben; diese Ehre gebührt den Deutschen."» Erst nach dem Wiener Kongreß von 1815, meint Reed, «machten sich zum erstenmal starke jüdische Einflüsse in dieser Bewegung geltend. Bisher war sie vorwiegend deutsch gewesen.» (Reed 1952, S. 322f)

Zum damaligen Zeitpunkt kannte Reed noch nicht das außerordentlich aufschlußreiche wörtliche Protokoll des Verhörs, dem der nach eigenem Bekunden hochgradig in die Pläne und Machenschaften der Geheimen Oberen eingeweihte und verstrickte Hochgradfreimaurer und Trotzkist *Christian C. Rakowskij* 1938 unter Stalin unterzogen worden war. D. Griffin hat das erstmals 1950 in Spanien veröffentlichte Dokument in den siebziger Jahren in Amerika und 1980 auch in Deutschland publiziert (D. Griffin, Die Herrscher. Luzifers 5. Kolonne, Vaduz 1980, S. 273-324) In Spanien erregte die Veröffentlichung damals großes Aufsehen, so daß interessierte Kräfte das Buch aufkauften, um es aus dem Verkehr zu ziehen. An der Echtheit des Dokuments wird von niemandem gezweifelt, zumal die Details seiner Entstehung bestens bekannt sind (vgl. ebd. S. 273-277). Rakowskij war zusammen mit sechs anderen führenden Trotzkisten von Stalin bereits zum Tod verurteilt worden; ihnen stand aber noch der Schauprozeß bevor, als Rakowskij sich entschloß, Stalin wertvollste Informationen anzubieten, um sein Leben zu retten. Das mehrstündige Verhör, das von einem Vertrauten Stalins, Gavril G. Kuzmin (alias René Duval), einem überzeugten Kommunisten, geführt wurde, zog sich bis tief in die Nacht hinein, weil es Rakowskij ersichtlich größte Mühe kostete, den ahnungslosen kommunistischen Funktionär Kuzmin innerhalb weniger Stunden von der wahren Natur des Kommunismus zu überzeugen. Der offenbar außerordentlich intelligente Rakowskij kam schließlich noch rechtzeitig ans Ziel; sein dringender Hinweis darauf, daß die Geheimen Oberen von Stalin unbedingt einen Pakt mit Hitler wünschten, um einen kräftemäßig annähernd austarierten, möglichst lange anhaltenden und möglichst zerstörerischen Krieg - den späteren zweiten Weltkrieg! - inszenieren zu können, sorgte dafür, daß Rakowskij als einziger der sieben prominenten Trotzkisten nicht hingerichtet sondern zu zwanzigjähriger Haft begnadigt wurde.

Rakowskij enthüllte dem völlig verblüfften und fast ratlosen Kuzmin unter anderem folgendes: «Wissen Sie, daß die nicht geschriebene Geschichte, die nur wir kennen, uns als den Gründer der Ersten Internationale des Kommunismus - natürlich geheim - Adam Weishaupt angibt? Erinnern Sie sich seines Namens? Er war der Führer des als "Illuminaten" bekannten Freimaurerordens, dessen Namen er von der zweiten antichristlichen und kommunistischen Verschwörung des Zeitalters, der Gnostik, entlehnt hat. Als dieser große Revolutionär, Semit und Exjesuit den Triumph der Französischen Revolution voraussah, entschloß er sich (oder wurde beauftragt - man nennt als seinen Chef den großen Philosophen Mendelsohn) eine Organisation zu schaffen, die geheim sein und die Französische Revolution über ihre politischen Ziele hinaus weitertreiben sollte, um sie in eine soziale Revolution zur Aufrichtung des Kommunismus zu verwandeln. In jenen heldischen Zeiten war es eine ungeheure Gefahr, den Kommunismus auch nur als Ziel zu erwähnen. Daher alle die Vorsichtsmaßnahmen, Prüfungen und Mysterien, mit denen er das Illuminatentum umgeben mußte. Noch fehlte ein Jahrhundert, bis man sich ohne Gefahr von Gefängnis oder Hinrichtung öffentlich als Kommunist bekennen konnte.» (Zit. n. Griffin 1980, S. 295) Rakowskij nennt hier Weishaupt mit Bestimmtheit einen «Semiten» und bezeichnet als seinen wahrscheinlichen Auftraggeber den jüdischen Gelehrten Mendelsohn; wenn er damit recht hat, war

Weishaupt wohl jüdischer Abstammung, hatte aber (wie vielleicht schon seine Eltern) die katholische Taufe empfangen. Doch folgen wir Rakowskijs ungewöhnlichen Darlegungen noch ein Stück weiter.

«Was man nicht kennt», fährt Rakowskij fort, «das ist die Verbindung von Weishaupt und seinen Anhängern zu dem ersten Rothschild. Das Geheimnis des Ursprunges von dem Vermögen dieser berühmtesten Bankiers läßt sich damit erklären, daß sie die Schatzmeister der ersten Komintern (sc. Kommunistischen Internationale!) waren. Es bestehen Anzeichen dafür, daß, als jene fünf Brüder sich in fünf Provinzen des Finanzreiches von Europa teilten, eine geheimnisvolle Macht ihnen half, dieses sagenhafte Vermögen anzusammeln. Es könnten jene ersten Kommunisten aus den Katakomben Bayerns gewesen sein, die über ganz Europa verstreut waren. Andere aber sagen, ich glaube mit größerem Recht, daß die Rothschilds nicht die Schatzmeister, sondern die Führer jenes ersten geheimen Kommunismus waren. Diese Auffassung stützt sich auf die sichere Tatsache, daß Marx und die höchsten Führer der Ersten, nun schon öffentlichen Internationale, darunter Heine und Herzen, dem Baron Rothschild gehorchten, dessen revolutionäres Bild, von Disraeli, englischer Premier und ebenfalls eine seiner Kreaturen, geschaffen, ihn uns in der Gestalt des Sidonia hinterließ, des Mannes, der als Multimillionär unzählige Spione, Carbonari, Freimaurer, Geheimjuden, Zigeuner, Revolutionäre usw. kannte und befehligte. Das erscheint alles phantastisch, aber es ist erwiesen, daß Sidonia das idealisierte Bild des Sohnes vom alten Nathan Rothschild darstellt ...» (Zit. n. ebd.) Rakowskij spielt hier auf eine von Benjamin Disraelis Romanfiguren an. Bekanntlich hat der zwar getaufte aber sein Judentum nie verleugnende Hochgradmaurer und Rothschildschützling Disraeli einige mehrbändige Romane geschrieben, die teils autobiographischer Natur waren, teils nur wenig verschlüsselt die Hintergründe der zeitgenössischen Politik ausleuchteten. Wieso Disraeli das unbehelligt tun konnte, ist bis heute nicht geklärt. Tatsache ist aber, daß Disraeli die erste kommunistische Revolution, nämlich die von 1848, prophezeit hat.

«Schon vier Jahre früher, im Jahre 1844», schreibt Reed (1952, S. 323ff), «wußte Disraeli genau, was geschehen würde! Er legte seinem jüdischen Helden in "Coningsby" folgende Worte in den Mund: "Die mächtige Revolution, die sich zur Stunde in Deutschland vorbereitet ... und von der bis jetzt noch so wenig in England bekannt ist, reift ausschließlich unter der Lenkung von Juden heran, die heute fast ein Monopol auf alle Lehrstühle in Deutschland besitzen ... Siehst du also, mein lieber Coningsby, daß die Welt von recht verschiedenen Personen regiert wird, als diejenigen glauben, die nicht hinter die Kulissen sehen." ... Acht Jahre später, nach dem Versuch der Revolution von 1848, schrieb Disraeli außerordentlich aufschlußreiche Worte. Wenn der schon zitierte Passus ein blitzartiges Aufleuchten der Wahrheit bedeutet, dann dauert der nachfolgende (Blitz) doppelt so lang und ist doppelt so hell. Er beleuchtet die ganze dunkle Landschaft unserer Zeiten und durch seine Lichtstrahlen sind die lauernden Verschwörer, deren Existenz immer geleugnet wird, ganz deutlich zu sehen: "Der Einfluß der Juden kann im *letzthin erfolgten Ausbruch des zerstörerischen Prinzips* in Europa aufgezeigt werden. Da findet eine Erhebung statt, die sich *gegen die Tradition und die Aristo-*

kratie, gegen die Religion und das Privateigentum richtet. Zerstörung der semitischen Grundsätze, Ausrottung der jüdischen Religion in der mosaischen oder in der christlichen Form, die natürliche Gleichheit der Menschen und die Aufhebung des Besitzes: diese Grundsätze werden *von den geheimen Gesellschaften proklamiert, die provisorische Regierungen bilden, an deren Spitze überall Männer der jüdischen Rasse stehen.* Das Volk Gottes arbeitet mit den Atheisten zusammen; Männer, die im Zusammenraffen von Geld äußerstes Geschick gezeigt haben, verbünden sich mit den Kommunisten; die besondere und auserwählte Rasse reicht ihre Hand allen verworfenen und niederen Schichten in Europa! ..." (Das Leben von Lord George Bentinck, 1852)» Diesem Bekenntnis eines jüdischen Eingeweihten ist nichts hinzuzufügen.

Es stimmt also: «Der erste Illuminat Prof. Adam Weishaupt war zugleich der erste Kommunist.» (Homuth 1986, S. 61) Die von den Illuminaten in Zusammenarbeit mit den ihnen einverleibten Freimaurern planmäßig organisierte Französische Revolution von 1789 war die erste *kommunistische* Revolution im strikten Sinn. Ihre Parole «Freiheit, Gleichheit, Brüderlichkeit» entspricht exakt den bis heute stereotyp immer wieder proklamierten Zielen des vermeintlichen «Klassenkampfs» der (zu 99 Prozent nicht-eingeweihten) Marxisten aller Schattierungen und aller Länder. Daß diese Forderungen von den Drahtziehern im Hintergrund in keiner Weise ernstgemeint sind sondern die Masse der gläubigen Kommunisten letztendlich jedesmal grausam verhöhnen, hat die Geschichte seit 1789 zigmal bewiesen. Die Dummen werden deshalb nicht weniger, und gerade unter den sogenannten Intellektuellen macht die verbrecherische, mittlerweile um den Junior-Partner Rockefeller erweiterte Rothschild-Hochfinanz mit den Ideen ihrer Marionetten Weishaupt, Marx, Engels, Lenin, Trotzki, Mao etc. weltweit überreiche Beute.

Lassen wir hier noch eine Reihe weiterer hochinteressanter Beobachtungen folgen, die sämtlich beweisen, daß Hochgradmaurerei, jüdische (und Rockefellersche) Hochfinanz und kommunistische Revolutionäre bzw. Spitzenfunktionäre hinter den Kulissen der Bühne des großen Welttheaters, auf der sie sich zum Schein heftigst bekämpfen, einträchtig an ein und demselben Ziel arbeiten, das ihnen freilich auf unterschiedliche Art und Weise gemeinsam ist. Freimaurerei und Kommunismus sind nur die Werkzeuge zur Schaffung der Einen Welt; herrschen wird der aus den Reihen der Geheimen Oberen hervorgehende Antichrist.

Daß Karl Marx in enger Verbindung mit den europäischen Rothschilds stand, haben wir oben aus dem Mund des seinerzeitigen Spitzenagenten Rakowskij selber gehört. Es wird oft vergessen, daß Marx auch jüdischer Abstammung war. Etwas später als zur Zeit, da Mazzini die geheime Leitung der Illuminaten übernahm, «trat ein obskurer Intellektueller mit Namen Mordechai Marx Levy alias Karl Marx einer der Zweigorganisationen der Illuminatenverschwörung bei, dem Bund der Gerechten. 1847 erhielt er den Auftrag, ein Werk zu schreiben, das später unter dem Titel "Das Kommunistische Manifest" bekannt wurde. Im Grunde handelt es sich dabei um eine politische Niederlegung der Gesamtplanung für die Zukunft. Marx spielte eine so untergeordnete Rolle, daß sein Name zwanzig Jahre lang nicht auf dem Manifest erschien. Er war lediglich ein Bauer in dem Schach"spiel", das die wirklichen Mächte hinter den Kulissen spielten. Unvoreingenommene Historiker haben längst festgestellt, daß das Kommunistische Manifest nichts "Neues" oder "Ursprüngliches" enthielt. Es ist weiter nichts als ein wiederaufgewärmtes Plagiat der Schriften Adam Weishaupts und seines Schülers Clinton Roosevelt.» (Griffin 1986, S. 45) In dieser Beurteilung trifft sich Griffin mit Reed, der schon früher festgestellt hat: «Nach dem Zusammenbruch der 1848er Revolution war der nächste Erbe von Weishaupts Illuminismus und seiner Organisation Karl Marx, dessen "Kommunistisches Manifest" (1847) nur Weishaupts Lehren wiederholte: Aufhebung des Erbrechts, der Ehe und der Familie, des Patriotismus, jeglicher Religion und Gemeinschaftserziehung der Kinder durch den Staat. Das "Kommunistische Manifest" ist als Bibel eines neuen politischen Glaubens, des "Marxismus", geschildert worden. In Wirklichkeit ist es nur ein Consommé (sc. Zusammenfassung) der Lehren der früheren Geheimgesellschaften, angefangen mit Weishaupt ...» (Reed 1952, S. 326f)

Noch kaum ein Historiker hat sich für den Ursprung der *roten Farbe* als Symbol der *Hochgradfreimaurerei* und des *Kommunismus* gleichermaßen interessiert. Dabei stößt man im Verlauf einer diesbezüglichen Untersuchung auf sehr bedeutsame Zusammenhänge. Nach Des Griffin (und die «Encyclopaedia Judaica» bestätigt nahezu alle diese Angaben unter dem Art. «Rothschild») ließ sich im Jahr 1743 in der Frankfurter Judengasse ein aus dem Osten stammender jüdischer Geldwechsler und Goldschmied namens Moses Amchel Bauer nieder. Sein hochintelligenter Sohn Mayer Amchel Bauer wurde beim jüdischen Bankhaus Oppenheimer angestellt und avancierte aufgrund seiner herausragenden Geschäftstüchtigkeit schnell zum Teilhaber. Über dem 1750 eingerichteten Kontor in der Judengasse hatte sein inzwischen verstorbener Vater einst ein großes rotes Schild angebracht. Mayer Amchel Bauer kaufte nun das nach dem Tod des Vaters veräußerte Geschäft wieder zurück. «Das große rote Schild hing noch immer darüber. Die wahre Bedeutung des roten Schildes (sein Vater hatte es zu seinem Wappen aufgrund der roten Flagge erhoben, die das Siegeszeichen für die revolutionsbewußten Juden in Osteuropa war) erkennend, änderte Mayer Amchel Bauer seinen Namen um in Rothschild: auf diese Weise wurde das Haus Rothschild gegründet.» (Griffin 1986, S. 73f) Um Mißverständnissen vorzubeugen: schon vorher gab es Juden, die sich - vielleicht aus ganz ähnlichen Gründen - für den Namen Rothschild entschieden hatten, so beispielsweise jener Rothschild, der bereits 1723 Mitglied einer Londoner Loge war (s.o.); auch heute gibt es allein in Deutschland hunderte von Personen, die den Namen Rothschild führen und doch in den meisten Fällen mit der uns allein interessierenden weltbekannten Großbankiers- und Rohstoffmagnaten-Dynastie überhaupt nichts zu tun haben. - Der erste Rothschild eröffnete später mithilfe einer großen Summe auf zweifelhafte Weise von Wilhelm von Hanau erworbenen Geldes eine eigene Bank; seine nicht weniger geschäftstüchtigen, ja skrupellosen fünf Söhne erweiterten diese Bank bereits um die Wende zum 19. Jahrhundert zu einem einzig dastehenden europäischen Finanzimperium, indem sie Auslandsfilialen gründeten und sich auf die außerordentlich gewinnträchtige Finanzierung der napoleonischen und aller nachfolgenden Kriege verlegten. Ihre «marktbeherrschende» Stellung erlaubte es ihnen schon bald, die jeweiligen kriegsführenden Parteien zu ihren eigenen Gunsten gegeneinander auszuspielen bzw. zu erpressen. Doch die Einzelheiten dieser Geschichte sind bei Griffin und anderswo nachzulesen.

Ohne eine schriftliche Quelle für diese Behauptung anzugeben, schreibt Griffin: «Wie der ehemalige Commandeur William Guy Carr, Nachrichtenoffizier in der Königlich Kanadischen Marine, der weltweit über ausgezeichnete Verbindungen mit Nachrichtendiensten verfügte, berichtet, entwarf der Begründer des Hauses Rothschild die Pläne zur Gründung der Illuminaten und beauftragte anschließend Adam Weishaupt mit deren Aufbau und Weiterentwicklung.» (Griffin 1986, S. 75) Es ist durchaus möglich, daß hinter dem von Rakowskij genannten Mendelsohn (Griffin kannte Rakowskijs Aussagen noch nicht, als er die erste amerikanische Ausgabe von «Wer regiert die Welt?» schrieb; vgl. Griffin 1980, S. 273) als «Anstifter» Weishaupts in Wirklichkeit der erste Rothschild steckte; das stünde in schönster Übereinstimmung mit der jahrhundertelang - bis auf den heutigen Tag - beibehaltenen Taktik des Hauses Rothschild, möglichst alle «Geschäfte» durch Strohmänner erledigen zu lassen und selbst nicht in Erscheinung zu treten. Aber sei dem, wie es sei, unbestritten ist die Tatsache, daß just im Verlauf der von den Illuminaten gelenkten Französischen Revolution «zum erstenmal die rote Fahne auf(tauchte); eine, die echt sein soll, wird jetzt in Moskau aufbewahrt und das Lied zu ihren Ehren ist bei den sozialistischen Ministern und Politikern im England des Jahres 1947 recht beliebt», sagte der Engländer Reed im Jahr 1948 (Datum der englischen Originalausgabe; Reed 1952, S. 321f), womit er natürlich nicht im geringsten bestreiten wollte, daß Lieder auf die rote Fahne auch in anderen Ländern unter Sozialisten und Kommunisten sehr beliebt waren und sind.

Lenin nannte seinen revolutionären Haufen «Rote Armee», und diesen Namen tragen bekanntlich die Streitkräfte der UdSSR noch heute. Auch die rote Flagge ist 1917 nach Osteuropa zurückgekehrt, von wo sie ausgegangen war; in Moskau weht sie über dem «Roten Platz». Der Zwei-Millionen Völkermord der siebziger Jahre in Kambodscha wurde von den kommunistischen «Roten Khmer» angerichtet; auch sie nennen sich heute noch so. Internationales Symbol der Sozialisten ist die rote Rose, und sozialistische bzw. kommunistische Parteien oder Regierungen lassen sich anstandslos als «die Roten» bezeichnen. Daß die Hochgradmaurerei auch Rote Freimaurerei heißt, ist etwas weniger bekannt, ebenso ihre konsequent bis militant kommunistisch-revolutionäre Ausrichtung. Die aber ist nur zu gut begreiflich, wenn man erst einmal zur Kenntnis genommen hat, daß die Französische Revolution die erste kommunistische Revolution war. Daß diese Revolution von der Freimaurerei (bzw. dem Illuminatentum) angezettelt wurde, wird in der einschlägigen Literatur allgemein als Binsenweisheit vertreten, so auch von Rakowskij, der sich selbst im gleichen Atemzug gegenüber Kuzmin als Freimaurer des 33. Grads ausweist (vgl. Griffin 1980, S. 300), von Ploncard d'Assac (vgl. ders. 1989, S. 47-51) oder von R. Prantner (1989, S. 28), der sich nicht scheut, die Revolution von 1789 «eine Frucht der Freimaurerei und ein persönliches Werk von Freimaurern» zu nennen.

Natürlich *muß* die Hochgradmaurerei als bereits beträchtlich in die letzten Ziele der Geheimen Oberen eingeweihtes Organ *rot, links, kommunistisch* sein. So schrieb denn auch K. Lerich 1937 (S. 42f): «In Sowjetrußland ist die Freimaurerei gegenwärtig zum Scheine verboten. ... Vielfach wurde über den Tatbestand, daß die Sowjets gegen die Freimaurer feindselig aufgetreten sind, unter dem Bilde gesprochen, daß die *Söhne morddrohend vor die Väter hingetreten sind*: denn im Grunde genommen ist der *Bolschewismus ein echtes geistiges Kind der liberalen Humanität* der Loge, ist der große geistesgeschichtliche Zusammenhang von freimaurerischem Liberalismus über Marxismus zum Bolschewismus hin ein unverkennbarer. Tatsächlich war auch die russische Freimaurerei von ihrem Anfange an bis zu dem Verbote durch die Sowjets eine ständige Wegbereiterin der Revolutionierung der Massen gewesen: Sie schuf die *Aufklärung* in Rußland, unter ihrer Führung stand die *erste* gegen die Zarenherrschaft gerichtete Revolution, der Aufstand der sogenannten *Dekabristen.* ... Die verschiedenen Regierungen nach dem Sturz des Zarentums im Jahre 1917 waren von Freimaurern durchsetzt, vor allem die Regierung des Bruders Kerensky.» Diese Angaben werden in schönster Weise durch die davon gänzlich unabhängigen Aussagen des ebenso wie Lerich im 33. Grad stehenden, allerdings noch erheblich tiefer eingeweihten Freimaurers Rakowskij ergänzt, der Kuzmin gegenüber freimütig erklärte, Kerensky, der Anführer der «Weißen Armee» im Kampf gegen die zahlenmäßig und ausrüstungsmäßig weit unterlegene «Rote Armee» habe als Wissender dafür gesorgt, daß die Weißen eine Niederlage nach der anderen erlitten, und sich zum Schluß den Roten ergeben mußten, deren Revolution damit «gesiegt» hatte (vgl. Griffin 1980, S. 298). Bekanntlich blieb der Verräter Kerensky anders als der Zar unbehelligt und ist erst 1970 friedlich gestorben.

Da auch nach Lerichs allerdings sehr unvollständigem Einblick Freimaurerei und Kommunismus identisch sind, muß man wohl oder übel nach einer plausiblen Antwort auf die Frage suchen, was die Sowjets nach 1917 dazu trieb, die Freimaurerei so vehement zu bekämpfen. Wäre es denn nicht weitaus klüger gewesen, ihre Existenz zu verschweigen, wie es ja auch im (noch) nicht kommunistischen Westen mit leidlichem Erfolg praktiziert wurde und wird? Nun, die Freimaurerei hatte in Rußland ihre Mission erfüllt; der Mohr hatte seine Schuldigkeit getan, er konnte gehen. Allerdings betrachteten die Geheimen Oberen auf der einen und Lenin sowie sein Nachfolger Stalin auf der anderen Seite die Lage nach 1917 mit durchaus unterschiedlichen Augen. Wie Rakowskij Kuzmin auseinandersetzte, hatte Lenin, der in direkter Verbindung mit hochrangigen Rothschildagenten stand, seinen Auftrag 1917 nur teilweise erfüllt; eigentlich hätte er die Revolution sofort auf das Baltikum und das Deutsche Reich ausdehnen sollen; geplant war ja die *Welt*revolution. Aber Lenin fand Gefallen an der soeben erlangten Macht und war bestrebt, sie zunächst einmal abzusichern, bevor er sich auf weitere unsichere Abenteuer einließ. Deshalb schuf er seine Theorie vom «Sozialismus in einem Land». Stalin - kein Eingeweihter wie Lenin und Trotzki, aber ein äußerst schlauer und brutaler Machtmensch -, der den den Geheimen Oberen gehorsamen Trotzki nach Lenins Tod ausschalten konnte und alle Trotzkisten sofort unerbittlich verfolgen und ausrotten ließ, folgte dieser Linie. Beiden Diktatoren («Bonapartisten» nannte Rakowskij sie verächtlich) mußte daran liegen, jede «trotzkistische» Verschwörung gegen ihre Person zu unterbinden. Da sie das verschwörerische Potential der Freimaurerei - zumindest im Fall Lenins, der nach M. Adler (Die antichristliche Revolution der Freimaurerei, 3. Aufl. Jestetten 1983, S. 47) Freimaurer im 33. Grad war - aus eigener Erfahrung kannten und mithin fürchten mußten, gab es für sie Grund genug, gegen die Freimaurerei vorzugehen. Allerdings war Lenin darin nicht konsequent genug; er glaubte, Trotzki und dessen Genossen unter Kontrolle zu haben, die ihn aber - nach Rakowskijs Eingeständnis - allmählich vergifteten (vgl. Griffin 1980, S. 302f). Stalin hingegen dezimierte die Trotzkisten, also die Führung der tatsächlich im Auftrag der Geheimen Oberen gegen ihn konspirierenden Logen (auch Trotzki selber war, wie Lenin und Rakowskij, Freimaurer im 33. Grad; vgl. Adler 1983 a.a.O.), so sehr, daß nicht mehr viel davon übrig blieb. Dennoch ist die Verbindung zwischen den Rockefellers und Rothschilds auf der einen und ihren kommunistischen Statthaltern auf der anderen Seite nie ganz abgerissen, vielmehr in der letzten Zeit wieder enger geknüpft worden als je zuvor. Doch dazu später (siehe Band 2!) mehr.

Der ehemalige französische Großmeister Jacques Mitterand (zit. n. Ploncard d'Assac 1989, S. 148) hat den Zusammenhang von (illuminierter) Freimaurerei und Kommunismus auf den Punkt gebracht: «Auf Weltebene schenkte ein Freimaurer - Rouget de l'Isle - allen Völkern die *Marseillaise* (sc. *das* Kampf-Lied der Französischen Revolution, heute die französische Nationalhymne!) gegen alle Tyrannen und der Freimaurer Eugène Potier allen Proletariern die *Internationale*.» «Gegen alle kapitalistischen Ausbeuter», hätte er um der Satz-Symmetrie willen noch hinzufügen müssen, aber dieser Zusatz ist unterblieben - Mitterand selbst wird am besten wissen, warum!

R. Prantner, der die weltpolitischen Aktivitäten der Logen nur in knappster Form streift, spricht immerhin von einem «auf gewissen Sektoren der Politik und Kultur tatsächlich bestehende(n) Zusammenspiel von Freimaurerei und totalitärem Sozialismus», also Sowjetkommunismus, rotchinesischem Kommunismus etc. Und er fährt fort: «Die Kooperation führender Repräsentanten europäischer Logen mit den Institutionen des demokratischen Sozialismus, wie etwa in Frankreich, der Bundesrepublik Deutschland. der Republik Österreich, in Schweden, Norwegen, Dänemark, aber auch in Italien, Spanien und Portugal kommt am sinnfälligsten durch die Logenzugehörigkeit führender sozialdemokratischer Staatsmänner, Politiker, Medienmachthaber, Künstler, Journalisten, Erzieher und Verwaltungsbeamten vor allem in der Zeit nach dem Zweiten Weltkrieg zum Ausdruck.» (Prantner 1989, S. 27)

Natürlich macht es keinen Sinn, nur von *sozialdemokratischen* Logenmitgliedern zu reden. «Übrigens ist es für die Partei seit Oktober 1945 kein Problem mehr, wenn Kommunisten in die Freimaurerei eintreten», bekennt wiederum Jacques Mitterand (Ploncard d'Assac 1989, S. 148). Demnach war der *Kommunismus* für die *Freimaurerei* überhaupt noch nie ein Problem! Man kann sich auch nicht auf die Zeit *nach* dem zweiten Weltkrieg versteifen, denn über die englischen, weit links stehenden «Sozialisten» berichtete Lerich schon 1937: «Die führenden Politiker der "Labour Party" gehören einer speziellen Londoner Loge an, der "New Welcome Lodge 5193" (sc. die Quersumme dieser Zahl ergibt 18 = 3 x 6 oder 666!). Sie ist die Parlamentsloge der Unterhausmitglieder der Arbeiterpartei. Ihre Gründung erfolgte 1929 und erregte großes Aufsehen, da der Kongreß der Trade Unions (sc. der mit der Sozialistischen Partei verfilzten Gewerkschaften) den Gewerkschaftsführern ursprünglich den Beitritt zur Freimaurerei untersagt hatte.» (S. 47)

Die Weltrevolution

Bedarf es noch weiterer Beweise für die Identität von Rothschild-kontrollierter Freimaurerei und Kommunismus? Hier sind sie! Adam Weishaupts «Logenname Spartacus wird noch heute von den Kommunisten verwendet (sc. man denke nur an den "MSB Spartakus" [Maoistischer Studenten-Bund Spartakus, "Spartakisten"]) und am 1. Mai, dem Gründungstag des Illuminatenordens, feiern die Kommunisten unter der Roten Fahne, rot deswegen, weil die Rothschilds, die ein rotes Schild als Familienwappen haben (siehe Rothschild-Haus in Frankfurt) fast die ganze kommunistische Revolution finanziert haben. Laut dem "New York Journal American" vom 3.2. 1949 hat Rothschild durch seinen Agenten Jacob Schiff ca. 20 000 000 Dollar für den endgültigen Sieg der Bolschewisten in Rußland investiert.» (Homuth 1986, S. 61)

Letzteres hat auch Rakowskij bestätigt: «Aber ich werde Ihnen noch mehr sagen: Wissen Sie, wer die Oktober-Revolution finanziert hat? "Jene" (sc. so nennt Rakowskij durchgehend die Geheimen Oberen, die er angeblich nicht genau kennt, obwohl er vermutet, wer sie sind) haben sie finanziert, genau durch die gleichen Finanzleute, die Japan und die Revolution von 1905 finanziert haben, Jacob Schiff und die Brüder Warburg, das heißt der große Bund der Banken, eine von den fünf Federal-Reserve-Banken (sc. den Banken des amerikanischen Zentral- oder Notenbanksystems), die Bank Kuhn, Loeb & Co. (sc. heute Chase Manhattan Bank!), wobei sich andere europäische und amerikanische Bankiers beteiligten, wie Guggenheim, Hanauer, Breitung, Aschberg von der "Nya Banken" in Stockholm. Ich war "aus Zufall" in Stockholm dabei und nahm Teil an der Übertragung der Gelder. Bis Trotzkij kam, war ich der einzige, der von der revolutionären Seite daran teilnahm.» (Griffin 1980, S. 298)

Wie bei Griffin und anderen in allen Einzelheiten nachzulesen ist, gelangten die international gefürchteten und polizeilich gesuchten Berufsrevolutionäre Lenin und Trotzki samt ihrem Anhang nur aufgrund von Interventionen von höchster Stelle (in Deutschland Max Warburg, der Bruder des New Yorker Rothschild-Bankiers Paul Warburg und während des ersten Weltkriegs Chef des deutschen Geheimdienstes) 1917 ungeschoren ins zaristische Rußland. Griffin zitiert wörtlich aus der oben angegebenen New Yorker Zeitung vom 3. Februar 1949, in der es hieß: «Jacobs Enkel John Schiff schätzt heute, daß sein Großvater ungefähr 20 Millionen Dollar für den endgültigen Triumph des Bolschewismus in Rußland aufwandte.» (Griffin 1986, S. 66) Aufgrund von Rakowskijs Angaben muß man wohl davon ausgehen, daß die anderen von ihm genannten Banken noch über die 20-Millionen-Summe hinaus an der Finanzierung der Oktoberrevolution von 1917 beteiligt waren. Daß Jacob Schiff zu Beginn des 20. Jahrhunderts der haupte Mann der Rothschilds in Amerika war, wurde weiter oben bereits erwähnt.

Werden noch weitere Beweise gewünscht? Nun, es herrscht kein Mangel daran. «Am 4. September, nachmittags», berichtet Griffin über die Neuauflage der Französischen Revolution in den Jahren 1870/71, «stürmte ein "Volkshaufe" den Sitzungssaal der gesetzgebenden Körperschaft, der Senat löste sich auf und man verkündete die Volksregierung. Die Ziele der Illuminaten waren allerdings erheblich weiter gesteckt. Frankreich sollte dem Bolschewismus ausgeliefert werden, der unter dem Namen Commune nach einigen mißglückten Versuchen vom 19. März bis zum 29. Mai 1871 in Paris mordete und brandschatzte, und nur an den 145 Häusern von Alfred Rothschild ehrfurchtsvoll vorüber ging. Denkmäler französischer Größen wurden mit Sachkenntnis zerstört, Bürger und Geistliche ermordet. Wer mochte aber dem Pöbel beigebracht haben, daß es sich schickt, Häuser reicher Illuminaten bei solcher Gelegenheit zu schonen? Vielleicht können die Mitglieder des Rates der Dreihundert darüber Auskunft erteilen?» (Griffin 1986, S. 248)

Die offenbar sorgfältig instruierte revolutionäre Meute von 1871 wandelte getreu in den Fußstapfen ihres offiziellen geistigen Stammvaters Marx. Zu diesem Thema müssen wir noch einmal dem Top-Illuminaten Rakowskij das Wort erteilen. Er verweist den verwirrten Kuzmin auf die Tatsache, daß Marx in seiner dickleibigen Studie «Das Kapital» zwar das Unternehmertum schärfstens als *die* Ausbeuterklasse geißelt, die Hochfinanz jedoch paradoxerweise völlig ausklammert. «Erinnern Sie sich an die Mäßigung von Marx und seine bürgerliche Bravheit, wenn er die Währungsfrage darstellt. Im Gelde erscheinen seine berühmten inneren Widersprüche nicht. Die Finanz, als Einheit in sich, besteht für ihn nicht, und der Handel und Geldumlauf sind für ihn Folge des bösen kapitalistischen Produktionssystems, dem sie völlig untergeordnet und von dem sie bestimmt sind. In der Geldfrage erscheint Marx als Reaktionär, und das war er, zur größten Überraschung, obwohl er jenen fünfzackigen Stern - gleich dem Sowjetstern - vor Augen hatte, der ganz Europa mit seinem Glanz erfüllte: die fünf Brüder Rothschild mit ihren Banken, die Herren über die größte Akkumulation des Kapitals, die die Welt bisher gesehen hatte. An dieser ungeheuren Tatsache, die die Einbildungskraft jener Zeit blendete, geht Marx unbemerkt vorüber. Das ist doch sonderbar - nicht? Vielleicht ergibt sich aus dieser besonderen Blindheit von Marx ein gemeinsames Phänomen in den Revolutionen der letzten Zeit. Wir alle können beweisen, daß, wenn die Massen sich einer Stadt oder Nation bemächtigen, sie immer eine fast abergläubische Furcht vor Banken und Bankiers zeigen. Sie haben Könige, Generale, Bischöfe, Polizisten und andere Vertreter der gehaßten Vorrechte umgebracht, haben Kirchen, Paläste und sogar Stätten der Wissenschaft geplündert und in

Brand gesetzt, aber als wirtschaftlich-soziale Revolutionäre haben sie das Leben der Bankiers respektiert und die prächtigen Bankgebäude unverletzt gelassen. Nach meinen Aufzeichnungen bis zu meiner Verhaftung wiederholt sich heute das Gleiche ...»

Auf Kuzmins ungläubige Frage «Wo?» antwortet Rakowskij: «In Spanien. Wissen Sie das nicht?» (Griffin 1980, S. 288f) Auch im von den Kommunisten 1936 entfachten spanischen Bürgerkrieg, der in Wahrheit eine auf unerwartet harten Widerstand gestoßene kommunistische (also illuminierte) Revolution war, wurden viele tausend verhaßte Bürgerliche, darunter zig Bischöfe und mehr als tausend Priester und Ordensleute, bestialisch ermordet, zahllose Kirchen, Klöster und bürgerliche Häuser gesprengt oder niedergebrannt, während man die Hochfinanz und ihre palastartigen Niederlassungen - nach Rakowskijs zynischen Worten «Tempel, die ihre heidnischen Säulenfassaden an jeder Ecke der modernen Städte emporrecken und zu welchen die Menge eilt, besessen von einem Glauben, den nicht einmal die Himmlischen einzuflößen vermögen, um begeistert alle Reichtümer der Gottheit "Geld" darzubringen, von der sie meinen, sie throne im Stahlschrank der Bankiers, ihrer göttlichen Aufgabe hingegeben, sich bis ins Unendliche zu vermehren» (ebd. S. 292) - völlig unangetastet ließ!

Vom offiziellen Gründer und bis heute Dauermitglied der Trilateralen Kommission wie auch der Bilderberger-Gruppe, dem Rockefeller-Vertrauten und «Sicherheitsberater» (will sagen der Grauen Eminenz) der Carter-Regierung Zbigniew Brzezinski kennt man einige äußerst erhellende Aussprüche. Als «Bibel der Trilateralen» wird - nach Griffin (1986, S. 221) - das allerdings schon 1970 erschienene Buch Brzezinskis «Between two Ages - Zwischen zwei Zeitaltern» betrachtet. In diesem Buch erklärt sein Verfasser das Christentum und die Religion überhaupt für endgültig überholt und behauptet, daß der Marxismus «eine weitere entscheidende und kreative Phase der Ausreifung des menschlichen Universalbildes darstellt. Gleichzeitig bedeutet der Marxismus einen Sieg des äußeren aktiven Menschen über den inneren, passiven Menschen und einen Sieg des Denkens über den Glauben ...» Außerdem stellt Brzezinski die These auf, daß «der Marxismus ... ein einmaliges intellektuelles Instrument war, um die grundlegenden Kräfte unserer Zeit zu verstehen und zu harmonisieren; er hat die Fahne der Internationalen aufgezogen». Schließlich bekräftigt Brzezinski im Hinblick auf die west-östlichen ideologisch-militärischen Spannungen, daß «das letztendliche Ergebnis des Wettkampfes, aufgrund der historischen Überlegenheit des kommunistischen Systems, schon im vorhinein feststeht» (zit. n. Griffin 1986, S. 222). Als Illuminat muß er die «Vorzüge» des Sowjetsystems ja bestens kennen.

Im amerikanischen Magazin «Time» behauptete derselbe Brzezinski einmal: «Antikommunisten können sich als größere Gefahr entpuppen als die Kommunisten.» (Blackwood 1986, S. 367) Vom Standpunkt eines Illuminaten aus trifft das den Nagel auf den Kopf! Als Präsident Jimmy Carters (der übrigens auch im CFR und in der Trilateralen saß, bevor er zum «mächtigsten Mann der westlichen Welt» - wie Zyniker und Simpel zu sagen pflegen - wurde) Sicherheitsberater hat Brzezinski einmal bezüglich der osteuropäischen Satellitenstaaten erklärt: «Die fraglichen Länder (vor allem Polen) zur Abkoppelung von der UdSSR zu ermutigen würde nicht der Sache des Friedens dienen.» (Zit. n. Camman 1985, S. 6) Man darf ihm getrost abnehmen, daß er das bitterernst meinte.

Daß die vordergründig mit dem Großunternehmertum und den Großkapitalisten im (Klassen)Kampf liegenden englischen Sozialisten seit 1929 eine eigene Loge besitzen, die selbstverständlich der («kapitalistischen») Londoner Mutter-Großloge unterstellt ist, haben wir bereits erfahren. Aber nicht bloß in England sondern auf der ganzen Welt stecken Sozialisten und Kommunisten auf geheimer Logenebene mit den öffentlich bei jeder sich bietenden Gelegenheit angefeindeten kapitalistischen Ausbeutern, die ja in den Logen fast vollzählig versammelt sind, unter einer Decke - als getreue Erfüllungsgehilfen ihrer angeblichen Klassenfeinde. «Ich weiß nicht», sagt Rakowski, «ob Sie die sonderbare Ähnlichkeit von Internationaler Finanz und Internationalem Proletariat bemerkt haben. Man könnte sagen, daß das eine ein Spiegelbild des anderen ist, und wenn es ein Spiegelbild ist, dann ist es das Proletariat, denn es ist moderner als die Finanz. ... Objektiv gesehen sind sie identisch. Ja, wie ich gezeigt habe, ist es die Komintern, unterstützt von den Reformisten und dem ganzen Gewerkschaftswesen, die die Anarchie der Produktion (sc. durch immer wiederholte Streiks, wie Rakowski schon vorher erkärt hat!), die Inflation, das Elend und die Verzweiflung der Massen hervorruft, und die Internationale Finanz, bewußt oder unbewußt von der Privatfinanz unterstützt, schafft die gleichen Bedingungen, nur vervielfacht.» (Griffin 1980, S. 289)

Außerdem verweist Rakowski auf eine seltsame Übereinstimmung des Datums: «Sehen Sie selbst! Erinnern Sie sich jenes Morgens des 24. Oktobers 1929. Es wird eine Zeit kommen, da er für die Geschichte der Revolution ein wichtigerer Tag sein wird als der 24. Oktober 1917 ... Dieser 24te ist der Tag des Kraches an der Börse von New York, der Beginn der sogenannten Depression, der wirklichen Revolution. Die vier Jahre unter Hoover (sc. Herbert Hoover, damals US-Präsident und als CFR-Mitglied williges Werkzeug der Hochfinanz) sind der Vormarsch der Revolution - zwölf bis fünfzehn Millionen Arbeitslose! Im Februar 1933 ist der letzte Schlag der Krise mit der Schließung der Banken. Mehr konnte die Finanz nicht tun, um den klassischen Amerikaner, der noch verschanzt im Reduit (sc. Zufluchtsort) seiner Industrie saß, auf den Kopf zu schlagen und ihn wirtschaftlich der Wallstreet (sc. also der New Yorker Börse) zu versklaven ... Es ist bekannt, daß jede Verarmung der Wirtschaft ein Blühen des Parasitentums bedeutet - und die Finanz ist der große Parasit.» (Griffin 1980, S. 320)

Führende Gewerkschaftler der sozialistisch-kommunistischen «Internationale» sitzen neben führenden Großbankiers und Großunternehmern in den drei geheimen Gremien der Schatten-Weltregierung. Unter den Teilnehmern der Bildeberger-Konferenz 1985 figurierten beispielsweise der Generalsekretär der portugiesischen Gewerkschaft UGT, der Präsident der «Vereinigten Bekleidungs- und Textilarbeiter-Union» AFL-CIO der USA sowie der Abgeordneten-Führer der britischen «Labour-Party», die mit den britischen Gewerkschaften nahezu identisch ist. In der

Trilateralen Kommission waren Anfang 1984 folgende Gewerkschaftler bzw. Sozialisten vertreten: Der Generalsekretär der italienischen Gewerkschaft UIL sowie die Internationale Sekretärin der Sozialistischen Partei Italiens, die deutschen Sozialdemokraten und angeblichen Anwälte der Arbeiter Horst Ehmke und Konrad Porzner, der Vorsitzende des belgischen Christlichen Gewerkschaftsbunds und der Internationale Sekretär der Norwegischen Gewerkschaft. Außerordentlich stark repräsentiert in der Trilateralen war der Deutsche Gewerkschaftsbund (DGB): nicht bloß durch seinen ehemaligen Vorsitzenden Heinz Oskar Vetter und den Direktor der Internationalen Abteilung, Erwin Kristoffersen, sondern auch durch Diether Hoffmann, den Chef des DGB-eigenen Konzerns «Neue Heimat», der bald darauf so kläglich in die Schlagzeilen geriet. Wie trefflich die Interessen der deutschen Arbeitnehmer durch ihre Gewerkschaftsfunktionäre vertreten werden, können sie daran ablesen, daß Mitglieder der Trilateralen Kommission 1984 auch der Chef des Bundes Deutscher Arbeitgeber (BDA), Otto Esser, ein gewisser Herr Friedrich A. Neumann von der nordrheinwestfälischen industriellen Arbeitgebervereinigung, Rolf Rodenstock, der Präsident des Bundes der Deutschen Industrie (BDI) sowie der schon früher erwähnte Otto Wolff von Amerongen, seines Zeichens Präsident des Deutschen Industrie- und Handelstags (DIHT), waren.

Übrigens saß Diether Hoffmann ungeachtet des «Skandals» um die «Neue Heimat» 1987 unverändert in den Reihen der Trilateralen, während Heinz Kluncker, der ehemalige Vorsitzende der wichtigen Gewerkschaft ÖTV beim Jahrestreffen als Referent fungierte! Heinz Oskar Vetter war zudem auch lange Jahre Vorsitzender des Europäischen Gewerkschaftsbunds, so daß die Trilaterale Kommission durch seine Mitgliedschaft in ihrem erlauchten Kreis automatisch sämtliche größeren europäischen Gewerkschaften kontrollieren konnte. Wie seinerzeit aus den Medien zu erfahren war, hatte die deutsche Staatsanwaltschaft auch gegen den als SPD-Abgeordneter im Europa-Parlament sitzenden Heinz Oskar Vetter im Zusammenhang mit dem Zusammenbruch der «Neuen Heimat» ermittelt. Aber, so stand es im Juli 1989 in den Büsinger «Vertraulichen Mitteilungen», «im Fall des früheren DGB-Vorsitzenden Vetter, dem in Sachen "Neue Heimat" ein Meineid-Verfahren drohte, wurde die Immunität durch das Europäische Parlament nicht außer Kraft gesetzt». Der Grund für diese «Vetternwirtschaft» des Europa-Parlaments liegt auf der Hand: Spitzenfreimaurer lassen ihre Logen«brüder» nicht so leicht im Stich!

Bemerkenswerter Weise scheinen sich unter den Verfassern des Programms für «Die Stadt des Menschen» auch einige Illuminaten befunden zu haben. Denn das Autorenkollektiv ist zwar nicht so dumm, den Bolschewismus als solchen zu preisen; ihm werden sogar schwere Vorwürfe gemacht. Während aber Lenin und Stalin (CoM, S. 52ff) als «böse» Diktatoren Hitler annähernd gleichgestellt werden (So weit wollte der ehemalige französische Großmeister Mitterand 1975 allerdings nicht mehr gehen, als er sagte: «Diejenigen, die keine Unterscheidung zwischen der Sowjetunion, China, den Volksdemokratien und dem Faschismus vornehmen, sind vor der Geschichte im Unrecht.» [zit. n. Ploncard d'Assac 1989, S. 148]), wird der jüdischstämmige Marx vergleichsweise mit Glacé-Handschuhen angefaßt.

Denn es wird zwar zugegeben, daß auch «Böses» im Marxismus «steckt», andererseits jedoch behauptet, daß er daneben «gute und menschliche» Züge besitze (S. 52). Und über Marx persönlich heißt es: «Aber Marx selber, der Prophet der Armen (!), hatte die höheren Implikationen seiner Prophetie nicht erkannt und seine Hoffnung mit einer Ladung von Haß und materialistischem Irrtum belastet. Auch gelang es ihm, trotz all seiner charakterlichen Begabung und seinem intellektuellen Weitblick (!), nicht, die geistigen Grenzen derselben Bourgeoisie zu überschreiten, die er so heftig verabscheute.» (S. 53) Weiter hinten im Text wird dem Marxismus dann überraschend doch noch Reverenz erwiesen: «Der Marxismus hätte die Massen kaum gepackt, wenn seine wirtschaftliche Motivation nicht durch die Hilfsquellen eines moralischen Willens zur Gerechtigkeit vervollständigt worden wäre.»

Wenn die Autoren sich dann von einzelnen programmatischen Punkten des Marxismus ebenso wie von bestimmten Erscheinungen im real existierenden Sowjetkommunismus absetzen (vgl. CoM, S. 57f und 88f), die von ihnen als naturwidrig bzw. als totalitär eingestuft werden, darf man sich durch solche wohlklingenden Worte nicht täuschen lassen. Zum erst wenige Jahre zurückliegenden Versuch des 32-Grad-Freimaurers und eingeweihten Agenten der Geheimen Oberen Franklin Delano Roosevelt, den USA durch eine Art «Revolution von oben» eine sozialistische Wirtschaftsordnung aufzuzwingen, die man «New Deal» nannte, schreiben die CoM-Freimaurer nämlich folgendes: «Von allen Versuchen zur wirtschaftlichen Umgestaltung der Demokratie war der wichtigste bis auf den heutigen Tag der "New Deal". Seine Fehlschläge ... waren weitgehend die Schuld eines empirischen Vorantastens, das nicht genügend von einer konsequenten Philosophie erhellt wurde. Seine Errungenschaften ... überleben sowohl das Murren der Linken, die sie als Kriegslist eines unbesiegten Kapitalismus verdächtigt, als auch die Entrüstung der Rechten, die sie als schlecht getarnten Kommunismus brandmarkt. Bedeutungsvoller jedoch als seine besonderen Verdienste und Fehlleistungen ist der allgemeine Wert seines Experiments, einen Kern von Planwirtschaft in das aufgelockerte Gefüge des Unternehmertums einzuführen; und was auch immer sein Schicksal in einer unmittelbaren Zukunft sein mag, seine Absicht wird wegweisend in einer Ära evolutiven Wachstums bleiben.» (S. 93) Hier wird mit vielen vorsichtigen und beschönigenden Worten nichts anderes als die allmähliche aber unausweichliche Bolschewisierung der Welt bzw. des «sich entwickelnden» Weltstaats angekündigt.

Die Illuminaten unter den Verfassern (es besteht kein Grund zur Annahme, daß alle 17 Personen den gleichen Einweihungsgrad besäßen) mochten es sich übrigens damals auch nicht versagen, einen der Ihrigen lobend zu erwähnen, und zwar keinen unbedeutenden, sondern den Nachfolger Adam Weishaupts in der Leitung des «Ordens», Giuseppe Mazzini persönlich! «Ein fester Plan für eine Welt-Gesetzgebung, wie ihn die ernüchternden Erfahrungen dieser Jahrzehnte verlangen, kann nicht mehr länger rein theoretischem Denken, selbst wenn es ein so meisterhaftes wie das von Kant, oder der magischen Kraft des Traums, selbst wenn es ein so erhabener wie der von Mazzini wäre, überlassen werden.» (CoM, S. 94) Der Traum

113

des berüchtigten kommunistischen Revolutionärs und Illuminaten-Oberhaupts Mazzini scheint also auch der Traum der CoM-Freimaurer zu sein, nur daß sie ihn endlich ganz konkret in die Tat umzusetzen gedenken!

Die Illuminaten schufen die kommunistische Ideologie; die kommunistischen Revolutionäre wurden von ihnen eingeweiht und gelenkt. Sofern der Kommunismus und die kommunistische Revolution, die ja beide öffentlich agieren, nur Werkzeuge der im Dunkel bleibenden Illuminatenverschwörung sind, stehen sie in der Satanshierarchie eine Stufe tiefer als die Illuminaten selbst. Würde man aber das Illuminatentum als eine eigene Rangstufe innerhalb der Dollarpyramide betrachten, würde die Zahl 13 nicht mehr ausreichen. Zudem wissen wir, daß die Illuminaten 1785 ihren ursprünglichen Namen abgelegt und sich seitdem unter verschiedenen neuen Namen reorganisiert haben. Wer also sind dann heute die Illuminaten, die seit 1933 ihr okkultes Siegel auf dem US-Dollar öffentlich kursieren lassen?

Meines Erachtens gibt es auf diese Frage nur eine Antwort: der Illuminatenorden hat sich im wesentlichen im B'nai B'rith neu formiert. Und hier sind meine Argumente für diese These: 1. rangiert nach Philipp Rothschilds Angaben B'nai B'rith unmittelbar über dem Kommunismus, hätte also die Aufgabe des Illuminatentums übernommen, den Kommunismus aus dem Hintergrund heraus zu lenken. 2. hatten sich die Illuminaten mit den Freimaurern verbündet, um die Freimaurerei einschließlich der Schottischen Hochgrade zu kontrollieren. Zu genau demselben Zweck wurde aber 1843 (und zwar wie das Illuminatentum *von Juden!*) B'nai B'rith gegründet. 3. Seit den zwanziger Jahren des vergangenen Jahrhunderts geriet das insgeheim weiterbestehende Illuminatentum zunehmend unter jüdischen Einfluß; man denke an Nathan Rothschild, Benjamin Disraeli, Karl Marx etc. Was lag näher, als es schließlich ganz in jüdische Hände übergehen zu lassen? 4. Nach Rothschilds Angaben gegenüber seiner ehemaligen Geliebten Ayn Rand werden die fünf obersten Stufen der Dollarpyramide, angefangen von B'nai B'rith, als «Illuminaten» bezeichnet! 5. Der mögliche Einwand, daß Giuseppe Mazzini und Albert Pike, die als der politische bzw. der okkultistische Anführer der Illuminaten angesehen werden, weder Juden waren noch seit Gründung des B'nai B'rith ihre Stellung einbüßten, läßt sich dahingehend auflösen, daß es eben eine längere Übergangsphase gab, und daß der «spiritualistische» Teil des Illuminatentums in dem Spitzenmaurer aller möglichen Hochgradsysteme vereinigenden und äußerst geheimen «Palladischen Ritus» fortlebte, dessen Erfinder Pike war (vgl. dazu Griffin 1986, S. 47ff), und den man als rein *satanistische* Parallelorganisation (mit teilweiser Überlappung!) zu B'nai B'rith anzusehen hat. Wie B'nai B'rith vorzüglich die politischen Logen kontrolliert, so regiert der «Palladische Ritus» höchstwahrscheinlich die spirituelle Freimaurerei und muß wohl auch als treibende Kraft hinter der ungeheuren New-Age-Welle betrachtet werden, die gegenwärtig die Welt überschwemmt. Demnach bestünden die Illuminaten heute als B'nai B'rith und als Palladischer Ritus fort, wobei - obwohl man über letzteren sehr wenig weiß, da er es kaum nötig hat, politisch irgendwie an die Öffentlichkeit zu treten - offenbar enge Verbindungen zwischen beiden Illuminatenzweigen bestehen, wie das satanische Auge auf dem Ein-Dollar-Schein zur Genüge beweist.

Bezüglich der Kontrolle, die B'nai B'rith als Neuformation der Illuminaten über den Kommunismus ausübt, findet sich eine hochinteressante Notiz in den «Lettres politiques» (Nr. 221, S. 6) von J. Ploncard d'Assac: «Man hat ohne Überraschung erfahren, daß eine Delegation jüdischer Freimaurer vom französischen B'nai B'rith in Moskau warmherzig empfangen worden ist. "Es ist wahr", kommentiert *Présent* (sc. französisches Magazin) vom 10.12. 1988, "daß die Sowjets den Glaubensgenossen der Bankiers Warburg und Jacob Schiff, der haupten Finanziers der bolschewistischen Revolution, nichts versagen können." Die UdSSR kehrt zu ihren jüdisch-revolutionären Ursprüngen zurück.»

Eine wichtige Frage bleibt noch zu beantworten: Welche Funktion kommt dem kommunistischen *System* zu, das nach der jeweiligen kommunistischen Revolution in Rußland, China und den zahlreichen Vasallenstaaten errichtet wurde? Inwieweit dient es der angestrebten universalen Weltherrschaft der Rothschilds und Rockefellers? Auf den ersten Blick ist der Zusammenhang ja nicht unbedingt so klar zu erkennen. Lassen wir uns die Antwort von einem geben, der ein illuminierter Kommunist war, Christian C. Rakowskij. «Wenn etwas in den Männern im unmittelbaren Verhältnis zu seiner Befriedigung wächst, so ist es der Ehrgeiz nach Macht. Warum sollten sie nicht den Trieb zur Herrschaft, zur totalen Herrschaft empfinden, diese Bankiers? Genau so wie Sie und ich? ... Die Macht, wenn sie in Wirklichkeit absolut ist, kann nur eine sein. Der Gedanke des Absoluten schließt die Vielfalt aus. Insofern müssen die Macht, welche die "Kapintern" (sc. die "Kapitalistische Internationale"!) und die, welche die "Komintern" erstreben, um absolut und beide auf gleichem, nämlich politischem Gebiet wirksam zu werden, eine identische Macht sein. Absolute Macht ist Selbstzweck - oder sie ist nicht absolut. Und bis heute hat man keine Maschine von totalerer Macht als den kommunistischen Staat erfunden. Die bürgerlich-kapitalistische Macht, auch in ihrem höchsten Grade, dem cäsarischen, ist eine beschränkte Macht, denn als es sie theoretisch als Verkörperung der Gottheit bei Pharaonen und Caesaren im Altertum gab, da war das Wirtschaftsleben noch so primitiv und der technische Staatsapparat noch so rückständig, daß immer noch ein freier Raum für den Einzelmenschen verblieb. Begreifen Sie, daß diejenigen, die relativ schon über Völker und Regierungen der Erde herrschen, nun auch absolut herrschen wollen? Begreifen Sie, daß dies das einzige ist, was sie noch nicht erreicht haben ...» (Griffin 1980, S. 293)

Wo der Kommunismus herrscht, haben die Geheimen Oberen bereits ihr Ziel der totalen Macht - freilich nur über einen Teil der Menschheit - erreicht. Außerdem können sie mit dieser «Machtmaschine» Erfahrungen sammeln, die ihnen später, bei der Errichtung des Weltkommunismus, zugutekommen werden. Eine dritte wichtige Aufgabe hat der Kommunismus: er hält ständig das für den letzten großen Krieg, der die Menschheit völlig zermürben soll, notwendige militärische Aggressionspotential bereit, das den Geheimen Oberen praktisch auf Abruf zu Verfügung steht; den dauernden «Grund» für einen Angriffskrieg liefert die verlogene kommunistische Ideologie des «Klassenkampfes» und der historischen Notwendigkeit einer «Weltrevolution».

Jean Vaquié hat sich sehr originelle Gedanken über die uns allen international geläufige Sprachregelung gemacht, die alles «fortschrittliche», «revolutionäre», «kommunistische» Gebaren als «links», alles Beharrende, Gegenrevolutionäre und Antikommunistische dagegen als «rechts» bezeichnet. Zu dieser Sprachregelung, die kaum bewußt eingeführt wurde sondern spontan entstanden ist, kam es gleichwohl nicht ohne göttliche Fügung, meint Vaquié. «In der Symbolik unserer Religion ist die Rechte die Seite des *Heils, der Vorliebe, der Auserwählung und der Macht.* Die Seite der *Auserwählung.* Das ist die Seite der Erwählten des zweiten wunderbaren Fischfangs, der nach der Auferstehung stattfand: "Kinder, habt ihr etwas Fisch? - Nein, antworteten sie ihm. Er sprach zu ihnen: Werft das Netz *auf der rechten Seite* des Bootes aus, und ihr werdet etwas finden ... Simon Petrus zog das Netz ans Land, gefüllt mit 153 großen Fischen, und obwohl es soviele waren, zerriß das Netz nicht." (Joh 21,5-11). Das Netz stellt die Kirche dar und die hundertdreiundfünfzig großen Fische versinnbilden die Auserwählten. - Die Rechte ist auch die Seite des *Heils*: "Mache deine Güte kund, du, der du jene vor ihren Feinden *rettest*, die sich in deine *Rechte* flüchten." (Ps 16,7) Die Rechte ist auch noch die Seite der *Vorliebe*: "Nachdem er zum Himmel hinaufgestiegen ist, sitzt er nun *zur Rechten* Gottes." (1 Petr 3,22) Man kann noch viele andere Texte im selben Sinn zitieren, besonders diesen hier: "Ein Lamm stand da; es schien geschlachtet worden zu sein. Es trat herzu und empfing das Buch aus der *rechten Hand* dessen, der auf dem Thron saß." (Offb 5,7) - Die Rechte ist schließlich die Seite der *Macht* Christi: "Nun bin ich gewiß, daß Jahwe seinen Gesalbten gerettet hat; er erhört ihn von den Himmeln, seiner heiligen Wohnstatt her, durch die *siegreichen Großtaten* seiner Rechten." (Ps 19,7) Die rechte Seite ist die Seite des *guten Schächers*: "Und zusammen mit ihm kreuzigten sie zwei Schächer, den einen zu seiner Rechten, den anderen zu seiner Linken." (Mk 15,27) Eine beständige Tradition bestätigt, daß sich der gute Schächer zur Rechten Christi befand. ... Auf dem Schlachtfeld von heute gibt es Schächer der Rechten. Sicherlich könnten sie sich nicht als Vorbilder hinstellen, denn auch sie haben schlechte Werke und "haben ihn verhöhnt". Aber sie bewahren wenigstens die Gottesfurcht und sind von Bewunderung angesichts der Majestät Christi ergriffen, und dadurch werden sie sich retten. Was aber die Linke betrifft, so ist sie seit dem höchsten Altertum - übereinstimmend mit der Wortbedeutung - die Seite des *Bösen*.» (Vaquié 1987, S. 6)

Diese überraschenden Feststellungen erinnern uns daran, daß die Frage nach dem Ursprung der roten Farbe als Symbol der Hochgradmaurerei und des Kommunismus gleichermaßen noch nicht vollständig beantwortet ist. Verfolgt man die Symbolgeschichte der roten Farbe nicht bloß bis zu den osteuropäischen zionistischen Juden des 18. Jahrhunderts sondern noch weiter zurück, stößt man schließlich auf die berühmte Isaias-Stelle, an der es heißt: «So spricht der Herr: Wären eure Sünden auch rot wie Scharlach, sie sollen weiß werden wie Schnee. Wären sie rot wie Purpur, sie sollen weiß werden wie Wolle.» (Is 1,18) Der weißen Farbe als dem leicht verständlichen Symbol der Unschuld wird hier die rote Farbe als Symbol der Sündhaftigkeit gegenübergestellt. Fast noch frappierender tritt diese Symbolik aber in der Geheimen Offenbarung hervor: «Ein anderes Zeichen erschien am Himmel: ein Drache, groß und feuerrot, mit sieben Köpfen und zehn Hörnern und mit sieben

Diademen auf seinen Köpfen. Sein Schwanz fegte ein Drittel der Sterne vom Himmel und warf sie auf die Erde herab. ... Er wurde gestürzt, der große Drache, die alte Schlange, die Teufel oder Satan heißt und die ganze Welt verführt.» (Offb 12,3f.9) Unverkennbar ist es genau die *feuerrote* Farbe des großen apokalyptischen Drachens, die sich die Synagoge Satans *weltweit* (!) zum Banner erkoren hat. Die Maskerade des Satans ist allemal unvollständig; sein Pferdefuß schaut immer irgendwo heraus ...

Wer schrieb «The City of Man»?

Nachdem wir nun die Dollarpyramide, den hierarchischen Aufbau der Synagoge Satans, in den Grundzügen kennengelernt haben, ist es an der Zeit, die Frage zu stellen, auf welcher Stufe (oder welchen Stufen) der Pyramide sich die siebzehn Herausgeber der Schrift «The City of Man» befunden haben. Daß ihre verborgenen Auftraggeber die Geheimen Oberen, die Rockefellers und Rothschilds selber gewesen sein müssen, würde auch einleuchten, wenn wir nicht wüßten, daß «The City of Man» bereits einen Vorgänger hatte, hinter dem deutlich die Rothschilds als Initiatoren zu erkennen sind. «Im September 1916», schreibt P. Blackwood, «ernannte Präsident Wilson auf Veranlassung seines Beraters House ein Komitee von Intellektuellen, um Friedensbedingungen und eine Charta für eine Weltregierung auszuarbeiten. Dieses Komitee unter Vorsitz von House setzte sich aus rund 150 Professoren, Doktoranden, Anwälten, Wirtschaftlern, Schriftstellern und anderen zusammen: Walter Lippman (Leitartikler), Norman Thomas (Vorsitzender der amerikanischen Sozialistischen Partei), Allen Dulles (CIA-Chef), John Foster Dulles (Außenminister), Christian A. Herter (Außenminister). Unter den scharfen Augen des gerissenen Colonel House setzten diese eifrigen jungen Intellektuellen Wilson die Charta einer Weltregierung auf und bereiteten die schöne neue sozialistische Einwelt vor, die dem Ersten Weltkrieg folgen sollte.» (Blackwood 1986, S. 52f) Statt der Weltdemokratie wurde aber damals nur der «Völkerbund» gegründet, dem die USA nicht einmal beitraten, weil der nicht genügend unterwanderte und eingeweihte US-Senat das Projekt torpedierte. Die «Charta» verschwand, noch bevor sie veröffentlicht worden war.

Aber wo und inwiefern machte sich bei dem schlußendlich mißglückten Unternehmen der Einfluß der im Haus Rothschild zu suchenden Hintermänner bemerkbar? Nun, ganz einfach in der Person von Colonel Edward Mandell House. House war nicht bloß «Baumwolleinkäufer für Rothschildfirmen in England» sondern auch Hochgradfreimaurer (s.o.!) und «hatte mächtige Verbindungen zu internationalen Bankiers in New York, Leuten wie Paul und Felix Warburg, Otto H. Kahn, Louis Marburg, Henry Morgenthau, Mortimer Schiff und Herbert Lehman» (ebd. S. 52), sämtlich Juden und Vertretern des amerikanischen Rothschild-Bankenimperiums!

Beim zweiten Anlauf zur erdumspannenden Machtergreifung befolgten die Rothschilds, diesmal in Verbindung mit ihrem Junior-Partner, dem Rockefeller-Clan, eine andere Strategie. Keine jungen Intellektuellen sondern statt dessen in Europa und Amerika bereits berühmte und geachtete Persönlichkeiten meist reiferen Alters wurden aus den Logen zusammengesucht, um nicht heimlich sondern öffentlich den Weltstaat zu konzipieren und zu befürworten. Alle 17 «Herausgeber» von CoM haben im öffentlichen Leben Amerikas (oder/und Europas) hohe Positionen bekleidet: alle sind nämlich in den verschiedenen Ausgaben von «Who's Who in America», «Who was Who in America» oder in anderen großen Nachschlagewerken verzeichnet. Nehmen wir nun mit Hilfe solcher Lexika die 17 CoM-Verfasser genauer ins Visier.

Wir gehen die Namen in alphabetischer Reihenfolge durch, wie sie ja auch in «The City of Man» erscheinen, und beginnen also bei *Herbert Sebastian Agar*. 1897 bei New York geboren war er einer der jüngsten, wenn nicht *der* jüngste der 17 Herausgeber. Scheinbar verbrachte er den größeren Teil seines Lebens in England. nach «Who's Who in America» von 1954/55 gab er 1935-39 eine englische Zeitschrift, 1940-42 eine englische Zeitung heraus und hatte 1943-46 die Funktion eines Spezialassistenten der amerikanischen Botschaft in London inne. Außerdem leitete er ab 1943 die britische Abteilung des Londoner Kriegsinformationsamts. Nebenher betätigte er sich schriftstellerisch. Unter seinen zahlreichen Büchern sind in unserem Zusammenhang zu nennen: «The Price of Man» (1940), ein Titel, der für «The City of Man», das ja Ende desselben Jahres erschien, Vorbild gewesen sein könnte, sowie «A Time for Greatness» («Eine Zeit für Größe», 1942). Agar ist inzwischen verstorben.

Frank Aydelotte war offensichtlich eines der wichtigsten Mitglieder der Gruppe. Die schon erwähnte «Encyclopaedia Judaica» stellt ihn (Bd. 13, Sp. 33) als amerikanisches Mitglied des 1946 von der US-Regierung eingesetzten «Anglo-amerikanischen Komitees zur Untersuchung der Probleme des europäischen Judentums und Palästinas» vor. Dieses Komitee «verband zum ersten Mal das Problem des Weltjudentums mit dem der Juden in Palästina», heißt es weiter, und anderswo (Bd. 16, Sp. 1089) findet sich sogar ein Gruppenfoto des sinnigerweise 12köpfigen jüdischen Komitees, unter dem alle Namen, auch der Aydelottes, aufgeführt sind. Bei Aydelotte handelte es sich also um einen der führenden amerikanischen Zionisten. Nach dem amerikanischen Who's Who (1954/55) war Aydelotte von Beruf Englisch-Professor, von 1921 bis 1940 Präsident des Swarthmore College, von 1939 bis 1947 Direktor des «Institute of Advanced Study», seit 1922 auch Mitglied des Verwaltungsrats der Carnegiestiftung für den Fortschritt des Lehrens («Advancement of teaching»!). Neben vielen anderen Verpflichtungen nahm er seit 1927 die Funktion eines Mitglieds des Verwaltungsrats der «Welt-Friedens-Stiftung» wahr und gehörte dem Senat der Geheimgesellschaft «Phi Beta Kappa» (1931-49), außerdem der Geheimgesellschaft «Sigma Nu» an. Was uns aber am meisten interessieren dürfte: er ist auch als Mitglied des «Council on Foreign Relations» (CFR) vermerkt! Erwähnt sei noch, daß er mehrere Bücher verfaßt hat und mittlerweile verstorben ist.

Dritter im Bund der Siebzehn war der italienische Literaturhistoriker und Schriftsteller *Giuseppe Antonio Borgese*, der 1931 in die USA emigrierte und ab 1949 wieder in Mailand lehrte. Der «Brockhaus» vermerkt nur, Borgese sei «in seiner Jugend Nationalist, später Gegner des Faschismus» gewesen und habe «zuletzt den Gedanken einer "Weltrepublik"» verfochten. Der amerikanische Who was Who liefert genauere Informationen; ihm zufolge war Borgese Führer der italienischen demokratischen Bewegung «für eine Liga der Nationen und für ein Neues Europa». In die Vereinigten Staaten ausgewandert dozierte er an der «New School for Social Research» («Neue Schule für Sozialforschung») in New York City, die uns noch öfter begegnen wird. Ab 1945 war er Sekretär des «Komitees für den Entwurf einer Welt-Verfassung»! Ebenso wie Aydelotte gehörte er der obskuren «Phi Beta Kappa» an. Es wird sogar vermerkt, er habe «in Zusammenarbeit» (mit wem wird allerdings verschwiegen!) 1940 «The City of Man» publiziert, was insofern irreführend ist, als das Buch in Bibliotheken und Bibliographien ja nur unter dem ersten der siebzehn Namen und nicht unter dem Borgeses zu finden ist. Am 4. Dezember 1952 starb Borgese; erst im folgenden Jahr 1953 erschien posthum sein letztes Werk und Vermächtnis «Grundlagen der Weltrepublik»! Im «Who's Who International» von 1985/86 findet man eine gewisse *Elisabeth Borgese* als Ehefrau G.A. Borgeses angeführt; sie ist die Tochter von Thomas Mann, einem weiteren der 17 Verfasser, und hatte Borgese fast genau ein Jahr vor Erscheinen von «The City of Man» geheiratet. Daß sie in die Fußstapfen ihres Vaters und ihres Mannes getreten ist, beweist die Tatsache, daß sie 1985 ein Buch mit dem Titel «Die Zukunft der Ozeane: ein Bericht an den Club of Rome» (!) veröffentlichte.

Der österreichische Schriftsteller *Hermann Broch* war («Brockhaus Enzyklopädie», 19. Aufl.) erst 1938, also offenbar im Zusammenhang mit Hitlers Einmarsch in die Alpenrepublik, in die USA geflüchtet und scheint sich dort nicht länger als bis zum Kriegsende aufgehalten zu haben, denn als einzige der siebzehn Personen hat man ihn nicht in amerikanische biographische Nachschlagewerke aufgenommen. «Als Erzähler und Essayist analysierte er später den Zerfall der Werte in der sich auflösenden bürgerlichen Gesellschaft ... Broch befaßte sich auch theoretisch mit Massenpsychologie, die er im Rahmen einer allgemeinen Theorie der Gegenwart und des kommenden Totalitarismus sah.» Er starb schon 1951.

Literaturhistoriker und -kritiker war («Brockhaus») der Amerikaner *Van Wyck Brooks*, der zahlreiche Werke hinterlassen hat. Er «vertrat in seinen einflußreichen literar- und kulturhistorischen Werken anfangs die These, daß das puritanische Erbe in den USA die Entfaltung von Kultur und ästhetischen Werten verhindert habe.» Außer seiner Mitgliedschaft in vielen fachspezifischen Vereinen und Organisationen weist Who's Who in America Brooks als Mitglied von «Phi Beta Kappa» aus.

Eine der beiden Frauen im Autorenkollektiv war *Ada Louise Comstock*, in Who's Who in America als «Erzieherin» bezeichnet. 1876 geboren lehrte sie als Professorin an diversen Colleges, bevor sie 1923 Präsidentin des Radcliffe College wurde, was sie auch bis 1943 blieb. Als Ausnahme unter ihren CoM-Kollegen hat sie sich offenbar nicht literarisch betätigt. Neben ihrer Mitgliedschaft in verschiedenen wissenschaftlichen Gremien gehörte sie den geheimen Clubs «Delta Gamma» und «Phi Beta Kappa» an. Sie lebte 1953 noch, muß aber ebenso wie Brooks inzwischen längst gestorben sein.

Von *William Yandell Elliott* weiß P. Blackwood zu berichten, daß er Professor an der berühmten Harvard-Universität war und dort eine Abteilung leitete, die dem Londoner Zweig des CFR, dem Chatham House, dienstbar war; aus Elliotts «Schule» gingen u.a. Henry Kissinger und Zbigniew Brzezinski, zwei führende Köpfe der Schatten-Weltregierung, sowie Pierre Elliott Trudeau, langjähriger kanadischer Regierungschef und noch 1985 Mitglied der Bilderberger, hervor (Blackwood 1986, S. 192f). Laut Who's Who in America wurde Elliott 1896 geboren und dozierte als Professor in Harvard. Seit 1936 war er Berater des «Komitees des Präsidenten für Verwaltungsmanagement», ab 1940 Mitglied der «Nationalen beratenden Verteidigungskommission», ab 1941 Angehöriger des "Amts für Produkt-Management», in den Jahren 1945/46 auch Mitglied des parlamentarischen «Spezialkomitees für Nachkriegs-Wirtschaft, -Politik und -Planung», seit 1953 schließlich Mitglied des «Planungsvorstands des Nationalen Sicherheitsrats», der von Rockefeller beherrscht wird. Elliott kann als einer der einflußreichsten Rockefelleragenten in den USA der vierziger und fünfziger Jahre gelten. Er hat mehrere politikwissenschaftliche Bücher verfaßt und gehörte den Geheimgesellschaften «Sigma Chi» und «Phi Beta Kappa» an.

Die Schriftstellerin *Dorothy Canfield-Fisher* (Who's Who in America) war 1940 bereits 61 Jahre alt. Neben ihrer sehr fruchtbaren literarischen Tätigkeit hielt sie Vorlesungen in Literaturwissenschaft an vielen amerikanischen Universitäten, seit 1937 am Swarthmore College, wo zu dieser Zeit auch Frank Aydelotte dozierte. Da die Canfield-Fisher keiner Geheimgesellschaft (es sei denn einer Freimaurerloge, was Lexika natürlich in aller Regel nicht wissen dürfen) angehörte, dürfte sie über Aydelotte zum erlauchten Kreis der 17 Herausgeber gefunden haben. Daß sie den in «The City of Man» beschworenen Idealen zeitlebens treu geblieben ist, darf man daraus schließen, daß sie noch 1952 ein Buch mit dem interessanten Titel «A Fair World for All» («Eine schöne Welt für alle») veröffentlichte.

Auch Professor *Christian Gauss* lehrte, nur ein Jahr älter als Canfield-Fisher, Literaturwissenschaft (freilich nebst Sprachwissenschaft) an verschiedenen Universitäten. In den Jahren 1939/40 gehörte er dem «Exekutiv-Komitee der nationalen Kommission für Demokratie und intellektuelle Freiheit», einem offenbar logenbeherrschten Gremium an. 1944 war er Vorsitzender der «Amerikanischen Vereinigung für ein demokratisches Deutschland», 1947 Vorsitzender der «New Jersey World Federalists» (Welt-Unionisten von New Jersey!). Neben mehreren anderen Büchern schreibt ihm der Who was Who in America auch die (alleinige!) Autorschaft von «The City of Man» (1940) zu, was freilich irreführend ist. Gauss gehörte den Geheimgesellschaften «Kappa Sigma» und der uns inzwischen schon geläufigen «Phi Beta Kappa» an; er starb 1951.

In dem ungarischen Politikwissenschaftler *Oszkár Jászi*, wie er sich in seiner Heimat schrieb, sehen wir wieder einen prominenten Juden und Zionisten vor uns. Nach der Jerusalemer «Encyclopaedia Judaica» trat er als Vorkämpfer für nationale Minderheiten hervor und setzte sich für einen jüdischen Staat in Palästina ein. 1918 übernahm er in Ungarn das Ministerium für nationale Minderheiten, emigrierte aber schon 1919 nach Wien und München, 1920 in die USA, wo er in Ohio eine Professur erhielt; ab 1941 war er Professor für Politikwissenschaften. Nach Who was Who in America war Jaszi Mit-Autor von «The City of Man. A Declaration on World Democracy (1940)», die exakteste Angabe, die ich in diesem Zusammenhang bei einem der siebzehn «Herausgeber» gefunden habe; bei den meisten wird ihre Mitverfasserschaft einfach verschwiegen. Seit 1942 schrieb Jaszi Beiträge für die Zeitschrift «Foreign Affairs», das wichtigste Sprachrohr des CFR; gestorben ist er 1957.

Alvin Saunders Johnson wurde laut Who's Who (englische Ausgabe) 1874 geboren und war Soziologieprofessor. Von 1922 bis 1930 stand er der «New School for Social Research» in New York City, an der - wir erinnern uns - auch G.A. Borgese dozierte, als Direktor, von 1930 bis 1946 als Präsident vor. Er hat mehrere Bücher geschrieben.

An der «New School for Social Research» wirkte seit 1933 auch der Jude und Zionist *Hans Kohn*. Das «Jüdische Lexikon» von 1927ff teilt mit, daß er 1891 in Prag geboren wurde und 1925 nach Jerusalem ging. Bekannt geworden war er damals bereits durch mehrere Bücher zur Frage des Nationalismus, der politischen Philosophie und des Wesens des Judentums («Nationalismus», Wien 1922; «Sinn und Schicksal der Revolution», Wien 1923; «Die politische Idee des Judentums», München 1924; «Zionistische Politik», Mährisch-Ostrau 1927). Kohn war aktiver Pazifist, Mitglied der Weltorganisation der Kriegsdienstverweigerer und Mitbegründer des die jüdisch-arabische Annäherung fördernden «Berit Schalom» («Friedensbund») in Jerusalem. Die «Encyclopaedia Judaica» vermerkt, daß Kohn auch aktives Mitglied der zionistischen Studentenvereinigung «Bar Kochba» war und 1929 von Jerusalem nach Europa zurückfuhr, bereits 1931 aber in die USA emigrierte, um dort in New York (eben an der New School for Social Research) Politikwissenschaft zu lehren. Er hat insgesamt circa 30 Bücher verfaßt. Nach Who was Who in America dozierte Kohn später auch Geschichte am Smith College und hatte eine Gast-Professur in Harvard inne. Erwähnenswert in unserem Zusammenhang sind die Titel zweier seiner Bücher aus den vierziger Jahren: «Weltordnung in geschichtlicher Perspektive» (1942) und «Die Idee des Nationalismus» (4. Aufl. 1948, Übersetzungen ins Spanische und Deutsche). Daß Kohn unbedingt einer der führenden Köpfe des Autorenkollektivs von «The City of Man» war, geht daraus hervor, daß er nicht bloß der «Phi Beta Kappa» sondern auch dem Council on Foreign Relations (CFR), also der Schatten-Weltregierung angehörte! Er weilt heute wie alle bisher genannten Personen längst nicht mehr unter den Lebenden.

Ins Deutsche übersetzt wurde auch Hans Kohns Buch «Das zwanzigste Jahrhundert. Eine Zwischenbilanz der westlichen Welt» (Zürich - Wien - Konstanz 1950)

Es ist dem CoM-Kollegen «William Allan Neilson, dem Präsidenten von Smith College 1917-1939 in dankbarem Gedenken und meinen Studenten am Smith College 1934-1949 in bleibender Zuneigung» gewidmet. Der ausführliche Lebenslauf Kohns (Klappentext) verschweigt seine jüdische Abstammung und zionistische Aktivität erwartungsgemäß ebenso wie seine CFR-Mitgliedschaft. Wer um den Insider-Status Kohns weiß, liest sein Buch natürlich mit ganz anderen Augen als ein Ahnungsloser. Überall hat Kohn wie nebenbei Bemerkungen zum Thema One World eingestreut. Daß er die Dreistigkeit besitzt, seinen Stammesgenossen Karl Marx zu glorifizieren, erstaunt nach der Lektüre von CoM nicht mehr allzusehr: «Unter Hegels Schülern war Karl Marx weitaus der hervorragendste. Niemand erwarb sich durch die Auslegung der Geschichte für den Menschen so hohen Ruhm wie dieser unermüdliche Arbeiter." (S. 65) Anderswo wird Marx zusammen mit Nietzsche und Richard Wagner als ein «Mann wirklicher Größe» (S. 95) gefeiert. Als Illuminat schwärmt Kohn natürlich auch von «der Glorreichen (sic!) Revolution von 1789, die in der Tat die glorreichste und schöpferischste Revolution gewesen ist» (S. 58), und bedauert lebhaft, daß unter den Nazis in Frankreich «die Errungenschaften der Französischen Revolution preisgegeben und verhöhnt, die berühmten Worte "Freiheit, Gleichheit, Brüderlichkeit" für eine Mischung aus dem alten vorrevolutionären System und nachgeahmten deutsch-italienischen faschistischen Einrichtungen eingetauscht» wurden (S. 172)!

Von der «Stadt des Menschen» wird in dem Buch vorsichtshalber nicht gesprochen, wohl aber von ganz ähnlichen «Städten». Kohn zitiert den französischen Historiker und (s.o.!) Logenbruder Michelet, der «im Geiste von 1848» das künftige Aufkeimen des Gedankens «"eines allgemeinen Vaterlandes, der Stadt der Vorsehung"» prophezeit hat (S. 36); er behauptet. Marx habe «die himmlische Stadt der Philosophen des achtzehnten Jahrhunderts ... erstürmen» wollen (S. 67); er erklärt im Hinblick auf die antiken Stoiker: «Die "eine Welt" schien der Verwirklichung näher als jemals seither: die ganze Erde schien dazu bestimmt, eine einzige Stadt mit einer gemeinsamen Zivilisation zu werden ...» (S. 134); er zitiert den gallischen Poeten aus der Völkerwanderungszeit Claudius Rutilius Namatianus, der in einem Lobgesang auf das soeben zerfallene Römische Reich übertreibend sagte, Rom habe «umgeschaffen zur Stadt, was einst der Erdkreis war» (S. 135).

Natürlich meint Kohn die «Stadt des Menschen», auf die er auch an zahlreichen anderen Stellen anspielt. In den letzten hundert Jahren, erklärt er beispielsweise, hat der gegenseitige Kulturaustausch alle Völker der Erde erfaßt. «Das logische Ergebnis dieses Prozesses wäre die Entstehung einer weltweiten Gesellschaft und einer Weltzivilisation.» (S. 42) Die Totalitarismen des 20. Jahrhunderts «bedrohen die Einigung der Welt und den gesamten Fortschritt, den das neunzehnte Jahrhundert errungen hatte» (S. 70). Im neunzehnten Jahrhundert hatten nämlich die Freiheiten des Geistes «begonnen, den Erdball zu umfassen und eine einige Welt zu schaffen» (S. 79)! Sogar vom «Parlament des Menschen, das der Welt Geschicke lenkt», ist zitatweise in einem Gedicht von Lord Alfred Tennyson aus dem Jahr 1853 die Rede (S. 75).

Übrigens ist Kohn trotz des CoM-Fehlschlags durchaus optimistisch. Zwar hält er es für «mehr als zweifelhaft, ob im zwanzigsten Jahrhundert eine Weltordnung (!) durch die Aufzwingung weltlicher wie geistiger Einheit erreicht werden kann» (S. 146); dennoch «wird in einem neuen Zeitalter der Vernunft eine internationale Gesellschaft sich bilden können, die auf allgemein menschliche Werte und persönliche Unabhängigkeit des Einzelnen, nicht auf völkische oder Klassenrechte und exklusive Welterlösungspläne aufbaut» (S. 73). Den Amerikanismus hat Kohn noch keineswegs aufgegeben, obwohl er ihn modifiziert und differenziert (zumal er sich in diesem Buch auf Andeutungen beschränken muß!). «Mit Takt und Toleranz, mit offenen Augen und hilfreichen Händen, mit Festigkeit und Stärke», so lautet seine «Zwischenbilanz», können die USA «das Staatsschiff durch die gefährlichen Wasser der unruhevollen Zeit steuern, die im Gefolge der Demoralisierung und der Verheerung der Kriege und der totalitären Revolutionen beispiellosen Ausmaßes auftrat, bis die offene See einer geordneten Welt erreicht ist.» (S. 238) Was Kohn und Konsorten unter einer «geordneten Welt» verstehen, ist uns nach der Lektüre von CoM ja nicht mehr unbekannt! Doch fahren wir nun mit der «Durchleuchtung» der CoM-Verfasser fort.

Über den bekannten, nach manchen sogar «größten deutschen Autor unseres Jahrhunderts» *Thomas Mann* braucht kaum etwas gesagt zu werden. Trotz seiner protestantischen Taufe war er jüdischer Abstammung; als Christ hat er sich selber nicht verstanden. Er war Mitglied im Rotary-Club (Homuth o.J., S. 44); zu der Siebzehner-Gruppe dürfte er über seine Verwandtschaft mit G.A. Borgese, dem er 1939 im amerikanischen Exil seine Tochter Elisabeth zur Frau gegeben hatte, gekommen sein. Der Who was Who in America führt keine irgendwie bemerkenswerten Vereinsmitgliedschaften Manns auf, der bekanntlich 1955 gestorben ist.

Am längsten von allen hat der amerikanische Schriftsteller *Lewis Mumford* das Erscheinen von CoM überlebt. Im Who's Who International von 1985/86 war er noch verzeichnet, zumindest damals also noch nicht verstorben; ob er inzwischen seinen «Kollegen» in die Ewigkeit gefolgt ist, weiß ich nicht. Mumford hat(te) zahlreiche Positionen in allen möglichen Gremien inne und wurde vielfach geehrt und ausgezeichnet. Studiert hat er seinerzeit - an der New School for Social Research in New York City! Von 1938 bis 1944, also auch zur Zeit der Abfassung von «The City of Man», saß er im «American Council on Education», wahrscheinlich einer Nachfolge- oder Parallelorganisation des Rockefellerschen «General Education Board». Auf der «Wenner-Gren-Konferenz über die Rolle des Menschen bei der Gestaltung des Gesichts der Erde» von 1955 fungierte er als «Co-chairman», was man mit «Mit-Vorsitzender» wiedergeben müßte. Was ihn für uns besonders interessant macht, ist die Tatsache, daß er als dritter im Bunde dem Council on Foreign Relations (CFR) angehört(e)! Eines seiner Bücher ist auch auf deutsch erschienen, ein dickleibiges Werk mit dem Titel «Mythos der Maschine».

William Allan Neilson (Who was Who in America) war 1869 in Schottland geboren worden und lebte seit 1896 in den USA, wo er 1906-17 als Englisch-Professor wirkte und von 1917 bis 1939 (wann er als Siebzigjähriger wohl emeritiert wurde)

Präsident des Smith-College war. Neben vielen anderen Positionen war er Mitglied der Amerikanischen Akademie der Künste und Wissenschaften und verfaßte eine ganze Reihe von Büchern, darunter «We Escaped» («Wir entkamen», 1941) Gestorben ist er bereits 1946.

In der Person des 1892 geborenen deutschstämmigen Amerikaners *Reinhold Niebuhr* arbeitete sogar ein (evangelischer) Theologe an der Errichtung der antichristlichen «Stadt des Menschen» mit. Laut Who's Who in America lehrte Niebuhr von 1928 bis 1930 am New Yorker «Union Theological Seminary», das von der Rokkefellerstiftung (mit)finanziert wurde und wird und «in dem serienweise Theologen in Gott-ist-tot-Theologie und kommunistischer Gesinnung ausgebildet werden» (Homuth 1986, S. 56). 1947 erhielt Niebuhr eine Professur an der New Yorker Universität, seit 1951 lehrte er an der New School for Social Research (!), wo ja auch *vier* seiner CoM-Autorenkollegen sich aufhielten bzw. aufgehalten hatten: Borgese, Johnson, Kohn und Mumford. Niebuhr gehörte der Geheimgesellschaft «Alpha Sigma Phi» an. Mehrere seiner Bücher, die die Linie von CoM vorsichtig fortzusetzen versuchten, wurden ins Deutsche übersetzt, so auch «Die Kinder des Lichts und die Kinder der Finsternis. Eine Rechtfertigung der Demokratie und eine Kritik ihrer herkömmlichen Verteidigung» (1947) sowie «Staaten und Großmächte. Probleme staatlicher Ordnung in Vergangenheit und Gegenwart» (1960).

Der letzte der 17 «Herausgeber» ist *Gaetano Salvemini*, nach «Meyers Enzyklopädischem Lexikon» (9. Aufl.) ein italienischer Historiker und Politiker, der von 1901 bis 1925 in Messina, Pisa und Florenz wirkte. Salvemini war zuerst Sozialist, später Radikaldemokrat und setzte sich für energische Reformen ein. 1925 ging er ins Exil (u.a. in die USA), aus dem er 1947 zurückkehrte, um ab 1948 wieder in Italien zu lehren, wo er auch 1957 starb. Salveminis Name steht auch im amerikanischen Who's Who verzeichnet, der aber ansonsten nichts besonders Auffälliges über den Italiener zu berichten hat. Offenbar ist Salvemini über seine Logenzugehörigkeit zu der Herausgebergruppe gestoßen. Diese Logenzugehörigkeit läßt sich (neben der Tatsache, daß er «The City of Man» mitverfaßt oder wenigstens unterschrieben hat) aus dem Datum seiner Emigration aus Italien erschließen. Nach F.A. Six (1942, S. 132) emigrierten zahlreiche italienische Freimaurer genau im Jahr 1925, in dem auch Salvemini seiner Heimat den Rücken kehrte, weil Mussolini die Logen im Oktober 1925 besetzen ließ und ihre weitere Arbeit damit unmöglich machte.

Die siebzehn Verfasser von CoM geben interessanterweise noch den Namen eines «Freundes» preis, der nämlich zusammen mit Borgese, Mann, Mumford, Neilson und Niebuhr den ersten «Einladungsbrief» unterzeichnet hatte, später aber nicht in der Liste der Herausgeber aufschien: *Robert M. Hutchins* (CoM, S. 112) Hutchins muß natürlich als achtzehnter im Bunde gewertet werden (neben vielen weiteren anonymen «Freunden», deren Namen verschwiegen werden: vgl. CoM, S. 105 und 113!). Im Who's Who in America liest man über Robert Maynard Hutchins unter anderem folgendes: Seit 1929 war er Präsident der Universität von Chicago, seit

1943 Direktor der «Encyclopaedia Britannica», ab 1945 Kanzler der Universität von Chicago, im gleichen Jahr auch Präsident des schon erwähnten «Komitees für den Entwurf einer Welt-Verfassung», dessen Sekretär damals G.A. Borgese war! 1951 erhielt er den Posten eines Assoziierten Direktors der Ford-Stiftung, die bekanntlich mit der Rockefeller-Stiftung, der Carnegie-Stiftung und ähnlichen «wohltätigen» Einrichtungen an einem Strang zieht. Unter seinen Büchern sind besonders erwähnenswert «Erziehung zur Freiheit» (1943) und «St. Thomas und der Weltstaat» (1949)! Hutchins gehörte der «Phi Beta Kappa» an!

Wie man sieht waren die Beziehungen und Querverbindungen zwischen den siebzehn bzw. achtzehn uns bekannten Verfassern von «The City of Man» äußerst vielfältig und teilweise sehr eng. Nahezu alle von ihnen haben irgendwann in ihrem Leben irgendetwas mit der Renommé-Universität Harvard zu tun gehabt, sei es als ordentliche oder als Gastdozenten, sei es als Träger irgendwelcher Auszeichnungen dieser Institution. Mehrere von ihnen lehrten zeitweise an der ominösen «Neuen Schule für Sozialforschung», mindestens zwei Drittel von ihnen gehörten verschiedenen, fast die Hälfte von ihnen (acht von achtzehn Personen, nämlich Aydelotte, Borgese, Brooks, Comstock, Elliott, Gauss, Kohn und Hutchins) höchst auffälligerweise ein und derselben Geheimgesellschaft, nämlich der «Phi Beta Kappa», an.

Um welche Art von okkulten Clubs es sich bei diesen sich sämtlich hinter zwei oder drei ausgeschriebenen griechischen Buchstaben versteckenden Organisationen handelt, ist kaum zuverlässig herauszubekommen. «Collier's Encyclopaedia» (New York - London 1987) bringt das Stichwort «Phi Beta Kappa Society» ohne jede Erläuterung, verweist statt dessen nur auf die Begriffe «Gesellschaften», «Vereinigungen» und «Organisationen», unter denen man den Namen «Phi Beta Kappa» jedoch vergeblich sucht! Die «Brockhaus Enzyklopädie» (Wiesbaden 1972) schreibt zum Stichwort «Phi Beta Kappa»: «Amerikanische Studentenorganisation (Honor Society), in die man auf Grund akademischer Leistungen aufgenommen wird». Daß das nicht stimmen kann, belegt bereits die Tatsache, daß weder G.A. Borgese noch Hans Kohn vor ihrer Emigration *in den USA* studiert hatten, beide aber zum Zeitpunkt ihrer Emigration längst keine Studenten mehr, Borgese vielmehr bereits Professor in Italien war und Kohn sofort Professor wurde. Dennoch wurden beide in die «Phi Beta Kappa» aufgenommen! Nach Collier's Encyclopaedia (Art. «Odd Fellows») gibt es bei dem inhaltlich wie organisatorisch freimaurerähnlich konzipierten «Orden» der *Odd Fellows*, der ganz überwiegend in den USA verbreitet ist, sogenannte «Theta Rho Clubs» für Mädchen. Daß sich wohl zumindest freimaurerartige Gesellschaften hinter solchen Kürzeln verbergen, hat auch der amerikanische Präsident Gerald C. Ford einmal angedeutet, als er von einem Journalisten mit der Frage bedrängt wurde, warum die angeblich so «unwichtigen» Bilderberger-Konferenzen (an denen er wiederholt teilgenommen hatte) so strikt geheimgehalten würden. Seine Antwort war damals nur: «Ich bin auch Freimaurer des 33. Grades und Mitglied der Delta Kappa Epsilon, der Phi Delta Phi und der Michigamus - alles Geheimgesellschaften» (Blackwood 1986, S.

43); daß er obendrein CFR-Mitglied war, «vergaß» Ford in seiner Aufzählung zu erwähnen.

Drei der achtzehn Verfasser (Aydelotte, Kohn und Mumford) waren Mitglieder der geheimen Schatten-Weltregierung CFR; von diesen wiederum waren zwei Juden. Zwei weitere Männer, Elliott und Jaszi, standen zumindest in enger Verbindung mit dem CFR, namentlich der Jude Jaszi, der im CFR-Organ Beiträge veröffentlichte. Mehrere andere Personen waren Mitglieder in Rockefeller- und Rothschildbeherrschten Gremien wie dem «Nationalen Sicherheitsrat» etc. Von den vier Juden Aydelotte, Jaszi, Kohn und Mann müssen mindestens die ersten drei zugleich B'nai B'rith-Freimaurer gewesen sein. Man beachte übrigens, daß die Juden mit *vier* Köpfen in einem international zusammengesetzte *achtzehn*köpfigen Gremium - gemessen an der Gesamtzahl des jüdischen Volks in Relation zur Gesamtzahl der europäischen Völker und des amerikanischen Volks - völlig *überproportional* vertreten waren! Schon allein das beweist erneut, wie tödlich ernst die so oft belächelte These von der *zionistischen* «Weltverschwörung» zu nehmen ist! Übrigens pflegen offizielle jüdische Nachschlagewerke (von wenigen Ausnahmen abgesehen) solche Personen nicht als Juden aufzuführen, die - mit welchem Erfolg auch immer - vom Judentum zum Christentum konvertiert sind und die Taufe empfangen haben; deshalb kann ich auch keineswegs dafür garantieren, daß sich nicht noch mehr jüdischstämmige Personen unter den achtzehn Verfassern befunden haben.

Wie wir von Anfang an vermutet haben, handelte es sich also bei den achtzehn Herausgebern um nichts weniger als um ein auf sich gestelltes Grüppchen spontan von der Idee einer universalen Weltdemokratie ergriffener Intellektueller; vielmehr bestand das Autorenkollektiv aus einem Kern illuminierter Mitglieder der Schatten-Weltregierung, einem Kreis von Hochgradfreimaurern und (vielleicht) ein paar nicht näher eingeweihten idealistischen «Maurern ohne Schurz» (wenn überhaupt).

«Wir sind übereingekommen», hatten die CoM-Freimaurer selbstbewußt erklärt, «daß vier Gruppen von Experten bestimmt werden sollten, unter Führung eines zentralen Komitees, um die vier Hauptprobleme der amerikanischen und Weltdemokratie zu studieren. Klare Vorschläge sollten nach Ablauf einer festgesetzten Frist formuliert und der Öffentlichkeit unter der kollektiven Verantwortung des Komitees und seines Stabs vorgelegt werden.» (CoM, S. 76) «Die vier Gruppen, die wir vorschlagen, sollten, während sie mit dem ausgerüstet sind, was für ihren Zweck notwendig ist, unbehindert von den übervollen Stäben und den gewichtigen aber nichtssagenden Dokumentationen bleiben, die so manche reformerische Absicht mit dem bleichen Schimmer akademischer Belanglosigkeit überdeckt haben. Die für ihre Untersuchung bewilligte Zeit sollte innerhalb der vorhersagbaren Grenzen dieser entscheidenden Phase (!) im Weltkampf liegen - um lieber eine rasche Wirkung durch die Tat herbeizuführen (!), als Vermächtnisse für die Aktenbündel und Bücherregale einer wissensdurstigen Nachwelt zu produzieren. Ein einziger gedrängter Band, von einer Gesellschaft von Freunden in unpersönlicher Form gutgeheißen, sollte die vierfachen Ergebnisse dieser Studie enthalten, indem die geschichtlichen Voraussetzungen, die gegenwärtigen Bedingungen und die mutmaßliche Aussicht für jeden der grundlegenden Punkte zusammen mit ihren Konvergenzen auf ein vereintes Ziel hin skizziert werden.» (CoM, S. 95f)

Die Geheimen Oberen hatten es offensichtlich eilig; sie hofften, mittels des zweiten Weltkriegs sehr bald ans Ziel ihrer Wünsche zu kommen und legten darum keinen Wert auf zu umfangreiche akademische Studien. Der hier klar angekündigte Nachfolgeband von «The City of Man» ist scheinbar dennoch auf *zwei* Bände angewachsen, die aber immerhin noch während des Kriegs erschienen. Über den konkreten Inhalt dieser Bände weiß ich nichts, sie liegen mir nicht vor und werden vielleicht auch nicht leicht aufzutreiben sein.

Daß die beiden Bände veröffentlicht wurden, entnehme ich einzig und allein einer unscheinbaren Notiz in Who was Who in America im Zusammenhang mit Oscar Jaszi. Wie schon erwähnt wird unter seinen literarischen Erzeugnissen auch ordnungsgemäß «The City of Man» samt Untertitel aufgeführt, wobei dahinter in Klammern «co-author», also «Mit-Autor», und nochmals dahinter die Jahreszahl 1940 steht. Daran schließen sich zwei ganz ähnliche Literaturangaben, nämlich «Towards International Organization (co-author), 1942» und «Regionalism and World Organization (co-author), 1944». Würde hinter beiden Angaben nicht eigens vermerkt, daß Jaszi nur der Mit-Verfasser ist, und zwar genauso wie im Fall von CoM, käme ich gar nicht notwendig auf den Gedanken, in den beiden Titeln Nachfolgebände von CoM zu vermuten. So aber halte ich es für gewiß, daß Jaszi zusammen mit (mindestens teilweise) denselben alten «Kollegen» (allerdings ist bei keinem einzigen von ihnen einer der beiden Titel zu finden, was auch bedeuten könnte, daß Jaszi mit einem großen Teil von in CoM nicht genannten Personen zusammenarbeitete) die beiden den Plan bzw. das Programm von CoM konkretisierenden Bände herausgegeben hat. Dafür sprechen auch die Titel, die auf deutsch «Hin zu internationaler Organisation» und «Regionalismus und Welt-Organisation» lauten. An diese beiden Bände heranzukommen und sie auszuwerten dürfte noch eine sehr lohnenswerte Aufgabe sein.

*

Hinweis für die Leser:

Dieser 1. Band vermittelt das Wissen, das für das Verständnis des noch wichtigeren 2. Bands vorausgesetzt ist, in dem es um die *ganz konkreten* weltpolitischen Schachzüge der *Geheimen Oberen* in unserem Jahrhundert und vor allem in der unmittelbaren *Gegenwart und Zukunft* geht. Der Titel des 2. Bands lautet:

Die Weltherrscher der Finsternis in Aktion

Literatur-Verzeichnis

Adler, Manfred: Die antichristliche Revolution der Freimaurerei, 3. Aufl. Jestetten 1983
Adler, Manfred: Die Freimaurer und der Vatikan, Lippstadt 1985
Agar, Herbert/Aydelotte, Frank u.a. (Hrsg.): The City of Man. A Declaration on World Democracy, 3. Aufl. New York 1941
Blackwood, Peter: Die Netzwerke der Insider. Ein Nachschlagewerk über die Arbeit, die Pläne und die Ziele der Internationalisten, Leonberg 1986
Camman, Robert: Les véritables maîtres du monde, Villefranche-de-Lauragais (im Selbstverlag) 1985
Cumbey, Constance: Die sanfte Verführung, 6. Aufl. Asslar 1987
Encyclopaedia Judaica, 17 Bde., Jerusalem 1972ff
Griffin, Des: Die Herrscher. Luzifers 5. Kolonne, Vaduz 1980
Griffin, Des: Wer regiert die Welt?, Leonberg 1986
Hecht, Alexander: Der Bund B'nai B'rith und seine Bedeutung für das österreichische Judentum, Wien 1914 (Reprint Bremen 1985)
Herlitz, G./Kirschner, B. (Hrsg.): Jüdisches Lexikon, 3 Bde., Berlin 1927ff
Holtschmidt, Friedrich u.a. (Hrsg.): Stern von Bethlehem. Ursprung, Wesen und Ziel der Freimaurerei, Hünstetten/Taunus 1981 (Reprint von 1899)
Homuth, Norbert: Dokumente der Unterwanderung. Christen unter falscher Flagge, Nürnberg (im Selbstverlag) o.J. (1985 oder später)
Homuth, Norbert: Vorsicht Ökumene! Christen im Strudel der Antichristlichen Endzeitkirche, 3. Aufl. Nürnberg (im Selbstverlag) 1986
Kohn, Hans: Das zwanzigste Jahrhundert. Eine Zwischenbilanz der westlichen Welt, Zürich - Wien - Konstanz 1950
Lennhoff, Eugen/Posner, Oskar (Hrsg.): Internationales Freimaurer-Lexikon, München - Zürich - Wien - Graz 1932
Lerich, Konrad: Der Tempel der Freimaurer. Der 1. bis 33. Grad. Vom Suchenden zum Wissenden, Bern 1937 (Reprint Bremen 1988)
Lessing, Gotthold Ephraim: Freimäurergespräche und anderes. Ausgewählte Schriften, München 1981
Mullins, Eustace/Bohlinger, Roland: Die Bankierverschwörung. Die Machtergreifung der Hochfinanz und ihre Folgen, 3. erg. u. korr. Aufl. Struckum o.J. (1985?)

Ploncard d'Assac, Jacques: Das Geheimnis der Freimaurer, Stuttgart 1989

Ploncard d'Assac, Jacques: Rätsel und Geheimnisse: die B'nai B'rith, in: Kyrie Eleison 16 (1987) Nr. 4, 60-64

Prantner, Robert: Freimaurertum. Eine Punktuation als Orientierungshilfe, Wien 1989

Reed, Douglas: Der große Plan der Anonymen, Zürich 1952

Six, Franz Alfred: Studien zur Geistesgeschichte der Freimaurerei, 2. Aufl. Hamburg 1942

Stimpfle, Josef: Die Katholische Kirche und die Freimaurerei, in: Ders., Im Dienst am Evangelium. 25 Jahre bischöfliche Verkündigung und Weisung. Ein Querschnitt, Donauwörth 1988

Vaquié, Jean: Réflexions sur les ennemis et la manoeuvre (Lecture et Tradition Nr. 126), Vouillé 1987

Weishaupt, Adam: Das verbesserte System der Illuminaten, seine Einrichtungen und Grade, Band I, 1787 (Reprint Delmenhorst o.J.)

Personen-Verzeichnis

Adenauer, Konrad 51
Adler, Manfred 96, 107
Agar, Herbert 9, 118
Agnelli, Giovanni 94
Alexander, P. 49
Anderson 17, 77
Annas 37
Anson, Luis Maria 95
Anspacher 64
Armstrong, H.W. 84
Aschberg 108
Aydelotte, Frank 9, 118ff, 125f

Baker, C.H. 92
Ball, George W. 89
Balsemo, Franciscus Pinto 96
Barrett, Isaac 72
Bartley, Robert L. 95
Bauer, Mayer Amchel 104
Bauer, Moses Amchel 104
Benamozagh, Elie 77
Bertrand, J. 19, 21
Bett 72
Biddle 80
Bjarnason, Bjorn 96
Blackwood, Peter 80-90, 92ff, 97, 110, 117, 120, 125
Blumenthal, Otto 51
Boccara, P. 62
Bode 22
Bohlinger, Roland 44
Boistel, J. de 53
Bordiot, Jacques 89
Borgese, Elisabeth 119, 123
Borgese, Giuseppe Antonio 9, 119, 121, 123ff

Breitung 108
Broch, Hermann 9, 119
Brooks, Van Wyck 9, 119f, 125
Brzezinski, Zbigniew 90, 94, 110f, 120
Buckley, James 88
Buckley, William F. jr. 88

Camman, Robert 47, 85, 89ff, 93f, 111
Camparell, Mordechai 73
Camus, Albert 16
Canfield-Fisher, Dorothy 9, 120
Carnegie 85, 86, 88, 118, 125
Carr, William Guy 105
Carter, Jimmy 90, 110
Chase 80
Chesterton, A.K. 89
Chouraqui, Nicole 62
Claudius Rutilius Namatianus 122
Clausen, A.W. 94
Clemens V. 29
Comstock, Ada Louise 9, 119, 125
Comte, August 31
Coon 64
Copin-Albancelli 54
Crémieux, Adolphe 73, 78
Cumbey, Constance 55

Da Costa, Benjamin 72
Darwin, Charles 42
Delvalle, Daniel 72
Dietenhofer, Isaac 64
Dillon, C. Douglas 86
Disraeli, Benjamin 102, 114
Dittenhoefer, Isaac 64

Drenckhahn, G. 18, 20
Drexel 80
Dulles, Allen 117
Dulles, John Foster 117
Dunant, Henri 49
Dupuy, Richard 20
Duval, René 101

Ecker und Eckhoffen, Hans Karl von 72
Ehmke, Horst 95, 112
Ehrlich, Simon 65
Elliott, William Yandell 9, 120, 125f
Engels 103
Ertl, Josef 51
Esser, Otto 112

Fenchel, Julius 71
Ford 85, 90, 125
Ford, Gerald C. 87f, 125f
French, Fleming 73

Gauss, Christian 9, 120, 125
Genscher, Hans-Dietrich 51
George, Henry 27
Glotz, Peter 46
Gorman, R.O. 88
Goux, Christian 62
Graham, Katherine 96
Griffin, Des 63, 80, 90, 98-101, 104f, 107-111, 114f
Guggenheimer 108
Gutierres, Jesus Polanco 95

Hamburger, Josef 65
Hanauer 108
Harris, Paul 49
Hays, Moses Michael 73
Heath, Edward 87
Hecht 64

Hecht, Alexander 64-67, 69, 71, 74f
Hegel 122
Heine 102
Herter, Christian A. 117
Herz 72
Herzen 102
Heuss, Theodor 51
Heyne, M. 19
Hirsch 68
Hitler 112
Hoffmann, Diether 112
Hoge, James F. 95
Holtschmidt, Friedrich 17-21
Homuth, Norbert 45-51, 54, 69, 74, 83, 103, 123f
Hoover, Herbert 111
Hornsby, Thomas 73
House, Edward Mandell 84f, 117
Hutchins, Robert Maynard 124f
Hyland, William 95

Imbert, Claude 96

Jablonsky, Moritz 71
James, William 31
Jaszi, Oscar 9, 121, 126f
Jászi, Oszkar 121
Jefferson, Thomas 99
Johnson, Alvin Saunders 9, 121f
Johnson, Joseph E. 88
Johnson, Tom 95
Jonas, Heinrich 64
Jones, Henry 64, 69, 71
Jones, Melvin 49

Kahn, Otto H. 117
Kaiser, Karl 94
Kant, Immanuel 113
Kennedy, John F. 94
Kerensky 106

Ketteler, Wilhelm Emanuel von 63
Kettering 90
Kissinger, Henry 82, 85, 90, 94, 120
Klemens XII. 19
Kling 64
Kluncker, Heinz 112
Kohn, Hans 9, 121-126
Kraft, Joseph 95
Kristoffersen, Erwin 112
Kuhn 80, 108
Kuzmin, Gavril G. 101, 105, 109f

Lambsdorff, Otto 51, 95
Lane, Mark 78
Le Pen, Jean Marie 62
Lehman, Herbert 117
Leisler-Kiep, Walter 95
Lemmi, Adriano 74
Lenin 103, 105-108, 112
Lennhoff, Eugen 29, 48, 55, 70
Lerich, Konrad 44, 48, 52ff, 56-62, 72, 77, 106, 108
Lessing, Gotthold Ephraim 21f, 26ff, 36, 69
Levi, Armand 74
Levi, Arrigo 95
Levy, Mordechai Marx 103
Levy, Moses 73
Lewis, Flora 96
Lilly 90
Lindovice, Isaac 73
Lippe, Bernhard von 86, 93
Lippe, Juliana von 86
Lippman, Walter 117
Loeb 80, 108
Lord, Winston 94
Lowman, Samuel 72

Luther, Martin 29ff

Magnin 77
Mann, Thomas 9, 119, 123f, 126
Mao 103
Marburg, Louis 117
Maréchal 31
Margiotta, Dominico 74
Marx, Karl 103f, 109, 112ff, 122
Mazzini, Giuseppe 100, 103, 113f
McNamara, Robert 94f
Mendelsohn 101, 105
Mendes, Henry Pereira 84
Mendez, Moses 72
Mendez, Salomon 72
Michelet 56, 122
Miers, Horst E. 55
Milner 84
Mitterand, Jacques 19, 37, 47, 107, 112
Mohammed 31
Molay, Jacques de 29, 55, 59
Mond, Arthur 72
Montefiori, Moses 72
Morgan 80
Morgenthau, Henry 117
Morgenthau, M. 65
Moses 31
Muere, Isaac 72
Mullins, Eustace 44
Mumford, Lewis 9, 123f, 126
Murphy, Robert 89
Mussolini 124

Napoleon 99
Neilson, William Allan 9, 122ff
Neumann, Friedrich 112
Niebuhr, Reinhold 9, 124

Nietzsche 122
Nixon, Richard 93
Noe 77
Nonnenmacher, Gunther 96

Oberth 46
Ogasawara, Toshiaki 95
Ogata, Akira 95
Ohtsuki, Shinji 96
Oppenheimer 104

Paulus 31, 38, 40
Peters, Brigitte 21
Petrus 116
Pike, Albert 74, 114
Pius IX. 28
Ploncard d'Assac, Jacques 19f, 31, 47, 54ff, 62, 64, 70, 75ff, 79, 105, 107, 112, 115
Portig, A. 18
Porzner, Konrad 95, 112
Posner, Oskar 29, 48, 55, 70
Potier, Eugène 107
Powell, Baden 49
Prantner, Robert 17, 54, 57, 60f, 105, 107

Quigley, Caroll 84

Rakowskij, Christian C. 101ff, 105-111, 115
Rand, Ayn 45f, 114
Rathenau, Walter 46f
Reed, Douglas 99-102, 104f
Renau 64
Retinger, Joseph H. 86
Rhodes, Cecil 84
Rockefeller 45, 47, 80, 82f, 85ff, 90ff, 94, 103, 107, 110, 115, 117f, 123ff

Rockefeller, David 81f, 85, 87, 89ff, 93
Rockefeller, John D. I 80
Rockefeller, Laurence 87
Rodacher 64
Rodenstock, Rolf 112
Roosevelt, Clinton 104
Roosevelt, Franklin Delano 44, 76, 113
Rosenberg 22
Rosenburg 64
Rosenfeld, Stephen S. 92
Rosenman, Samuel 76
Rosenthal, Simon 65
Rothschild 45, 47, 72, 78, 80-84, 87, 90ff, 94, 102-109, 115, 117f
Rothschild, Alfred 109
Rothschild, Edmond de 82, 92
Rothschild, Guy 92
Rothschild, Nathan 102, 114
Rothschild, Nathan Meyer 72
Rothschild, Nathaniel 84
Rothschild, Philipp 45, 47, 114
Rothschild, Victor 86
Rouget de l'Isle 107
Rowen, Hobart 96
Rusk, Dean 89

Salvemini, Gaetano 9, 124
Sanger, Adolf L. 65
Sarasqueta, Anton 96
Schaffer 64
Schamberg, Isaac 72
Schamberg, Meyer 72
Scheel, Walter 51
Schenkel, Gottfried 29
Schiff, Jacob 80, 108f, 115
Schiff, John 109

Schiff, Mortimer 117
Schmidt, Helmut 87
Schwab 64
Schwarz-Schilling, Christian 51
Schwengeler, Arnold 83
Seeligsohn, E.M. 69
Six, Franz Alfred 28f, 32, 36f, 63, 72, 124
Sommer, Theo 95f
Späth, Lothar 51
Spinoza, Baruch de 31
Stainer 72
Stalin 101, 106f, 112
Stein, Philipp 65
Stimpfle, Josef 29, 31, 55
Stoléru, Lionel 62
Stoltenberg, Gerhard 95
Strauß N. 65
Strauß, Franz Josef 51
Stücklen, Richard 51

Talbott, Strobe 96
Tennyson, Alfred 122
Thomas von Aquin 125
Thomas, Norman 117
Trawny, Otto 51
Trotzki(j), Leo 103, 106ff
Trudeau, Pierre Elliott 120
Truman, Harry 76

Vaquier, Jean 61f, 116
Vetter, Heinz Oskar 112
Vogel, Theodor 49
Volcker, Paul 92

Waffenschmidt, Horst 51
Wagner, Richard 122
Wallenberg 87
Wallmann, Walter 51
Warburg 108, 115

132

Warburg, Felix 117
Warburg, Max 108
Warburg, Paul 108, 117
Warnke, Jürgen 51
Washington, George 85
Weishaupt, Adam 97-105, 108, 113
Wilhelm von Hanau 104
Wilson, Harold 87
Wilson, Woodrow 84f, 117
Wolf, Simon 65
Wolff von Amerongen, Otto 94, 112
Wolff, C. 19
Wolff, David 71

Vom selben Verfasser erschienen:

Mahl- oder Opfercharakter der heiligen Messe?
Ein Klärungsversuch auf der Grundlage der Theologie des hl. Thomas von Aquin und J. A. Berrenbergs

Die Bücher, die Modelle zur äußeren Gestaltung der Eucharistiefeier anbieten, nehmen gegenwärtig fast überhand. Weit weniger Aufmerksamkeit widmet man weithin dem inneren Gehalt der Meßfeier. Dem Kern des katholischen Glaubensvollzugs droht damit eine gefährliche Aushöhlung.

Das vorliegende Werk tritt dieser Tendenz zur Veräußerlichung durch eine erneute Besinnung auf die Tiefendimension der Eucharistiefeier entgegen. Sorgfältig herausgearbeitet wird vor allem der heilsgeschichtliche Hintergrund, vor dem die Messe unbedingt gesehen werden muß. Von der umfassenden systematischen Analyse des Erlösungsgeschehens aus gelingt dem Verfasser auch eine überzeugende Klärung des Zueinander von Opfer- und Mahlcharakter in der Eucharistie. Daraus ergeben sich ganz von selbst eine Reihe von Folgerungen für die angemessene Gestaltung der Meßfeier.- Ein Buch, das in die Hand jedes Priesters und jedes kirchlich engagierten Laien gleichermaßen gehört.

"Diese Arbeit ist eine hohe Ehre bzw. Ehrenrettung für die Theologie (und Philosophie) des hl. Thomas geworden. ... Hauptverdienst bleibt die positive Darstellung der Lehre von Meßopfer und Eucharistie; sie wird durchschlagen." *(P. Dr. Rhaban Haacke OSB in "Der Fels" vom April 1988)*

"Eine glänzende wissenschaftliche Arbeit, die in ihrer unbestechlichen Klarheit nicht nur ihren Autor ehrt, sondern auch laut nach sichtbaren Konsequenzen in der Kirche ruft!" *("Das Neue Groschenblatt" vom April 1988)*

"Unter dem zu klaren Aussagen drängenden Titel 'Mahl- oder Opfercharakter der heiligen Messe?' gelingt dem Verfasser ... eine ebenso umfassende wie tiefgehende Annäherung an die volle Wahrheit des absoluten Glaubensgeheimnisses, das die 'reale Verschiedenheit' von Opfer und Mahl in der Feier der heiligen Messe in sich birgt ..." *(Fuldaer Zeitung/Hünfelder Zeitung" vom 25. August 1988)*

Bezugsquelle: "Mahl- oder Opfercharakter der heiligen Messe?" 308 S., Paperback, 34,- DM plus Versandkosten, **Verlag Anton A. Schmid, Verlags-Programm: Pro Fide Catholica, Postfach 22, D-87467 Durach**

Im Verlag Anton A. Schmid, Verlags-Programm: Pro Fide Catholica, Postfach 22, D-87467 Durach erschienen:

Die kommende „Diktatur der Humanität" oder die Herrschaft des Antichristen Mag. theol. J. Rothkranz, 3 Bde.

1. Band. **Die geplante Weltdemokratie in der „City of Man"**
133 Seiten und 16 Bildtafeln, kart. 14,80 DM
1940 erschien in den USA ein kleines Buch mit hochbrisantem Inhalt. Unter dem Titel „The City of Man – die Stadt des Menschen" wurde darin der geheime Plan der Mächte hinter den Kulissen propagiert und die unausweichliche politische Vereinigung der ganzen „Weltdemokratie" bzw. „Diktatur der Humanität" unter einer einzigen Weltregierung angekündigt. Es war das erste Mal, daß der uralte Plan für die Errichtung eines totalitären Weltstaats von seinen Urhebern selber offengelegt wurde. Obwohl die Vorbereitungen für den diktatorischen Weltstaat in unserem Jahrhundert auf Hochtouren laufen, oder vielmehr gerade deswegen, hat man den Plan für die „City of Man" damals rasch wieder verschwinden lassen. Der vorliegende Band jedoch stellt den Plan in seinen Einzelheiten vor, enthüllt seine Hintergründe und präsentiert seine Hintermänner. Besonders aufschlußreich ist die ausführliche Behandlung aller dreizehn Stufen der Geheimen Hierarchie der „Wissenden", die den Plan entworfen haben und im Verborgenen zielstrebig an seiner Verwirklichung arbeiten. Wer sich über die wirklichen Hintergründe der internationalen Politik und der gegenwärtigen weltpolitischen Entwicklungen informieren will, kommt an diesem im wahrsten Sinne des Wortes „enthüllenden" Werk nicht vorbei.

2. Band: **Die Weltherrscher der Finsternis in Aktion**
237 Seiten und 32 Bildtafeln, kart. 19,80 DM
Aufbauend auf den im ersten Band gewonnenen Einsichten in die Struktur und Zielsetzung der geheimen Satanshierarchie zeigt dieser Band ganz konkret auf, wie weit der Plan der Geheimen Oberen schon gediehen war, als sie ihn 1940 für einen kurzen Augenblick aufdeckten, und welche ungeheuren Fortschritte die Erbauer der „City of Man" in den letzten fünfzig Jahren bis hinein in die unmittelbare Gegenwart gemacht haben. Der Leser lernt u. a. die beiden Weltkriege von einer ganz anderen Seite her kennen und erfährt, daß die gegenwärtige „Friedensbewegung" unmittelbar der Vorbereitung des längst geplanten dritten Weltkrieges dient, der endgültig alle Hindernisse für die Weltdiktatur beseitigen soll.

3. Band: **Die vereinten Religionen der Welt im antichristlichen Weltstaat**
259 Seiten und 16 Bildtafeln, kart. 19.80 DM
Für die geheimen Oberen ist der geplante Weltstaat unabtrennbar von der ihn stützenden und tragenden totalitären Ideologie, die als „Religion der Humanität" bzw. „Religion der Demokratie" verbrämt wird. Diese Religion soll aus dem Zusammenschluß aller großen Weltreligionen hervorgehen, die dabei ihres traditionellen Charakters weitgehend entkleidet werden. Zentrum der Bestrebungen zur Vereinigung aller Religionen zur künftigen Welteinheitsreligion des Antichristen ist die am straffsten organisierte Religion: die katholische Kirche mit ihrer einzigartigen religiösen Integrationsfigur, dem Papst. Der dritte Band weist anhand in der Öffentlichkeit größtenteils unbekannter Fakten und Informationen nach, daß spätestens seit dem II. Vatikanischen Konzil im Vatikan die Geheimen Oberen regieren, die sich in ständig steigendem Maß der katholischen Kirche als ihres wichtigsten Instruments zur Durchsetzung nicht bloß der Welteinheitsreligion sondern auch der Weltdiktatur bedienen.

Wußten Sie schon...?
Mag. theol. Johannes Rothkranz, 32 S., 3,– DM
Hinter dieser Allerweltsfrage verbergen sich in der vorliegenden Schrift außerordentlich

wichtige, aber leider so gut wie unbekannte zeitgeschichtlich-politische Tatsachen. 28 logisch aufeinanderfolgende in ihrem Zusammenhang wahrhaft erschütternde Thesen lassen schlaglichtartig die erschreckende Wahrheit hinter dem uns allen bis zur Stunde noch vorgegaukelten geschönten Geschichtsbilddes 20. Jahrhunderts aufleuchten. Wegen der ungeheuren Brisanz dieser verschwiegenen Tatsachen hat der Autor mit äußerster Sorgfalt aus über jeden Zweifel erhabenen Quellen geschöpft. Er liefert deshalb mit dieser Schrift zugleich eine Zitatensammlung von kaum zu überschätzendem Wert.

Gebete mit Verheißungen
Alois Hueber, 256 S., 11,50 DM
Das Gebetbüchlein „Gebete mit Verheißungen" möchte Ihnen eine Sammlung wertvoller Gebete an die Hand geben und Sie durch die vielfältigen Gebetsversprechen zu vermehrtem Gebet anregen und damit auch Ihre Freude an demselben vermehren.
Da für eine beträchtliche Anzahl von Gebeten zusätzlich große Verheißungen für deren Verbreitung gegeben sind, erwerben Sie sich mit der Weitergabe dieser Gebete zahlreiche zusätzliche außergewöhnliche Verdienste.

ASSISI und Die NEUE RELIGION Joh. Paul's II.
Manfred Jacobs, 109 Seiten, 9,80 DM
Hat Papst Johannes Paul II. beim Gebetstag der „Weltreligionen" in Assisi am 27. Oktober 1986 tatsächlich eine neue Religion präsentiert, die mit der alten, von Christus auf dem Fundament der Apostel gegründeten Religion nicht mehr identisch ist?
Der Verfasser dieser Schrift behauptet das und begründet seine Auffassung mit Argumenten, die für Christen aller Konfessionen bedenkenswert und diskussionswürdig sind. Seine Diktion ist klar, zuweilen hart, aber stets sachlich. Jacobs geht von Tatsachen aus, analysiert diese mit Hilfe kompetenter, sachkundiger Theologen und bemüht sich redlich, komplizierte Zusammenhänge durch zahlreiche Anmerkungen einem breiten Leserkreis soweit wie möglich verständlich zu machen.

Der Antichrist
von Prof. Franz Spirago, 113 S., 12,80 DM
Dieses Buch liest sich wie ein schauriger Krimi. Es schildert das Kommen und Wirken des Antichrist bis zum Weltende – auf der Grundlage einer Vielzahl von altüberlieferten Prophezeiungen und Weissagungen. Der Antichrist ist von Gott zugelassen für die gottlos gewordene Menschheit. Sein Name besagt, daß er der größte Gegner und Feind Jesu Christi sein wird. Geblendet von seiner schönen Gestalt, dem einnehmenden Antlitz, der Geistesschärfe und Rednergabe werden ihm die Massen zu Füßen fallen. Er wird als Wunderkind die Erde betreten, und noch ehe er 10 Lebensjahre zählt, ist er mächtiger und gelehrter als je einer vor ihm. Mit 30 Jahren wird erst die Fülle seiner ganzen Macht offenbar und die Menschen werden ihn ob seiner Heldentaten rühmen. Die Juden werden ihn als den gesandten Messias feiern und er wird sagen: „Der Erlöser der Welt bin ich". Da Luzifer schon im Mutterleib sein ganzes Wesen in Besitz genommen haben wird, wird er der katholischen Religion den Kampf ansagen. Er wird seinen Mund öffnen zur Lehre des Widerspruchs.
Er versucht, das Leben Jesu in allen Details nachzuäffen. Er wird einen Vorläufer haben gleichwie Christus Johannes den Täufer. Er wird Apostel in die Welt aussenden. Der Antichrist wird zunächst König der Juden. Jerusalem wird zum Mittelpunkt seines Weltreiches. Allen seinen Untertanen wird er das Kennzeichen 666 einprägen lassen. Er wird dreieinhalb Jahre lang als Weltkaiser herrschen. In dieser Zeit werden die Katholiken in siedenden Pfannen schmoren u.v.a.m.; es wird die grausamste Christenverfolgung aller Zeiten sein. Lesen Sie bitte selbst ...!

Zweites Vatikanum und Judenfrage
Leon de Poncins 100 S., 9,80 DM
Der inzwischen verstorbene, berühmte katholische Schriftsteller, Leon de Poncins, gilt zurecht als einer der besten Erforscher jener lichtscheuen Mächte, die sich die Vernichtung der katholischen Kirche und die Herbeiführung des antichristlichen Weltstaates seit Jahrhunderten zum Ziel gesetzt haben.

Die vorliegende Studie konnte wegen der Ungeheuerlichkeit des Betrugs, den sie schonungslos aufdeckt, in Frankreich, der Heimat ihres Verfassers, bis heute nur in Auszügen veröffentlicht werden! Bislang ist sie vollständig nur in englischer Sprache erschienen und liegt jetzt erstmals auf deutsch vor. Poncins läßt Originaltexte bedeutender jüdischer Religionsführer ausführlich zu Wort kommen, die belegen, in welcher Weise, die Konzilsväter sich seiner Zeit mit ihrer Erklärung zum Verhältnis zwischen Kirche und Judentum hinters Licht führen und mißbrauchen ließen. Er nennt auch die Namen und schildert die Aktionen jener inner- und außerkirchlichen Kreise, denen das „Verdienst" zukommt, an der Manipulation der Konzilserklärung „Nostra aetate" mitgewirkt zu haben. Ein beigefügter dokumentarischer Anhang belegt die seitherigen fatalen Auswirkungen von „Nostra aetate" auf offizielle Glaubenslehre und Liturgie der Kirche.

Die Freimaurer und der Vatikan
Pfr. Manfred Adler, 196 S., 17,50 DM
Ziel der Freimaurerei ist die Errichtung einer Weltdiktatur und einer Weltreligion. Um diese universale Religion der Humanität Wirklichkeit werden zu lassen, muß die einzig wahre Religion als die die katholische Kirche sich versteht, verschwinden. Mittels des Dialogs soll die Führung der Kirche im Freimaurersinn umfunktioniert werden. Dieses Buch gibt einen Überblick und detaillierten Einblick in den freimaurerisch-kirchlichen Dialog der letzten Jahrzehnte. Die bisher vorliegenden Ergebnisse dieses Dialogs sind in mehr als einer Hinsicht bestürzend.

Die Unterminierung der katholischen Kirche
Mary Ball-Martinez, ca. 200 S., 18,90 DM
Als „das 1789 der katholischen Kirche" hat der belgische Kardinal Leo Suenens in einem unbeherrschten Augenblick das II. Vatikanische Konzil bezeichnet. Er wollte damit dieses Konzil als eine Revolution von nicht geringerer Tragweite als die berühmt-berüchtigte Französische Revolution von 1789 kennzeichnen.

Daß das II. Vatikanum einen äußerst folgenschweren Umsturz der katholischen Kirche unmittelbar nach sich zog, wird heute von niemandem mehr geleugnet. Fast völlig in Vergessenheit geraten ist dagegen der unumstößliche Grundsatz, daß es nun einmal keine spontane, unvorbereitete, aus dem Augenblick geborene Revolution gibt. Jede Revolution erfordert eine langfristige und minutiöse Vorbereitung im Untergrund – eben die schleichende Unterminierung dessen, was da umgestürzt werden soll.

Genau hier setzt das vorliegende Werk den Hebel an. Seine These lautet, daß die „katholische" Revolution in Wirklichkeit bereits eine vollendete Tatsache war, als das II. Vatikanum einberufen wurde. Die einzige Aufgabe der Konzilsväter bestand darin, gehorsam ihre Zustimmung zu dem zu geben, was nicht etwa sie selbst zu beschließen hatten, sondern was längst von anderen beschlossen war! Für diese zentrale These ihres packend geschriebenen Buchs kann die langjährige Vatikan-Journalistin Mary Ball-Martinez eine ebenso beeindruckende wie lückenlose Reihe von Belegen liefern.

Wer wirklich wissen will, „wie das alles mit der Kirche nur so kommen konnte", wird an diesem einmaligen Buch nicht vorbeigehen können!

Die Lügen von Medjugorje
Mag. theol. Johannes Rothkranz, 89 S., 9,80 DM
Das klingt zugegebenerweise äußerst befremdlich: „Die Lügen von Medjugorje". Man kann es natürlich auch anders herum formulieren: „Die Wahrheit über Medjugorje". Letzteres hat der Bischof von Mostar, Msgr. Pavao Zanic, kürzlich getan, in dessen Diözese bekanntlich der längst weltberühmt gewordene „Erscheinungsort" liegt. Aber die von dem naturgemäß bestinformierten Oberhirten in einer Erklärung vom Frühjahr 1990 enthüllte Wahrheit über Medjugorje ist eben, daß dort die gutgläubigen Pilger nach Strich und Faden belogen und betrogen werden. Die vorliegende Schrift will nichts anderes als unter Verwendung der genannten Erklärung des zuständigen Ortsbischofs und anderer glaubwürdiger Quellen dazu beitragen, durch Aufdeckung der Lügen von Medjugorje der Wahrheit über Medjugorje zum Sieg zu verhelfen. Daß diese Wahrheit längst nicht allen gefallen wird, ist nur zu begreiflich, ändert aber nichts daran, daß sie gesagt werden muß.

Das Geheimnis von Medjugorje
Dr. E. M. Jones; 166 S., 19,80 DM
Zahlreich sind die Publikationen über Medjugorie aber nahezu alle sind einseitig pro Medjugorje geschrieben und das aus den verschiedensten Gründen auf die wir hier nicht näher eingehen wollen. Ein Verlag, dessen Programm „Pro Fide Catholica." heißt, ist verpflichtet, für die Wahrheit Zeugnis zu geben. Jesus Christus, der gesagt hat, daß Er die Wahrheit ist und daß Er gekommen ist, um uns durch die Wahrheit frei zu machen, ist schließlich auch gekommen, um die Werke des Teufels, des „Vaters der Lüge", zu zerstören. Wenn nun der „Vater der Lüge" oft als „Engel des Lichtes" erscheint und sogar die „ganze Welt" verführt, so ist doch seine Herrschaft der Lüge nicht von ewiger Dauer. Das gilt auch im Hinblick auf das Phänomen Medjugorje, dessen Lügen von unserem Autor J. Rothkranz bereits überzeugend aufgedeckt worden sind. In den USA hat Dr. E. M. Jones in der Schrift „Medjugorje: The Untold Story" ebenfalls unzweifelhaft dargelegt, daß die „Offenbarungen" und „Botschaften" von Medjugorje nicht vom Himmel kommen können. Wir legen hiermit sein Werk ungekürzt und auf den aktuellsten Stand gebracht in deutscher Übersetzung vor in der Hoffnung, daß der Tag bald kommen möge, an dem alle Freunde der Wahrheit den Jahrhundertschwindel von Medjugorje als das Werk des „Vaters der Lüge" erkennen und verabscheuen werden.

Don Stefano Gobbi – ein Werkzeug des Himmels?
Werner Nicolai, 64 S., 6,80 DM
Tausende von katholischen Priestern lassen sich in ihrer Beurteilung der fürchterlichen Glaubens- und Führungskrise der katholischen Kirche seit mittlerweile 18 Jahren von angeblichen Botschaften der Muttergottes leiten. Auch unter den gläubigen Laien ist das sogenannte „Blaue Büchlein" des italienischen Priesters Don Stefano Gobbi weit verbreitet. Obwohl die vermeintlichen Botschaften des Himmels für den aufmerksamen Leser zahlreiche schwerwiegende Ungereimtheiten enthalten, werden sie meist kritiklos akzeptiert und sorgen für eine gefährliche Apathie bei Priestern und Gläubigen gegenüber den schlimmsten, weil getarnten, Feinden der Kirche. Werner Nicolai gebührt das Verdienst, durch sorgsame Anwendung der überlieferten theologischen Maßstäbe der Kirche zur Unterscheidung der Geister überzeugend, ja frappierend nachgewiesen zu haben, daß Don Gobbis „Botschaften" diesen unverrückbaren Maßstäben in keiner Weise standhalten: in ihnen spricht nicht Maria, sondern der Widersacher von Anbeginn. Niemand wird sich künftig mehr an dieser Erkenntnis vorbeimogeln können.

Das gnadenreiche Prager Jesulein
Theresia Ellinger, 32 S., 2,– DM
Gewaltig groß ist die wunderbare Hilfe und Kraft, die von der Verehrung des „gnadenreichen Prager Jesuskindes" ausgeht, wie zahllose Beispiele belegen.

Wenden wir uns also in allen geistigen, seelischen und körperlichen Notlagen demütig und mit kindlicher Verehrung an den kleinen König und verbreiten wir nach Kräften die Andacht zum kleinen Jesuskind.

Fatima, der Herzensruf der Himmelsmutter
Theresia Ellinger, 32 S., 2,– DM
Sieben Jahrzehnte nach den Erscheinungen der Mutter Gottes von Fatima kennen viele Menschen noch immer nicht die damals gegebenen Botschaften. Dieses Heftchen nennt die hochaktuellen Wünsche und Forderungen der Mutter Gottes und zeigt anhand von Beispielen ihre enorme Bedeutung für das Heil aller Menschen und den wahren Frieden auf Erden.

Philomena, die Heilige aus den Katakomben
Giovanni Braschi, 40 S. davon 8 S. Bilder, 3,60 DM
Der Autor ist Priester, Rektor am St. Philomena-Heiligtum in Mugnano del Cardinale. Er verteidigt in überzeugender Weise den Kult der Heiligen unter Berufung auf die Erlässe verschiedener Päpste. Er bringt neben dem ausführlichen Gutachten des bedeutenden Archäologen Ferrua auch die Zeugnisse höchst angesehener Verehrer dieser Heiligen, u.a. führt er an, was der hl. Pius X. und der heiligmäßige Pater Pio, dessen Geburtsort nicht weit von Mugnano liegt, über sie sagten. Der Autor erzählt auch von großen Wundern aus jüngster Zeit und informiert eingehend über die verschiedenen Feste und Andachtsübungen und über die Bruderschaft zu Ehren der hl. Philomena.
*
Die wundermächtige Kraft des Namens Jesus
Hrsg.: Theodor Wieser, 137 S., 12,80 DM
Felsenfester Glaube und unerschütterliches Gottvertrauen waren die Grundlagen für die aufsehenerregenden Heilungserfolge von Pfarrer Josef Gaßner. Unheilbare Krankheiten seiner Pfarrkinder heilte er teils durch das mit festem Vertrauen gemachte Kreuzzeichen, teils durch geweihtes Wasser oder geweihtes Öl, vorzüglich aber durch sein unerschütterliches Vertrauen auf die Kraft des heiligsten Namens Jesu. Die Heilungen erfolgten sofort, denn Pfr. Gaßner befahl dem Teufel im Namen Jesu auf der Stelle zu weichen. Es gibt keine Krankheit, die der Teufel in menschlichen und tierischen Körpern nicht hervorrufen könnte. Viele Todkranke mit größten Schmerzen wurden in einem Augenblick von allen Übeln befreit und standen gesund und fröhlich von ihrem Krankenlager auf. P. Karl Ebner schreibt: „Ich bin überzeugt, der barmherzige Gott hat für unsere ungläubige Zeit, in der unser Erlöser Jesus Christus so verkannt und verraten, Seine Gottheit, die Existenz der Hölle und der Teufel geleugnet werden, diesen frommen, gottesfürchtigen Pfr. Gaßner auserwählt, um die Rechtgläubigen zu stärken, die Ungläubigen zu beschämen und sie zum Glauben zu bringen."

Heiligste Eucharistie und Kommunionspendung/-empfang
Michael Drayß; 12 Seiten; 10 Expl. 5,– DM
Diese 12seitige Broschüre, durch Bilder angenehm aufgelockert zum Lesen, möchte durch zahlreiche Berichte über Eucharistiewunder sowie durch ausgewählte Bibeltexte und Lehräußerungen der Kirche den katholischen Glauben an die Hl. Eucharistie stärken und zu neuer Ehrfurchtsvertiefung anspornen.
Sie legt durch viele Quellen den Nachweis vor, daß es die heutige ehrfurchtslose Form der Handkommunion niemals in der Kirchengeschichte gegeben hat, daß sie gemäß eines Planes der Freimaurerei schon lange zur Zerstörung der Kirche beabsichtigt war, daß die Handkommunion in den Nachkonziljahren durch Glaubensabfall und Ungehorsam von Bischöfen und Priestern illegal eingeführt wurde, und daß sich dieser Mißbrauch durch offenkundiges Fehlen der Päpste – ohne nennenswerten Widerspruch – in der Kirche ebenso unrechtmäßig ausbreiten konnte.

Mittels vieler dokumentierter Fakten und Äußerungen von Päpsten, Kardinälen, Bischöfen und Priestern wird die Fragwürdigkeit der Handkommunion dem Leser deutlich vor Augen gestellt. In logischer dogmatischer und kirchenrechtlicher Diktion und mit einer dem Leser entgegenkommenden Anschaulichkeit fordert die bisher einmalige Arbeit von jedem Priester und Laien die kompromißlose Abkehr von der Handkommunion als einem großen Unrecht gegen Gott und die Kirche.

Die Parusie
Kardinal Billot, ca.. 117 Seiten, 11,80 DM
Die leicht gekürzte Übersetzung dieses original französisch geschriebenen Buches, dem in deutscher Sprache bis heute nichts Gleichwertiges zur Seite steht, stammt von H. H. Pfr. Werner Graus; sie wurde von Dr. Eberhard Heller in hervorragend geglückter Weise stilistisch überarbeitet, so daß ein Elsässer Priester und Landsmann Kardinal Billots den Übersetzern zu ihrer Arbeit gratuliert hat.
Eigentlich ging es dem berühmten Theologen Kardinal Billot in diesem reifen Werk um die Widerlegung der modernistischen These, Jesus Christus habe das Weltende für die nahe Zukunft prophezeit, sich aber offenkundig geirrt und könne darum auch nicht Gottes Sohn gewesen sein. Herausgekommen ist dabei eine umfassende, eingehende, manchmal überraschende, aber in allen Punkten glänzend begründete Auslegung der Endzeitreden Jesu, deren vollständige Übereinstimmung mit den entsprechenden Prophezeihungen des Propheten Daniel wie auch der Geheimen Offenbarung des hl. Evangelisten Johannes nahezu erschöpfend nachgewiesen wird.
Das allein würde aber noch nicht die Neuauflage eines immerhin schon 70 Jahre existierenden Werks rechtfertigen – wäre dieses Werk nicht von einer in unserer immer unverkennbarer apokalyptisch anmutenden Zeit geradezu faszinierenden Aktualität. Billot hat die bereits damals vorhandenen Anzeichen für den Anbruch der Endzeit hellsichtig erkannt und diese Zeichen in einem eigenen Kapitel in Beziehung zu seinen exegetischen Erkenntnissen gesetzt. Der heutige Leser braucht die von ihm bereits vorgezeichneten Linien nur noch bis in die Gegenwart hinein auszuziehen, um sich endlich einen biblisch und theologisch fundierten Reim auf die verwirrenden und sich überstürzenden Ereignisse unserer Tage machen zu können.
Ein providentielles Werk, das wie wenige andere geeignet ist, den Glauben zu stärken, die Wachsamkeit zu schärfen und zum vertrauensvollen „Ausharren bis ans Ende" zu ermutigen!

Die Gerechtigkeit Gottes
Offenbarungen der hl. Brigitta von Schweden, 106 S., 11,80 DM
Dieses Buch stammt aus der Schatztruhe der Visionen der hl. Brigitta von Schweden. Es besitzt Dringlichkeitsstufe eins für die Menschen, die nicht für immer in den Krallen Satans landen wollen. In vielen Schauungen erlebt Brigitta das persönliche Gericht über ungezählte Menschenseelen, auch untreue Priesterseelen; sie sieht in überaus anschaulichen und drastischen Bildern die verschiedenen Strafen des Fegefeuers und der Hölle, verhängt von Gottes unbestechlicher Gerechtigkeit. – Ein Buch, wie geschaffen für unsere Zeit, die fast nur noch von der BarmherzigkeitGottes spricht und seine Gerechtigkeit verschweigt.

Das „dritte Geheimnis" von Fatima
Pfr. Manfred Adler, 84 Seiten, 7,50 DM
70 Jahre nach den Marienerscheinungen von Fatima, bei denen es um Himmel und Hölle, Krieg und Frieden, die Bekehrung Rußlands und aller Menschen und nicht zuletzt um das Schicksal von Kirche und Welt geht, ist uns das ganze Geheimnis von Fatima immer noch nicht bekannt. Warum wird das „dritte Geheimnis" von Fatima von den Verantwortlichen in der Kirche nach wie vor beharrlich totgeschwiegen?

Steht es etwa im Zusammenhang mit der „unglaublichen" marianischen Prohpetie von La Salette, daß „Rom den Glauben verlieren wird"? Oder wird es, wie andere meinen, als vatikanisches „Staatsgeheimnis" gehütet, weil die Bekanntmachung seines apokalyptischen Inhalts mit unvorstellbar schrecklichen Menschheitskatastrophen für moderne Menschen nicht zumutbar ist?

Manfred Adler, der bekanntlich auch „heiße Eisen" anfaßt, hat in seinem Büchlein „Das dritte Geheimnis von Fatima" mit realistischen Argumenten versucht, wenn nicht den Wortlaut, so doch den wesentlichen Inhalt des mysteriösen „dritten Geheimnisses" von Fatima zu enthüllen.

Das selige Kind Andreas von Rinn - ein wahrer Märtyrer der katholischen Kirche
Kaplan Gottfried Melzer, 150 S., mit Bildern 13,80 DM
Die kostbar geschmückten Reliquien dieses Märtyrerkindes aus Tirol waren bis zum Jahr 1985 am Hochaltar der Wallfahrtskirche Judenstein zur öffentlichen Verehrung ausgestellt. Das Verbot des liturgischen Kultes dieses Seligen der Diözese Innsbruck und die Entfernung seiner Reliquien von ihrem Ehrenplatz hat bei vielen Gläubigen Bestürzung und Empörung ausgelöst, die bis zum heutigen Tag andauern. Der Bischof von Innsbruck berief sich für sein Vorgehen auf römische Weisungen vom Jahre 1961 und 1988 oder 1989. Der Autor dieses Buches zeigt auf, daß diese sogenannten Verfügungen aus Rom zum einen Teil nicht existieren, zum anderen mit solchen Ungereimtheiten und Widersprüchen ausgestattet sind, daß sie unmöglich als authentische Dokumente angesehen werden können. Die Bulle „Beatus Andreas" von Papst Benedikt XIV. aus dem Jahre 1755 gilt nach wie vor als unumstößlicher Beweis dafür, daß das „Anderl von Rinn", das lange Zeit zuvor vom Volk als heiliges Kind verehrt worden war, als seliggesprochener Märtyrer der katholischen Kirche anzusehen ist. Sein Martyrium ist durch mehrere alte Dokumente und durch eine einhellige mündliche Überlieferung bezeugt. Die Geschichte seiner Verehrung, die durch fünf Jahrhunderte geht, und zahlreiche Wunder und Gebetserhörungen aus alter und neuer Zeit, vermögen im Leser Vertrauen auf die vielvermögende Fürbitte dieses hilfreichen Kindes zu wecken. Die genauen Einzelheiten sind in dem Buch ausführlich dargestellt, wodurch sich jeder Leser davon überzeugen kann, daß es ein ungeheures Unrecht ist, den Kult dieses Märtyrers abzuschaffen.

Der selige Andreas v. Rinn als Helfer u. Wundertäter
Kaplan Gottfried Melzer, 48 S., 3,90 DM
Nach dem ruhmreichen Martertod dieses Kindes vom Jahre 1462 ruhte sein Leib 13 Jahre lang ohne besondere Beachtung von Seiten der Kirche und des Volkes im Friedhof von Rinn. Die überaus große Ehrung, die das von Juden in der Karwoche 1475 grausam gemarterte Knäblein Simon von Trient erfuhr, bildete den Anstoß dafür, daß nun auch der Leib des Märtyrerkindes Andreas von Rinn zwei Monate später erhoben und nach feierlichem Pontifikalamt, das der Abt von Wilten hielt, unter Anteilnahme einer großen Volksmenge zum Stein des Martyriums getragen und dann in der Kirche von Rinn ehrenvoll beigesetzt wurde. Dies geschah am Dreifaltigkeitsfest des Jahres 1475. Ab dieser Zeit begann die öffentliche Verehrung des heiligen Märtyrerkindes, die bald durch viele Wunder einen ungeheuren Aufschwung nahm. Das „Anderle von Rinn" wurde nicht nur vom einfachen Volk, sondern auch vom habsburgischen Tiroler Herrscherhaus angerufen und verehrt. Bis heute hat es nicht aufgehört, seine liebreiche Hilfe all denen zu vermitteln, die es vertrauensvoll in den verschiedenen großen und kleinen Anliegen dieses Lebens anrufen. Im vorliegenden Büchlein werden auffallende Wunder und Gebetserhörungen, die in alter und neuer Zeit auf die Fürbitte des seligen Andreas von Rinn geschehen sind, in anschaulicher Weise erzählt.

Der Kindermord des 20. Jahrhunderts
Theresia Ellinger, 48 S., 2,- DM
Das Thema „Kindermord" wird in den Medien und damit in der Öffentlichkeit nahezu

totgeschwiegen. Dieses Büchlein versucht in knapper Form, überblickartig auf dieses weltweite Verbrechen unseres Jahrhunderts hinzuweisen und in möglichst vielen Herzen wieder die Liebe zum Kind zu wecken.

Die Freimaurerei als politischer Faktor
Manfred Jacobs; 121 S.; 12,80 DM
Seitens der Logen wird behauptet, die Freimaurerei sei politisch nicht interessiert und somit unpolitisch. Sie (die Freimaurerei) wolle lediglich, auf idealistisch-edle Weise, den Menschen zum Menschen machen.
Wer sich bemüht, an die Wurzeln der hereingebrochenen geistigen Katastrophe vorzudringen, kommt zu anderen Erkenntnissen. Die politische Praxis der Freimaurerei, ihr politisch ausschlaggebendes Mitwirken an folgenschweren Ereignissen und einschneidenden Entwicklungen, wird offenkundig.
Gewagte Theorien und ungerechtfertigte Anschuldigungen werden in dieser Schrift nicht vorgetragen. Die gebrachte Darstellung möchte zum Verstehen der politischen Praxis beitragen und die Beziehung der Freimaurerei zur politischen Wirklichkeit vorstellen. Ein Anspruch auf Vollständigkeit wird nicht erhoben.

Die Kardinalfehler des Hans Urs von Balthasar
Mag. theol. Johannes Rothkranz mit einem Vorwort von Prof. Dr. Walter Hoeres, 532 Seiten, 45,– DM
Ist Hans Urs von Balthasar ein Irrlehrer?
Eine provokante Frage, gewiß. Denn schließlich hat Papst Johannes Paul II. den weltbekannten und „hochverdienten" Theologen 1984 mit dem vielbeachteten „internationalen Preis Paul VI." ausgezeichnet. Und am 28. Juni 1988 sollte Von Balthasar sogar zum Kardinal kreiert werden. Wem der Papst aber diesen Ehrentitel der katholischen Kirche verleiht, der kann doch unmöglich ein Irrlehrer sein, sollte man meinen. – H. U. v. Balthasar war anderer Auffassung: Im Jahre 1986 gab er einmal offen zu, man könne in seinen Büchern „Hunderte von Hölzern" für seinen „Scheiterhaufen" finden!
Unser Autor Mag. theol. Johannes Rothkranz ist diesem wichtigen Hinweis nachgegangen und sehr rasch fündig geworden. Sein Buch deckt einen Skandal auf, ein Ärgernis von erschreckender Tragweite: Der Papst hat wirklich einen vielfachen Irrlehrer zum Kardinal erheben wollen. Mit gründlicher Sorgfalt werden im vorliegenden Werk von Balthasars Thesen über das Glaubensfundament, das Wesen und die Dreifaltigkeit Gottes, die Erlösung durch Christus, die Kirche, das Papsttum und schließlich die Letzten Dinge (Endgericht, Hölle, Fegfeuer, Himmel) untersucht und dabei fast durchgehend schwerste Widersprüche zur definierten Glaubenslehre konstatiert. Zugleich wird jeweils die philosophische und theologische Haltlosigkeit dieser Irrlehren aufgezeigt.
Eine Frage jedenfalls wird sich notwendigerweise jedem rechtgläubigen Katholiken aufdrängen, der dieses Buch unvoreingenommen liest: Wie kann der Heilige Vater einen Irrlehrer mit der Kardinalswürde auszeichnen? Kennt er die Irrtümer H. U. v. Balthasars nicht oder billigt er diese gar?

Die „Zeugen Jehovas" Judaisierung des Christentums
Helmut Friedlmayer; ca 160 S.; 16,80 DM
Viele Sekten treten im Gewand des Christentums an die Öffentlichkeit, indem sie den Namen „Jesus" im Munde führen. Im Fall der „Zeugen Jehovas" ist es nicht nur gelungen die wahre Bedeutung dieser Sekte, sondern an Hand der Schriften des Gründervaters Ch. T. Russell auch gleichzeitig die Fundamente der *satanischen Gegenkirche* in ihrer Ganzheit zu enthüllen. Vor den Augen des Lesers breitet sich der Weltherrschaftsplan der Illuminierten in voller Klarheit

und Deutlichkeit aus. Hierarchie und Zeitplan der mit dem Sieg der Demokratie (1918) sich entwickelnden antichristlichen Weltordnung, sowie deren Grundlegung in der *jüdischen Gnosis* werden offengelegt. Protestantismus, Rosenkreuzer, Freimaurer und Kommunismus werden als sichtbare Erscheinungen des einen geheimen Prozesses demaskiert. Die beabsichtigte Zerstörung der katholischen Kirche und des Papsttums, die Apostasierung der Christen und die damit verbundene Rolle der „Zeugen Jehovas", all diese Themen in einen zweifelsfreien Zusammenhang gebracht, eröffnen den Blick auf den luziferischen Plan einer Weltherrschaft mit Hilfe der Illuminierten.

Wege zwischen Dunkel und Licht
Olga Bast, 175 S., 11,80 DM
Vielen Menschen verhalf die Verfasserin mit ihren lyrisch romantischen Versen dem hektischen Alltag zu entfliehen. Lassen auch Sie sich einladen zu einem Spaziergang durch ihr kleines lyrisches Tagebuch und schweifen Sie mit ihr durch Gottes Natur. Von Jugend an war sie gedrängt ihren Gedankenreichtum in Verse zu fassen. Bald werden Sie merken, daß der Inhalt vom Gedankengut einer tiefgläubigen Seele durchwoben ist. In kindlicher Geborgenheit hält sie Zwiesprache mit Gott, dem Schöpfer aller Dinge, der sie begleitet durch alle Stationen ihres Lebens. Sie schreibt von Freud, Leid, Lebenslust, Krankheit und Tod und versteht Menschen in ihrem innersten anzusprechen. Gleich einem wärmenden Lichtstrahl haben viele dieses Büchlein empfunden, wie z.B. folgende Zuschriften zeigen:
„Ihre Gedichte sind wie Gebete."
„Ich kann Ihnen kaum sagen, wie tief und unmittelbar mich Ihre Gedichte berührt haben."
„Ihre Gedichte brachten meinem kranken Mann großen Trost und Hilfe."
„Sie haben die wunderbare Gabe, Gefühle in Worte ausdrücken zu können."

Feuer vom Himmel
Hansjürgen Bertram, 173 S., 14,80 DM
Der Autor, ein Angelus Silesius, Abraham a Sancta Clara und Pasquino in einem, entlarvt in formvollendeten, tiefsinnigen Satiren die nachkonziliare Maskerade und geht schonungslos mit den Zerstörern unseres hl. Glaubens ins Gericht. Mystische Glaubenstiefe und kämpferische Schärfe verbinden sich in diesen Gedichten mit klassischer Sprachgewalt. Meisterhaft pointierte, einprägsame Diktion: In dieser Form erstmalig und einmalig.

Jenseitsreise
Konrad Maria Lutz, 207 S., 23,80 DM
Die kleinen Kinder, die für Christus starben,
Wie die von Bethlehem, mit frohem Sinn
Genießen hier das Glück, das sie erwarben.
Es sprach zu mir der kleine Bub von Rinn:
„Wir mußten nicht im Fegefeuer darben.
Der frühe Tod war herrlichster Gewinn.
Zwar hat man Böses gegen uns ersonnen;
Doch haben wir dadurch das Heil gewonnen.
Denn als der Christushasser wilde Meute
Voll Wut den kleinen Leib zu Tode quälte,
Erwachte meine Sehnsucht, und ich freute
Des Leidens mich, das mich dem Herrn vermählte.
Was nützt, ihr Toren, euch die blut'ge Beute?
Ich bin es, der den bess'ren Teil erwählte. –
Verfolgt man mich auch in der Heimat wieder,

So fleh' ich doch beim Herrn für meine Brüder."
Das ist eine Leseprobe aus dem Gedicht „Jenseitsreise" von Konrad Maria Lutz. Sein (natürlich unerreichbares) Vorbild für dieses Werk, auf das er sich ausdrücklich beruft, ist Dantes „Göttliche Komödie". Der Verfasser schildert, wie er in dreimal sieben Nächten von seinem Schutzengel durch drei Jenseitsreiche geführt wird. Was ihm dort gezeigt wird, welche Personen er trifft, ist natürlich Phantasie. In den zahlreichen Belehrungen jedoch, die er seinem Schutzengel und anderen jenseitigen Personen in den Mund legt, hält er sich genau an die Lehre der katholischen Kirche sowie anerkannter Mystiker. Die in das Werk eingeschobenen Weissagungen – siehe oben! – sind gleichfalls keine Erfindungen des Dichters, sondern bekannten Prophezeiungen von der Bibel bis in unsere Tage entnommen. Der auf diesem Gebiet informierte Leser wird sie leicht identifizieren.
Als Strophen- und Versform wählte der Dichter die klassische Form der Stanze mit fünffüßigen Jamben. Das Werk besteht aus 792 solcher Stanzen.

Ideologie des Modernismus
Prof. Dr. Adalbert Majtényi; 64 S.; 3,- DM
„Vielfach werden eigenes Denken und Diskussionen von Schlagworten beherrscht und die geistige Kurzschlüssigkeit macht sich breit. In dieser Situation zu helfen und zu wirklichem philosophischem Denken hinzuführen, ist unser Anliegen." - „Kampfmethoden müssen gelernt und eingeübt weerden." (Majtényi)

Jargon des klerikalen Modernismus
Prof. Dr. Adalbert Majtényi; 64 S.; 3,- DM
„Warum ´Jargon´? Weil die Modernisten eine Sondersprache sprechen!" Diese Erkenntnis des Autors führte zu den 132 Reflexionen über die Neusprache der postkonziliaren Kirche, die den Leser für die im Innenraum der Kirche üblich gewordene sprachliche Manipulation sensibilisieren wollen. Begriffe wie Anpassungsideologie, Kollektivismus, Fortschritt, Mündigkeit, Toleranz werden als die Zugpferde zur "totalen Umstellung des Weltkatholizismus in kurzer Zeit" herausgehoben und als Träger einer dem Katholizismus wesensfremden und „völlig anderen Denkart" entlarvt.

Aphorismen der nachkonziliaren Gedankenwelt
Prof. Dr. Adalbert Majtényi; 64 S.; 3,- DM
Der Autor: „In Aphorismen sucht man weder ein System noch eine Zerstreuung, wohl aber eine Sammlung des Geistes." Majtényi gibt dem in der postkonziliaren Misere steckenden Christen eine „Philosophie des Lebens" in die Hand und setzt damit klares Denken gegen jede Art von Manipulation.

Weitere Bücher erhältlich im Verlag Anton A. Schmid:

Die Söhne der Finsternis
1. Teil: Die geplante Weltregierung, 69 S., 5,80 DM
2. Teil: Weltmacht Zionismus, 108 S., 5,80 DM
3. Teil: Theologische Finsternis, 222 S., 12,80 DM
Mit dieser Trilogie hat der Autor Manfred Adler gleich in mehrere Wespennester gestochen. Die Betroffenen haben es ihm auf ihre Weise gedankt. So hat ihn der Europadirektor der jüdischen Weltloge als „Lügenpriester" und „Paranoiden" bezeichnet. Die Kirchenleitung der Diözese Speyer hat über ihren Religionslehrer schließlich das geforderte Berufsverbot verhängt. Von den Freunden der Wahrheit dagegen hat der Verfasser viel Anerkennung und Dank.erfahren. Seine Schriften haben im In- und Ausland große Verbreitung gefunden.